Beiträge zum Islamischen Recht III

Leipziger Beiträge zur Orientforschung

Herausgegeben von Hans-Georg Ebert
Begründet von Günter Barthel

Band 13

PETER LANG
Frankfurt am Main · Berlin · Bern · Bruxelles · New York · Oxford · Wien

Hans-Georg Ebert
Thoralf Hanstein
(Hrsg.)

Beiträge zum Islamischen Recht III

PETER LANG
Europäischer Verlag der Wissenschaften

Bibliografische Information Der Deutschen Bibliothek
Die Deutsche Bibliothek verzeichnet diese Publikation in der Deutschen Nationalbibliografie; detaillierte bibliografische Daten sind im Internet über <http://dnb.ddb.de> abrufbar.

ISSN 0942-2323
ISBN 3-631-51450-6

www.peterlang.de

VORWORT

Der vorliegende Band 13 der „Leipziger Beiträge zur Orientwissenschaft" setzt die Reihe von Veröffentlichungen der „Gesellschaft für Arabisches und Islamisches Recht e.V." fort. Die Jahrestagung der Gesellschaft am 11. und 12. Oktober 2002 in Erlangen wurde vom 1. Vorsitzenden der Gesellschaft, Herrn Professor Dr. M. Rohe, in Anwesenheit des Vorsitzenden des Kuratoriums und langjährigen 1. Vorsitzenden, Herrn Professor Dr. E. Klingmüller, eröffnet und geleitet. Ein besonderer Dank gilt dabei der Dr. Alfred Vinzl-Stiftung, die mit ihrer großzügigen Spende diese wissenschaftliche Veranstaltung unterstützte. Die Organisatoren um Herrn Professor Rohe haben nicht nur ein interessantes wissenschaftliches Programm erstellt, sondern auch wesentlich dazu beigetragen, dass eine Atmosphäre intensiver und fruchtbarer Diskussion entstehen konnte. Einige der auf der Tagung gehaltenen Beiträge wurden in diesen Band aufgenommen.

Die Gliederung des Buches orientiert sich im Wesentlichen am Ablauf der Veranstaltung. Im ersten Teil werden Geschichte, Prinzipien, Besonderheiten und aktuelle Relevanz von Rechtsgutachten (fatāwā) behandelt. Die Beiträge von H. Krüger, M. Rohe, B. Krawietz, I. Schneider und G. Hadler fokussieren einen Bereich des Islamischen Rechts, der auch angesichts neuer technischer Möglichkeiten der Kommunikation (Internet, CD-ROM) von enormer rechtspraktischer Bedeutung ist. Fatwās werden innerhalb und außerhalb der islamischen Welt zur Kenntnis genommen, aber auch zunehmend kritisch hinterfragt. Sie stellen ein wichtiges Element der Rechtsfortbildung dar. Andererseits schärfen sie das Bild von den historischen Rechtsverhältnissen im Verbreitungsgebiet des Islam. Die diesen Beiträgen zugrundeliegende Transliteration der arabischen Schrift orientiert sich an den Normen der Deutschen Morgenländischen Gesellschaft.

Im zweiten Teil des vorliegenden Bandes werden juristische und politische Aspekte der Entwicklung des modernen Pakistan dargestellt. Die beiden Beiträge von D. Reetz und M. Lau beschäftigen sich mit einem Land, dessen Ausstrahlung die gesamte islamische Welt erfasst. Die Ereignisse des 11. September 2001 haben nachdrücklich darauf hingewiesen, dass ohne Berücksichtigung der nichtarabischen Welt ein tieferes Verständnis islamischer Prozesse unmöglich ist. Insofern vermitteln sie neben zahlreichen Informationen auch das Verständnis für Komplexität und Spielräume der islamischen Rechtskultur. Der Aufsatz von M. Lau in englischer Sprache und der notwendigerweise starke Bezug auf die englischsprachige Literatur dieses zweiten Teils begründen die Anwendung eines Systems der Umschrift in

Anlehnung an das „English Transliteration System". Auch der englischsprachige Beitrag des dritten Teils folgt im Wesentlichen diesem System.
Es ist den Herausgebern eine besondere Freude, die Ausführungen von M.-H. Loutfi im dritten Teil des Bandes zu islamisch-rechtlichen Positionen im Hinblick auf den Schutz geistigen Eigentums in englischer und in arabischer Sprache zu veröffentlichen. Diese Aufsätze gehen auf die Tagung der „Gesellschaft für Arabisches und Islamisches Recht e.V." im Jahre 2001 in München zurück. Damit wird zum ersten Mal seit Begründung der „Leipziger Beiträge zur Orientwissenschaft" ein Aufsatz in arabischer Sprache aufgenommen. Dies sollte zukünftig keine Ausnahme bleiben.
Auf der Homepage der GAIR (www.gair.de) soll unter dem Menüpunkt "Puplikationen" eine Seite eingerichtet werden, auf der die im Band genannten Internetadressen aufgelistet und verlinkt sind. Das oft mühsame Abtippen der Adressen entfällt somit, die Seiten sind direkt aufrufbar.
Die einzelnen Beiträge widerspiegeln die Meinung der Autoren, nicht die der Herausgeber. Es wäre wünschenswert, wenn auch dieser Band den Diskurs zum Islamischen Recht und zum Recht islamischer Länder anregen könnte.
Die Herausgeber möchten sich bei allen denjenigen bedanken, die zur Verwirklichung des Bandes beigetragen haben. Dieser Dank richtet sich selbstverständlich zunächst an die Autoren und die Mitglieder des Vorstandes der Gesellschaft, besonders an die Herren Professor Dr. M. Rohe und RA A. A. Al-Yaqout. Ohne die dankenswerte Mitarbeit von Frau C. Eck und Frau I. Neuhoff hätte der Band in dieser Form nicht erscheinen können. Dank sei auf diesem Wege auch den Mitarbeiterinnen des Peter Lang-Verlages, Frau Dr. K. Timme und Frau Dr. Cl. Frank, für ihre Unterstützung gesagt.

Hans-Georg Ebert / Thoralf Hanstein

INHALTSVERZEICHNIS

VORWORT 5

Professor Dr. Hilmar Krüger, Köln: 9
GRUNDPROBLEME DES ISLAMISCHEN FETWA-WESENS

Professor Dr. Mathias Rohe, M.A., Richter am OLG, Erlangen: 33
IFTĀ' IN EUROPA

PD Dr. Birgit Krawietz, Tübingen: 55
DER PROPHET MUḤAMMAD ALS MUFTĪ UND MUĞTAHID

PD Dr. Irene Schneider, Halle: 73
IFTĀ' IN DER SCHIA

Gordon Hadler, M.A., Offenbach: 101
MODERNES POLITISCHES IFTĀ' AM BEISPIEL VON
ÄGYPTISCHEN FATWAS ZU FRIEDENSVERTRÄGEN MIT ISRAEL

Dr. Dietrich Reetz, Berlin: 129
PRÄSIDENT MUSHARRAF UND DER INSTITUTIONELLE ISLAM –
BRUCH, REFORM ODER KONTINUITÄT?

Dr. Martin Lau, M.A., London: 173
ARTICLE 2A, THE OBJECTIVES RESOLUTION AND THE
ISLAMISATION OF PAKISTANI LAWS

Professor Dr. Mohamed Hossam Loutfi, Cairo: 205
THE PROTECTION OF INTELLECTUAL PROPERTY RIGHTS
The Views of the Pharos, Islamic Jurisprudents, and Masters of Poetry and Literature

240 أستاذ دكتور محمد حسام محمود لطفى, القاهرة: ١
حماية حقوق الملكية الفكرية
رؤى الفراعنة وفقهاء الشريعة الإسلامية وفحول الشعراء والأدباء

GRUNDPROBLEME DES ISLAMISCHEN FETWA-WESENS

Professor Dr. Hilmar Krüger, Köln

A. Einleitung[1]

Die Beschäftigung mit der Erteilung von Fetwas hat in der deutschsprachigen islam- und rechtswissenschaftlichen Literatur – anders als z.B. in den USA und England – eine zwei Jahrhunderte alte Tradition. Die Ansicht von *Masud/Messick/Powers* in ihrem einführenden Beitrag über "Muftis, Fatwas, and Islamic Legal Interpretation" zu dem von ihnen herausgegebenen Sammelwerk „Islamic Legal Interpretation" ist aus deutscher Sicht nicht verständlich. Sie behaupten nämlich, dass die westliche Wissenschaft den Muftis, verglichen mit den Kadis, bisher nur geringe Aufmerksamkeit gewidmet habe. Sie begründen dies – für mich nicht zu verstehen – damit, dass man primär „litigation-oriented expectations“ habe, und zum anderen damit, dass die Aktivitäten der Muftis weit weniger institutionalisiert gewesen seien als die der Richter[2]. Beide Argumente gehen fehl. Kein Islamwissenschaftler oder Rechtsvergleicher denkt nämlich vornehmlich in den Kategorien eines „trial lawyer“, und auch das Rechtsinstitut des iftā' war durchaus institutionalisiert, wenn man beispielsweise nur die Situation im Osmanischen Reich (also Balkanhalbinsel, Türkei und die arabische Welt) betrachtet.

Joseph von Hammer-Purgstall (1774 - 1856) hat sich wohl als erster in der deutschsprachigen Welt in seinen einschlägigen Werken mit den Fetwas befasst und sie verwertet[3], nachdem in Frankreich insbesondere *Muradgea d'Ohsson*

1 Bei dieser Veröffentlichung handelt es sich um mein leicht überarbeitetes Referat, das ich am 11.10.2002 in Erlangen vor der GAIR gehalten habe. Der Vortragsstil ist teilweise beibehalten worden. - Ich gebe absichtlich nur wenige Hinweise auf Veröffentlichungen; denn man findet umfangreiche Nachweise zu den Fetwas und Muftis u.a. bei *Krüger*, Fetwa und Siyar - Zur internationalrechtlichen Gutachtenpraxis der osmanischen Scheichülislâm vom 17. bis 19. Jahrhundert unter besonderer Berücksichtigung des "Behcet ül-Fetâvâ", Wiesbaden 1978, 157 - 180; *Krawietz*, Die Ḥurma - Schariatrechtlicher Schutz vor Eingriffen in die körperliche Unversehrtheit nach arabischen Fatwas des 20. Jahrhunderts, Berlin 1991, 338 - 367; *Masud/Messick/Powers*, Islamic Legal Interpretation - Muftis and their Fatwas, Cambridge, Mass. 1996, 373 - 401. - Bei der Transkription osmanischer Namen und Begriffe wird durchgängig die moderne türkische Lateinschrift benutzt.

2 *Masud/Messick/Powers* (Fn. 1), 3 - 32 (3).

3 Ohne weitere Einzelheiten zu nennen, sei u.a. verwiesen auf seine Publikationen Des Osmanischen Reiches Staatsverfassung und Staatsverwaltung, Wien 1815; Geschichte des

(1740-1807) vorangegangen war[4]. Der österreichisch-ungarische Generalkonsul *von Adelburg* (st. 1857) legte dann bereits 1838 ein nahezu vergessenes umfangreiches Werk über Fetwas über den „contrat de louage" (iğāra) – basierend auf dem 1821 im Druck erschienenen Neticet ül-Fetâvâ – vor[5]. Dies – und alles später hier Publizierte – ist *Masud, Messick* und *Powers* ganz offensichtlich unbekannt.

Im vergangenen Jahrhundert setzen u.a. *Horster* über Fetwas des Scheichülislâm Ebûssu'ûd[6] und *Selle* über das Prozessrecht im 16. Jahrhundert[7] mit ihren Arbeiten diese Tradition in Deutschland fort. In den 70er Jahren des 20. Jahrhunderts folgen dann die Studien von *Johannes Benzing* (1913 - 2001) über Fetwas als volkskundliche Quelle[8] und *Krüger* über Fetwas über internationalrechtliche Probleme des islamischen Rechts[9]. Wohl mit durch diese beiden Veröffentlichungen angeregt, erscheinen dann in den letzten beiden Jahrzehnten in Deutschland immer wieder Studien über Fetwas und Muftis. Die bedeutendsten sind, ohne den anderen Autoren zu nahe treten zu wollen, m.E. die Veröffentlichungen von *Krawietz* über die Ḥurma, also den scheriatrechtlichen Schutz vor Eingriffen in die körperliche Unversehrtheit[10] und von *Osswald* über die Schichtengesellschaft in der Westsahara[11].

Osmanischen Reiches, Pest 1827 - 1835; sowie auf seine Rezension gemeinsam mit *von Stubenrauch* des in Fn. 5 genannten Buches in Jb.d.Lit. 102 (1843), 19 - 32.

4 Zitiert wird die etwas gekürzte deutsche Übersetzung *M. d'Ohsson*, Allgemeine Schilderung des Othomanischen Reiches (Übersetzt aus dem Französischen von *Chr. D. Beck*), Leipzig 1788 - 1793, II 454 - 466, 497 f.

5 *D'Adelbourg*, Recueil de fetvas ou décisions de la loi musulmane concernant le contrat de louage, Konstantinopel 1838. Immerhin sei erwähnt, dass *Krüger* (Fn. 1), 61 f.; und *Kreiser*, Icâreteyn: Zur "doppelten Miete" im osmanischen Stiftungswesen, J.Turk.St. 10 (1986), 219 - 226 (222), dieser "Recueil" durchaus bekannt ist.

6 *Horster*, Zur Anwendung des islamischen Rechts im 16. Jahrhundert, Stuttgart 1935.

7 *Selle*, Prozeßrecht des 16. Jahrhunderts im Osmanischen Reich, Wiesbaden 1962.

8 *Benzing*, Islamische Rechtsgutachten als volkskundliche Quelle, Mainz-Wiesbaden 1977.

9 Nachweis in Fn. 1 (mit Belegen auch aus der deutschen Judikatur auf S. 54 Fn. 149).

10 Nachweis in Fn. 1; genannt seien in diesem Zusammenhang selbstverständlich auch ihre beiden Veröffentlichungen: *Krawietz*, Frevelfurcht und Fortbildung des islamischen Rechts, in: Rechtsnorm und Rechtswirklichkeit - Festschrift für Werner Krawietz, Berlin 1993, 733 - 747; *dies.*, Der Mufti und sein Fatwa, WdO 26 (1995), 161 - 180.

11 *Osswald*, Schichtengesellschaft und islamisches Recht - Die Zawâyâ und Krieger der Westsahara im Spiegel von Rechtsgutachten des 16. - 19. Jahrhunderts, Wiesbaden 1993. - Soweit ich sehe, ist die jüngste umfangreichere Darstellung in Deutschland zur Fetwa-Problematik *Nagel*, Das islamische Recht - Eine Einführung, Westhofen 2001, 131 - 142. Das Buch über islamisches Recht ist rein aus religionswissenschaftlicher Perspektive geschrieben; aus juristischer Sicht kann ich wegen des Ansatzes und vieler Schlussfolgerungen damit nur wenig anfangen. Es sei jedoch ganz selbstverständlich genannt.

Kurz: Hierzulande ist der iftā' seit langer Zeit in vielen Facetten häufig untersucht worden, so dass man den in den USA tätigen Orientalisten dringend empfehlen kann, einen Blick in das hiesige Schrifttum zu werfen. Immerhin befasst sich jetzt in England auch *Imber* mit diesem Gegenstand[12].

B. Bedeutung der Fetwas

Warum also soll man sich bei der Erforschung des islamischen Rechts nicht lediglich mit den uṣūl- und furū'-Werken, sondern auch mit den Rechtsgutachten befassen? *Klingmüller* hat 1967 geschrieben, dass es sich bei den Fetwas um das „Surrogat einer zeitnahen Gesetzgebung"[13] handelt, und trifft damit den Nagel auf den Kopf. Will man also versuchen, die Rechtswirklichkeit in der dār al-Islām zu erfassen, so kommt man an dem gründlichen Studium der Fetwa-Sammlungen nicht vorbei. Dass man ihr noch näher käme, wenn man die Gerichtsentscheidungen, enthalten in den siğillāt, bearbeitete, ist evident. Nur: Urteile von Gerichten liegen meist lediglich in handschriftlicher Form in den Archiven vor. Die Aufbereitung dieses in großem Umfang vorhandenen Materials ist m.E. eher eine Aufgabe der Islamwissenschaftler als der Juristen. Beispielhaft hat insbesondere der viel zu früh verstorbene US-amerikanische Osmanist *Ronald C. Jennings* (1941 - 1996) über osmanische siğillāt gearbeitet und in englischer Übersetzung publiziert[14]. Diese Arbeiten sollten dringend fortgeführt werden.

Fetwas haben übrigens nicht nur bei der Entstehung des islamischen Rechts eine wichtige Rolle gespielt, sondern sie sind von ganz erheblicher Bedeutung für dessen Weiterentwicklung und für die Lösung neu auftretender Sachverhalte. Die Anpassung an neue Gegebenheiten wirtschaftlicher, sozialer, medizinischer usw. Art erfolgt durch sie; denn Neues kann nur dann in die islamische

---

12 *Imber*, Ebû's-su'ûd. The Islamic Legal Tradition, Edinburgh 1997; *ders.*, Eleven Fatwas of the Ottoman Sheikh ul-Islam 'Abdurrahim, in: *Masud/Messick/Powers* (Fn. 1), 141 - 149.

13 In seiner Rezension des Buches von *Selle* (Fn. 7), Der Islam 43 (1967), 217 - 219 (218); in dieselbe Richtung zielt *Schacht*, An Introduction to Islamic Law, 2. Aufl. Oxford 1966, 74.

14 *Jennings*, The Judicial Registers (Şer'i Mahkeme Sicilleri) of Kayseri (1590 - 1630) as a Source for Ottoman History, Diss. UCLA 1972. Seine in einer Reihe von Zeitschriften veröffentlichten Beiträge findet man jetzt bequem zusammengefasst bei *Jennings*, Studies on Ottoman Social History in the Sixteenth and Seventeenth Centuries - Women, Zimmis and Sharia Courts in Kayseri, Cyprus and Trabzon, Istanbul 1999.

Gesellschaft integriert werden, wenn es durch ein Fetwa eines angesehenen privaten Gelehrten oder eines amtlich tätigen Mufti legitimiert ist[15].

Hierzu zwei Beispiele aus dem 16. und 19. Jahrhundert: Wie allgemein bekannt, kennt die Šarī'a das Rechtsinstitut der Verjährung (murūr az-zamān oder taqādum) nicht. Ein einmal entstandener Anspruch kann grundsätzlich nicht untergehen[16]. Dies mag Grundsätzen der Gerechtigkeit entsprechen, nicht jedoch denen der Rechtssicherheit.

Sanktioniert durch ein Fetwa des wohl bedeutendsten osmanischen Scheichülislâm, *Ebûssu'ûd Efendi* (1490 - 1574; im Amt zur Zeit der Sultane Süleyman des Prächtigen und Selim des Säufers von 1545 - 1574), ist deshalb 1550 ein sultanischer Erlass ergangen, nach dem die regelmäßige Verjährungsfrist 15 Jahre beträgt[17]. Im Laufe der Zeit wurden für bestimmte Ansprüche weitere (kürzere oder längere) Fristen eingeführt. *Ebûssu'ûd* formuliert übrigens vorsichtig, denn er kennt selbstverständlich die Regeln des islamischen Rechts: Ansprüche, die ohne ausreichende Rechtfertigung nicht binnen 15 Jahren nach ihrer Entstehung geltend gemacht werden, dürfen die Gerichte nicht mehr hören. Es handelt sich damit - präziser formuliert - nicht um eine Anspruchsverjährung, sondern um die Verjährung des Klagerechts oder, wenn man so will, um eine Ausschlussfrist. In dieser Form findet man es auf der Grundlage des islamischen Rechts übrigens auch in Art. 1660 - 1662 ("davalar 15 sene terk olundukdan istima' olunmaz" [Klagen werden nach Ablauf von 15 Jahren nicht gehört]) der osmanischen Mecelle von 1869 - 1876, dem ersten

---

15 Zutreffend z.B. *Motzki*, Religiöse Ratgebung im Islam: Entstehung, Bedeutung und Praxis des *muftī* und der *fatwā*, ZfR 2 (1994), 3 - 22 (14 f.); ähnlich *Schacht* (Fn. 13), 74 f.

16 So z.B. ganz klar Art. 1674 der osmanischen Mecelle: "Tekaddüm-i zaman ile hak sâkıt olmaz" (Durch Zeitablauf wird kein Anspruch hinfällig).

17 Text des Fetwa bei *Horster* (Fn. 6), 56 (Türkisch), 93 f. (Deutsch). Dasselbe galt für Nachlasssachen; s. das Fetwa bei *Horster* (Fn. 6), 57 (Türkisch), 94 (Deutsch); bestätigt wird dies im 17. Jhd. durch ein Fetwa des Scheichülislâm *Ali Efendi* (im Amt von 1674 - 1686 und 1692), s. Fetâvâ-i Ali Efendi, Istanbul 1324 - 1325 H./1906 -1907, II 86 (Für diejenigen, die Probleme bei der Lektüre des osmanischen Türkisch haben, sei gesagt, dass eine Auswahl von mehr als 2000 seiner Gutachten seit einigen Jahren auch im modernen Türkisch mit lateinischen Buchstaben zur Verfügung steht; *Ural* (Hrsg.), Şeyhülislâm Fetvaları - Ali Efendi, Istanbul 1995). - Für Immobiliarsachen (einschließlich der Streitigkeiten über Ackerland) betrug die Frist dagegen nur zehn Jahre; so ein Fetwa von *Ebûssu'ûd* bei *Horster* (Fn. 6), 36 (Türkisch), 94 (Deutsch). In diya- (Strafschadensersatz wegen Tötung eines Menschen) und Stiftungssachen (waqf) galt eine Frist von 40 Jahren; *Ali Efendi* aaO II 86; sowie Scheichülislâm *Abdullâh Efendi* (im Amt von 1718 - 1730), Behcet ül-Fetâvâ, 2. Aufl. Istanbul 1289 H./1872, II 371.

Versuch, islamisches Recht (auf *ḥanafitischer* Grundlage) zu kodifizieren[18]. Dasselbe gilt noch heute z.B. in saudi-arabischen Gesetzen (u.a. Art. 84 und 116 des Wertpapiergesetzes von 1383 H./1964; Art. 4 der Verfahrensordnung des Board of Grievances [dīwān al-maẓālim] von 1409 H./1989: "ʿadam samāʿ ad-daʿwā" [Nichtanhörung der Klage])[19] oder in den Vereinigten Arabischen Emiraten (Art. 473 ZGB, Gesetz Nr. 5/1985)[20].

Diese gleichsam unauffällige Neuregelung einer *verfahrensrechtlichen* Bestimmung war und ist in den islamischen Staaten ein beliebtes Mittel, um neue *materiellrechtliche* Normen gleichsam auf einem Umweg einzuführen, ohne Normen der Šarīʿa selbst anzutasten[21].

Eine erhebliche Rolle spielten Fetwas auch am Ende des 19. und zu Beginn des 20. Jahrhunderts, um bestimmte Rechtsinstitute europäischen Ursprungs einzuführen, die dem islamischen Recht unbekannt oder nach ihm unzulässig sind. Dies gilt beispielsweise für den Versicherungsvertrag, der wegen seines aleatorischen Charakters und deswegen, weil er auf keinen im islamischen Recht ausgebildeten Vertragstyp zurückgeführt werden kann, lange Zeit als unzulässig angesehen wurde[22].

---

18 Jüngst zur Mecelle *Ansay*, Hukuk Tarihinde Islâm Hukuku, 4. Aufl. Ankara 2002, 47 - 49 (Hierbei handelt es sich um einen unveränderten Nachdruck der 3. Aufl. des Werks [Ankara 1958] des großen osmanischen und türkischen Rechtsgelehrten *S. Ansay* [1888 - 1962]); *Krüger*, Zum zeitlich-räumlichen Geltungsbereich der osmanischen Mejelle, in: Liber Amicorum Gerhard Kegel, München 2002, 43 - 63 (44 - 50).

19 S. dazu bereits *Elwan*, Das Rechtswesen in Saudi-Arabien, in: *Koszinowski* (Hrsg.), Saudi-Arabien: Ölmacht und Entwicklungsland, Hamburg 1983, 177 - 217 (202 f.); jüngst *Krüger*, Vermögensrechtliches Privatrecht und Rechtsverfolgung in Saudi-Arabien, in: Einheit und Vielfalt des Rechts - Festschrift für Reinhold Geimer, München 2002, 485 - 511 (503 f.).

20 Das Zivilgesetzbuch der VAE ist veröffentlicht im Gesetzblatt (al-ǧarīda ar-rasmīya) Nr. 158 vom 29.12.1985 und am 30.3.1986 in Kraft getreten; eine Kurzübersicht über seinen Inhalt findet man z.B. bei *Krüger/Küppers*, Das internationale Privatrecht der VAE, IPRax 1988, 389 - 392 (389 f.).

21 Z.B. *Krüger* (Fn. 1) 48 m.w.N. in Fn. 126c; *ders.*, Überblick über das Zivilrecht der Staaten des ägyptischen Rechtskreises, Recht van de Islam 14 (1997), 67 - 131 (78 m.w.N.).

22 Näher zur Problematik des Versicherung nach islamischem Recht *Bälz*, Versicherungsrecht in den arabischen Staaten, Karlsruhe 1997, 9 - 69; *Lohlker*, Schari'a und Moderne - Diskussionen über Schwangerschaftsabbruch, Versicherung und Zinsen, Stuttgart 1996, 47 - 105; *Klingmüllers* Schriften zu Islam und Versicherung sind nachgewiesen bei *Krüger*, Ernst Klingmüller zum 85. Geburtstag, in: *Ebert* (Hrsg.), Beiträge zum islamischen Recht, Frankfurt 2000, 11 - 23 (20 f. in Fn. 26 - 29).

In der Gegenwart spielen Fetwas zum Beispiel insbesondere auch im medizinischen Bereich eine ganz herausragende Rolle, wie *Krawietz* im Einzelnen grundlegend dargestellt hat. Dies gilt u.a. für die künstliche Verlängerung des Lebens, die Wiederbelebung, den Austausch von Organen usw.[23]. Ähnliche Fetwas gab es dazu auch schon sehr viel früher (z.B. zu Problemen der Zahnheilkunde[24] und der medizinischen Anwendung von Narkotica[25]).

Des Weiteren gilt: Fetwas sind nicht nur eine Quelle für die Ermittlung des islamischen *Rechts*. Man kann sie nämlich auch unter religionswissenschaftlichen, wirtschaftsgeschichtlichen, sozialwissenschaftlichen sowie historischen[26], politologischen, islamkundlichen, philologischen, volkskundlichen, kulturgeschichtlichen (man vgl. u.a. die unzähligen Fetwas über die Sklaverei) usw. Aspekten untersuchen[27], auch wenn in der angelsächsischen Literatur gelegentlich die Ansicht geäußert wird, dass zumindest osmanische Fetwas wenig Wert als Quelle der Sozialgeschichte haben[28]. Beklagt wird

---

[23] *Krawietz* (Fn. 1), 91 - 316; s. dazu auch *Klingmüller*, Zur Bewertung der Fertilisation im islamischen Recht, in: Festschrift für Erich Steffen, Berlin 1995, 225 - 233.

[24] Z.B. das Fetwa des Scheichülislâm *Dürrîzâde Mehmed Arif Efendi* (im Amt 1785 - 1786 und 1792 - 1798), abgedruckt in Neticet ül-Fetâva (Hrsg. *el-Kedûsî*), Istanbul 1237 H./1821, 580 = (in Kurzform) in Hulâsat ül-ecvibe (Hrsg. *Mehmed Halis*), 2. Aufl. Istanbul 1325 H./1907, II 162 Sp. 1 Nr. 3. - Soweit im Nachstehenden auch auf die in dieser Sammlung veröffentlichten Gutachten verwiesen wird, sei angemerkt, dass es sich dabei vielfach um Kurzfassungen handelt.

[25] Einige Beispiele aus den Fetwa-Sammlungen: *Ibn Nüceym*, Hulâsat-i fetâvâ, Istanbul 1289 H./1872, 145 (Nr. 7 und 8) = zusammengefasst in Hulâsat (Fn. 24), II Sp. 5 Nr. 7 und 8 (Einnahme von Haschisch nur zulässig zur Behandlung eines Kranken); *Ibn Nüceym* aaO 274 Nr. 29 = Hulâsat (Fn. 24), II 118 Sp. 5 Nr. 29 (Behandlung einer Augenkrankheit); *Abdullâh Efendi* (Fn. 17), II 556 = Hulâsat (Fn. 24), II Sp. 3 Nr. 44 (Tod während einer Operation, Haftung des Chirurgen). - Bei dem genannten *Ibn Nüceym* (Arab. Ibn Nuğaim) handelt es sich um den berühmten ägyptischen (ḥanafitischen) Gelehrten, der von 1520 - 1563 lebte.

[26] So mit Recht auch *Motzki* (Fn. 15), 18; man vgl. z.B. lediglich die Fetwas von *Ebûssu'ûd* über verschiedene Persönlichkeiten und Ereignisse zu seiner Zeit; einschlägige Gutachten findet man bei *Düzdağ*, Şeyhülislâm Ebusuûd Efendi fetvaları ışığında 16. asır Türk hayatı, Istanbul 1972, 191 - 196. – Einige weitere Nachweise sind in den in Fn. 35 genannten Veröffentlichungen enthalten.

[27] Ausführlich *Krawietz* (Fn. 1), 65 - 73.

[28] So jedenfalls *Imber*, Studies in Ottoman History and Law, Istanbul 1996, 288 ("... fatwas are valuable as a source for the history of legal doctrine, but not as a source for social history."). Diese Ansicht wunderte mit Recht kürzlich bereits *Kreiser*, Women in the Ottoman World - A Bibliographical Essay, Islam and Christan-Muslim Relations 13 (2002), 197 - 206 (201), denn in dieser allgemeinen Form ist sie zweifelsfrei unzutreffend.

nämlich teilweise, dass sie zu strikt juristisch formuliert seien, und der soziale Kontext eliminiert werde. Das trifft sicher teilweise zu, jedoch nicht durchgehend und ist im Übrigen aus juristischer Sicht weitgehend unerheblich.

Wenn *Imber* auf dem Gebiet des Eherechts in den osmanischen Fetwas des 18. Jahrhunderts keine Entwicklungen gegenüber den früheren Jahrhunderten feststellen konnte[29], so ist dies nicht zu verallgemeinern. Der soziale Zustand war gleich geblieben. Ändern sich nämlich - anders als im Eherecht - z.B. die sozialen, steuerlichen oder wirtschaftlichen Verhältnisse, so ändert sich, wie *Johansen* zutreffend feststellt, zumindest zunächst auf der Ebene der Fetwas (und Urteile), also der wichtigen Einzelfallentscheidungen, auch die Interpretation des Rechts durch die Muftis (bzw. Richter)[30].

Mir scheint im Übrigen, dass wahrscheinlich in vielen Fällen die Kapitel oder Abschnitte in den Fetwa-Sammlungen über "karāhīya" (Verwerfliches) insbesondere aus außerjuristischer Sicht am interessantesten sind; denn in den hier enthaltenen Fetwas mussten sich die Gutachter intensiv mit den in den Islam aus Europa eingedrungenen "verwerflichen Neuerungen und abergläubischen Vorstellungen" (bid'at ve hurâfeler), wie es z.B. gelegentlich in der Türkei genannt wird[31], befassen. Diese Arbeit ist bisher nahezu völlig unterblieben. Sie lohnt jedoch.

C. Entwicklung und derzeitiger Stand des iftā'

Kurz einige Worte zur Entwicklung des iftā', wobei ich mich auf den sunnitischen (insbesondere den ḥanafitischen) Bereich beschränke und nicht die Entstehung sowie die frühe Entwicklung[32] berücksichtige. Auch die Schiiten

---

29 *Imber* (Fn. 28), 287 ("... fatwas unremarkable, presenting no problem which would not have been familiar to jurists five centuries earlier.")

30 *Johansen*, The Islamic Law on Land Tax and Rent - The Peasant's Law of Property Rights as Interpreted in the Hanafite Legal Literature of the Mamluk and Ottoman Periods, London 1988, 98 - 121 (zu den osmanischen Verhältnissen). Auch auf S. 125 in der Zusammenfassung seiner Ergebnisse ganz eindeutig: "... at the level of the fatāwā, *new* (Hervorhebung von mir) legal opinions are introduced"; *ders.*, Contingency in a Sacred Law - Legal and Ethical Norms in the Muslim Fiqh, Leiden 1999, 446 - 464.

31 So z.B. der Titel eines Buches von *Uysal*, Islâma sokulan bid'at ve hurâfeler, Konya 1969 (Band 1). In ähnlicher Form spricht hiervon in einem Gutachten auch ein zeitgenössischer türkischer Mufti; s. *Güvenç*, Günümüz Meselelerine Fetvalar, Istanbul o.J., II 277 (Nr. 933).

32 Dazu *Motzki* (Fn. 15), 6 - 14; *Krawietz*, Der Prophet Muḥammad als Muftī und Muǧtahid, (Beitrag in diesem Band), 55 ff.

bleiben beiseite; hier bestehen – verglichen mit den vier sunnitischen Schulen – beispielsweise Unterschiede hinsichtlich der Wirkung eines Fetwas[33].

Rechtsgutachten werden erteilt von einem Mufti. Ursprünglich war das Amt des Mufti kein öffentliches. Jeder berühmte Gelehrte konnte diese Funktion ausüben. Nach *Ibn Ḫaldûn* (1332 – 1406) liegt die Erteilung von Fetwas als ius publice respondendi im öffentlichen Interesse (maṣlaḥa) der Muslime[34]. So erteilten im Laufe der Jahrhunderte in jedem Staat der islamischen Welt angesehene Gelehrte aller Rechtsschulen, die nach und nach einen eigenen Stand neben den Richtern bildeten, in allen wichtigen Zentren der dār al-Islām gleichsam amtlich berufsmäßig Fetwas. Anerkannte Gelehrte gab es als private Gutachter daneben wohl stets weiterhin.

Die Hauptursache hierfür ist folgende: Da das islamische Recht nicht kodifiziert ist, sondern - abgesehen vom Koran – lediglich in mehr oder minder privaten Arbeiten der fuqahā' niedergelegt ist, bestand für die Muslime sehr bald das Bedürfnis, auftretende rechtliche oder religiöse Fragen durch Gutachten angesehener Gelehrter klären zu lassen. Dies insbesondere deshalb, weil die Šarī'a nicht nur die rechtlichen Bestimmungen stricto sensu normiert, sondern als göttlich gesetzte unfehlbare und unwandelbare Lehre und damit religiös determiniertes Recht, das *gesamte* religiöse, soziale, wirtschaftliche, kulturelle und staatliche Leben regelt, durchdringt, beeinflusst usw.

Des Weiteren sind die Fiqh-Bücher, die nicht unbedingt praktischen, sondern primär Studienzwecken dienen, nicht immer leicht verständlich. Deshalb sah – und sieht – sich ein Muslim, der entsprechend der Šarī'a leben will, häufig vor die Frage gestellt, in welcher Weise er sich in einer unklaren oder nicht zweifelsfreien Situation rechtmäßig zu verhalten hat. Dadurch erklärt sich übrigens die sehr große Zahl von Fetwas zu kultischen Fragen ('ibādāt) oder zu Problemen des Familien- und Erbrechts, die man in den veröffentlichten arabischen und türkischen Sammlungen findet.

Hinzu kommt, dass die kanonischen Texte angeblich Regeln zur Beurteilung jedes auftauchenden Problems, welcher Art auch immer, bereitstellen.

---

33 Dazu u.a. *Haeri*, Mut'a: Regulating Sexuality and Gender Relations in Postrevolutionary Iran, in: *Masud/Messick/Powers* (Fn. 1), 251 - 261; *Krämer*, Der große Irrtum des Westens: Fatwa - für Muslime kein Todesurteil, SZ Nr. 196 vom 26./27.8.1995; *Schneider*, Iftā' in der Schia, (Beitrag in diesem Band), 73 ff.

34 *Rosenthal*, Ibn Khaldûn: The Muqaddimah. An Introduction to History, I (2. Aufl. London 1967) 452; *Schacht* (Fn. 13), 74: Ursprünglich private Funktion; erst im Laufe der Entwicklung hin zu einem Amt.

Ausgangspunkt hierfür ist Q. VI 38: „Wir haben in der Schrift nichts übergangen." Demzufolge heißt es heute meist: Al-Islām niẓām šāmil wa-kāmil; der Islam ist eine umfassende und vollständige Ordnung.

Der göttliche Wille ist – nach islamischem Verständnis – in den in den kanonischen Texten enthaltenen Geboten und Verboten ausgedrückt. Will man diese allgemeinen Regeln auf bestimmte Fälle anwenden, so benötigt man hierzu besonders befähigte Personen, also die fuqahā', zu denen ganz selbstverständlich – und zwar an prominenter Stelle - die Muftis zählen. Hinzu kommt nämlich, dass es einem gläubigen Muslim nicht ohne weiteres erlaubt ist, z.B. aufgrund einer Sure des Koran oder eines ḥadīṯ in einem konkreten Fall zu einem eigenen Urteil zu gelangen.

In der *Vergangenheit* galt in den Staaten der islamischen Welt theoretisch völlig umfassend die Šarī'a im kultischen und rechtlichen Bereich. Damit war die sachliche Zuständigkeit der Muftis im Grunde unbegrenzt. Sie konnten jeden Gegenstand, der an sie herangetragen wurde, begutachten. Am intensivsten erfolgte dies, wenn man die frühe Blüte im maurischen Spanien[35] und das Moghulreich in Indien[36] beiseite lässt, im Osmanischen Reich. Im Mittelpunkt stand hier ganz selbstverständlich der Mufti der Hauptstadt, dem seit dem 16. Jahrhundert immer ausschließlicher der Titel Scheichülislâm beigelegt wurde. In der europäischen Literatur ist er nicht selten mit dem Papst im katholischen und dem Patriarchen im griechisch-orthodoxen Bereich verglichen worden[37], wobei dahingestellt bleiben möge, ob dies in dieser allgemeinen Form zutreffend war[38].

---

35 Lediglich einige Beiträge seien beispielhaft genannt: *Serrano*, Legal Practice in an Andalusî-Maghribî Source from the Twelfth Century CE: The *Madhâhib al-Ḥukkâm fî Nawâzil al-Aḥkâm*, ILS 7 (2000), 187 - 234; *Osswald*, Spanien unter den Almoraviden - Die Fatāwā des Ibn Rushd als Quelle zur Wirtschafts- und Sozialgeschichte, WdO 24 (1993), 127 - 145; *Powers*, Fatwâs as Sources for Legal and Social History - A Dispute over Endowment Revenues from 14th Century Fez, Al-Qantara 11 (1990), 295 - 341. Im übrigen sei verwiesen auf die in der annotierten Bibliographie von *Fierro u.a.*, Repertorio Bibliográfico de Derecho Islámico, Murcia 1999, nachgewiesenen Veröffentlichungen.

36 Dazu z.B. *Zafarul Islam*, Origin and Development of Fatāwā-Compilation in Medieval Islam, Hamdard Islamicus 20 (1997), 7 - 18.

37 S. z.B. Turcici Imperii Status accedit de Regno Algeriano atque Tunetano Commentarius, Leiden 1634, 201: "Primum, Muphtim dicit (i.e. *Ludovico Bassanus*) esse inter ipsos instar vel Papae vel Patriarchae Graecorum."; oder bereits früher *Ogier Ghiselin de Busbecq* in seinen berühmten Legationis Turcicae Epistulae IV, Paris 1589, zitiert nach der englischen Übersetzung von 1633 durch *Seymour Forster*, The Letters of Ogier Ghiselin de Bucbecq, Neuausgabe Oxford 1968, 31.

38 Interessant kurz zu den Titeln erwähnt: Nach russischem Recht in der zaristischen Zeit (Zwod Zakanov Rossijskoj Imperii, Band XI, Teil 1 §§ 1449 und 1526 bzw. §§ 1564 und

Die bedeutenden osmanischen Scheichülislâm haben, wie man den veröffentlichten Fetwa-Sammlungen entnehmen kann, Gutachten über nahezu jeden Gegenstand erstattet; dies unabhängig davon, ob es um die Interpretation einer Regel der Šarī'a ging oder um die eines staatlichen Gesetzes (qānūn), denn diese existierten z.B. im Osmanischen Reich in großer Zahl in einer Reihe von Bereichen, die vom islamischen Recht nicht oder nur teilweise geregelt sind[39].

Ob über jedes Problem, das in den Fetwa-Sammlungen erörtert wird, wirklich zu gutachten war, kann aus juristischer Sicht dahinstehen. Bei einigen einfachen Fragen, die ohne weiteres zu beantworten sind, mag man daran durchaus Zweifel haben (Beispiele: Höhe der Erbquote von Töchtern im Verhältnis zu Söhnen; Anzahl der Frauen, mit denen ein Muslim gleichzeitig verheiratet sein kann; Dauer des nachehelichen Unterhalts einer verstoßenen Frau). Möglicherweise sind diese (fiktiven) Fetwas erst später in die jeweilige Sammlung eingefügt worden, um ein gleichsam vollständiges Handbuch zu bieten. Dies ist eine offene Frage, jedoch aus juristischer Sicht nicht unbedingt relevant.

In der *Gegenwart* wird es komplizierter, denn heute muss man differenzieren:

1. Zunächst gibt es Staaten, in denen die Šarī'a kraft Verfassungsrechts – jedenfalls theoretisch – nahezu ausschließlich gelten soll[40]. Dies trifft wohl nur noch für Saudi-Arabien zu. Hier haben wir grundsätzlich dieselbe Situation wie in der historischen dār al-Islām. Die Muftis können jeden Gegenstand mit (sanktionsbehafteter) Autorität beurteilen. Dies hat sich der langjährige Leiter des saudi-arabischen Amts für religiöse Angelegenheiten, Scheich *'Abd al-Azīz b. Bāz*, dem auch die dār al-iftā', die amtlich Fetwas erteilt, unterstand, nicht zweimal sagen lassen. Dieses Amt erteilt Fetwas über alle kultischen und rechtlichen Fragen. Permanent gibt es Gutachten insbesondere über die Stellung der Frau in der Gesellschaft, die selbst in den englischsprachigen Tages-

1641) führte in Transkaukasien das Oberhaupt der schiitischen Geistlichkeit den Titel Scheichülislâm und das der sunnitischen den Titel Mufti.

39 Zum osmanischen Rechtszustand z.B. in der Mitte des 16. Jahrhunderts *Inalcik*, Suleiman the Lawgiver and Ottoman Law, Arch.Ott. 1 (1969), 105 - 138.

40 Eine gute Übersicht mit den einschlägigen Texten geben, allerdings bereits nicht mehr in jedem Fall à jour, *Baumann/Ebert*, Die Verfassungen der Mitgliedsländer der Liga der Arabischen Staaten, Berlin 1995. Zu ergänzen ist insb. die neue Rechtslage im Sultanat Oman; näher dazu u.a. *Siegfried*, Legislation and Legitimation in Oman: The Basic Law, ILS 7 (2000), 359 - 397 (Text der Verfassung in englischer Übersetzung von 1996 auf S. 380 - 393); zur Problematik allgemein *Ebert*, Islam und šarī'a in den Verfassungen der arabischen Länder, ZfR 6 (1998), 3 - 21.

zeitungen in Saudi-Arabien publiziert werden. Private Gutachter spielen in Saudi-Arabien, soweit ich sehe, wohl nur eine Nebenrolle.

Insbesondere werden in Saudi-Arabien häufiger auch Fetwas erteilt, die Probleme des Verhältnisses von Muslimen zu dort lebenden Ungläubigen (kuffār), d.h. übrigens einschließlich der Christen, betreffen. So ist mir z.B. ein Gutachten vom 23.12.1989 bekannt, in dem der bekannte Mufti *Muḥammad b. aṣ-Ṣalāḥ al-ʻUṯaimīn* unter Bezug auf *Ibn Qaiyim al-Ǧauzīya* (1292 - 1350) äußert, dass es Muslimen nicht erlaubt (ǧā'iz) sei, Ungläubigen (kuffār) zu Weihnachten oder anderen religiösen Feiertagen zu gratulieren; denn dies bedeutete, dass Muslime deren Feiertage anerkennen (iqrār) und sich zu ihnen bekennen. Dies sei jedoch für Muslime nicht zulässig, weil nicht gottgefällig. Andererseits könnten sie jedoch Glückwünsche von Nichtmuslimen zu islamischen Feiertagen entgegennehmen. Danach ist es folgerichtig, dass abschließend gesagt wird, ein Muslim dürfe in keinem Fall einen Ungläubigen (kāfir) zu Weihnachten besuchen, denn dies wäre eine Verletzung religiöser Gebote[41].

2. Die zweite Gruppe umfasst Staaten, in denen die Šarīʻa eingeschränkt nur in einzelnen Rechtsbereichen gilt; dies betrifft im Wesentlichen die aḥwāl šaḫṣīya (z.B. Bahrain, Kuwait, Jemen, Jordanien), selbst wenn auch dieses Rechtsgebiet - wie die meisten privatrechtlichen Gegenstände - in fast allen islamischen Staaten inzwischen kodifiziert ist. Die verfassungsrechtliche Aussage, dass der Staat ein islamischer ist o.ä. hindert diese Feststellung nicht; denn der allergrößte Teil der Rechtsordnungen in den nah- und mittelöstlichen Staaten beruht, wie bekannt, auf europäischen Mustern, ohne dass dies von den Verfassungsgerichten oder anderen Gerichtshöfen beanstandet wird. Hier ist folgende Situation zu beobachten: Es gibt amtliche Institutionen, die Fetwas erteilen – und oft zwei verschiedene. Zum einen existieren traditionelle Institutionen, wie z.B. die Azhar-Universität in Kairo; andererseits gibt es - wohl aufgrund der osmanischen Tradition - in einer Reihe arabischer Staaten den Mufti der Republik oder meist den Justizministerien zugeordnete Ämter für Gesetzgebung und iftā' o.ä. Daneben können in dieser Staatengruppe auch private Gutachter tätig werden.

Hier hat man folgende Situation: Soweit die Šarīʻa oder aus ihr abgeleitete Normen gelten, können die amtlichen Muftis mit Recht auf diesem Gebiet

---

41 Ob das Gutachten, das mir im Dezember 1992 zugänglich wurde, veröffentlicht ist, entzieht sich meiner Kenntnis. Es ist (im arabischen Original und englischer Übersetzung) in Riad zu jener Zeit allgemein verbreitet worden.

Fetwas erteilen und die Rechtsentwicklung fördern. In den kleinen Golfstaaten wirkten und wirken diese Fetwa-Behörden bis zum Erlass von Gesetzen nicht selten auch rechtsfortbildend mit.

Einige Beispiele aus den VAE vor dem Erlass der einschlägigen Gesetze seien gegeben: Die Frage von Fotokopien als Beweismittel im Prozess, der Einlegung eines Rechtsmittels nicht durch einen üblichen anwaltlichen Schriftsatz, sondern durch Telefax (die Frage ist übrigens positiv entschieden worden, weil zeitgemäßes Mittel) oder der Reichweite des Bankgeheimnisses[42]. Geklärt wurde durch ein Fetwa auch eine uns, jedenfalls sofern wir Beamte sind, vertraute Frage, nämlich die Bemessung der Höhe der Wohngeldzulage, wenn Ehemann und Ehefrau beide im öffentlichen Dienst tätig sind. Entschieden wurde, dass sie grundsätzlich nicht höher sein kann, als die, die dem mehr verdienenden Ehepartner zusteht, es sei denn, die Eheleute sind bei verschiedenen Dienstherren und an mehr als 100 km von einander entfernten Orten tätig[43].

In Anspruch genommen werden die Fetwa-Behörden schließlich auch von den Ministerien nicht selten bei der Sanktionierung von Gesetzesvorhaben; dies gilt speziell im Bereich der aḥwāl šaḫṣīya (Familien- und Erbrecht). Hier will der Gesetzgeber vorab die religiöse Legitimierung des Gesetzes erhalten, um nach dessen Inkrafttreten ganz allgemein Schwierigkeiten oder die Anfechtung einer bestimmten Norm vor dem Verfassungsgericht zu vermeiden.

3. Schließlich geht es um Staaten mit nahezu ausschließlich muslimischer Bevölkerung, in denen die Šarī‘a nicht mehr auch nur andeutungsweise

---

42 S. dazu bereits *Krüger*, Art. Fetwa, in: *Kreiser/Wielandt* (Hrsg.), Lexikon der Islamischen Welt, 2. Aufl. Stuttgart 1992, 92 - 95 (94).

43 Veröffentlicht in Emirates Law Nr. 13 (Januar 1997), 2 f. (Leitsatz: "If both husband and wife are working for the government, entitlement to accomodation allowance shall be limited to the spouse with the higher salary."). Dabei handelt es sich, wie meist, um ein Gutachten des Department of Fatwa and Legislation (Abu Dhabi). – Es sei hinzugefügt, daß dieses Department von Ministerien der VAE auch zur Interpretation von einzelnen Vorschriften geltender Gesetze in Anspruch genommen wird; s. z.B. *Khan/Laubach*, UAE Legal Briefs, MEER, April 1991, 21 (zu Art. 23 des Handelsvertretergesetzes, Gesetz Nr. 18/1981 i.d.F. des Gesetzes Nr. 14/1988, hinsichtlich der Zulässigkeit des Reexports von Waren nur durch registrierte Handelsvertretungen; eine Anfrage des Bundesministeriums für Wirtschaft und Handel). – Ähnliches gilt beispielsweise in der Republik *Jemen*, wo das Ministerium für Justiz und parlamentarische Angelegenheiten Fetwas in international- und verfassungsrechtlichen sowie in Angelegenheiten der Gesetzgebung erteilt; *Ghanem*, State Cases in the Republic of Yemen, Yearb.Isl. & Midd.East.L. 6 (1999-2000), 68 – 75 (70).

gesetzlich eine Rolle spielt; das Hauptbeispiel ist selbstverständlich die *Türkei*, denn dort ist 1926 das islamische Recht außer Kraft gesetzt worden. Ähnliches mag sich in Zukunft auch in den zentralasiatischen Republiken ergeben[44].

Die Šarī'a spielt in der Türkei nur noch eine Rolle im Bereich des Kultus. Insoweit können Gutachten ohne weiteres erstattet werden. Dies tun in der Türkei – gesetzlich zulässig - die Beamten des Fetwa-Ausschusses im Diyanet Işleri Başkanlığı (Präsidium für religiöse Angelegenheiten, das beim Amt des Ministerpräsidenten ressortiert), aber sie beschränken sich jedoch nicht immer darauf. Erhebliche Kritik wurde z.B. laut, als durch deren Fetwas die Staatliche Lotterie (Millî Piyango) oder die Neujahrsfeierlichkeiten als unislamisch qualifiziert wurden. Im Übrigen hat diese Behörde während des Ḥaǧǧ-Monats auch eine Zweigstelle in Saudi-Arabien, um Fragen über Probleme, die bei der Pilgerfahrt zu beachten sind, vor Ort sofort beantworten zu können[45].

Privatgutachter sind in der Türkei seit Jahren auch wieder vorhanden. Hier – ebenso wie in arabischen Staaten – publizieren die privaten Muftis ihre Gutachten oft auch in Zeitungen oder Zeitschriften (inzwischen sogar im Radio oder Fernsehen). Dabei handelt es sich übrigens nicht selten um pensionierte Beamte des Diyanet Işleri Başkanlığı.

Das Problem im Fall der Türkei und in den Staaten der zweiten Fallgruppe ist aus juristischer Sicht, dass Muftis ohne weiteres auch zu Fragen Stellung nehmen, die sie – um deutlich zu werden – aus der Sicht des geltenden staatlichen Rechts im Grunde nichts mehr angehen. Es wird in diesen Fällen so getan, als existierte das islamische Rechtssystem weiter. Man nimmt in den mir zugänglichen veröffentlichten Fetwas z.B. nur sehr gelegentlich zur Kenntnis, dass die Türkei kraft Verfassungsrechts ein laizistischer Staat ist, in dem im Wesentlichen aus Europa (Schweiz, Deutschland, Italien und Frankreich) übernommenes Gesetzesrecht gilt. Dies gilt immerhin im Zusammenhang mit der Zahlung von Steuern. Der Anfragende will wissen, ob dem Staat zu leistende Steuern an die Stelle des zakāt getreten sind. Antwort: Die Türkei ist ein laizistischer Staat. Leistungen an ihn sind nicht auf religiöse Vorschriften gestützt. Religiösen Verpflichtungen kommt man nach, wenn man den zakāt an

44 Kurze erste Hinweise zur neuen Rechtsentwicklung z.B. in Usbekistan bei *Knieper*, Einige Anmerkungen zum Zivilrecht Usbekistans, WiRO 2002, 268 - 270.

45 Dazu statt aller *Tröndle*, Die Debatte um den Islam und seine Institutionalisierung in der Türkei, ZfTS 14 (2001), 21 - 48 (26 - 28, 31).

arme Muslime gibt. Steuern, die an die Finanzbehörden gezahlt werden, können nicht mit religiösrechtlich begründeten Steuern verrechnet werden[46].

Ein solcher Fall zählt jedoch zu den Ausnahmen. Im Übrigen wird durchgängig einfach scheriatrechtlich gegutachtet: Es wird in Fetwas beispielsweise festgestellt, dass die Erbquoten männlicher Erben doppelt so hoch sind wie die weiblicher, ohne dass der geringste Hinweis auf das geltende türkische Erbrecht erfolgt[47].

Ein weiteres Beispiel; Frage: Wie ist eine Frau anzusehen, die eine amtliche Ehe (resmî nikâh) geschlossen hat, sich scheiden lassen will und die eheliche Wohnung verlässt? Als Sünderin? Antwort: Solange die Ehe besteht, hat die Frau im Haus ihres Mannes zu bleiben bis die ʻidda (Wartefrist) abgelaufen ist. Kein Wort darüber, dass dies nicht dem geltenden türkischen Familienrecht entspricht[48].

Die Frage, unter welchen Voraussetzungen Erbhindernisse bestehen, wird rein islamischrechtlich beantwortet. Die Verschiedenheit der Religion (din ihtilâfı) ist ein Erbhindernis. Zwischen Muslimen und Nichtmuslimen kann kein Nachlassübergang stattfinden[49]. Das ist nicht einmal ganz korrekt, denn dies gilt (nicht nur bei den Ḥanafiten) lediglich für die gesetzliche, nicht jedoch für die gewillkürte Erbfolge; denn insoweit sind die Ausschließungsgründe weniger streng[50]. Es gibt sogar Gutachten, in denen die Eheschließung vor dem Personenstandsbeamten als völlig überflüssig und im Grunde nicht als wirksam angesehen wird. Das Eheverbot der Milchverwandtschaft wird hochgehalten usw.[51].

---

46 *Emre*, Zamanımız Mes'elelerine açıklamalı Fetvâlar, Istanbul 1987, I 354 (Nr. 1374). Bei dem Gutachter handelt es sich um einen ehemaligen Mufti von Eskişehir. - Neben dieser und in der in Fn. 31 genannten Sammlung gibt es viele weitere (oft besondere Sammlungen zu sozialen oder Frauenfragen, zum Alevitentum usw.).

47 *Emre* (Fn. 46), I 420 (Nr. 1623).

48 *Emre* (Fn. 46), I 393 (Nr. 1532).

49 *Emre* (Fn. 46), I 515 (Nr. 2021).

50 Zutreffend *Coulson*, Succession in the Muslim Family, Cambridge 1971, 228 f.

51 *Güvenç* (Fn. 31) II 117 (Nr. 723), II 118 (Nr. 725), II 123 f. (Nr. 729). Dies läuft praktisch auf die religionsrechtliche Sanktionierung der berühmt-berüchtigten Imam-Ehe in der Türkei hinaus, selbst wenn gesagt wird, dass nach islamischem Recht die Eheschließung vor einem Imam, die alter türkischer Tradition entspricht, auch nicht erforderlich sei . - Im Übrigen spricht er auch Eheverbote für Frauen aus, die Freimaurer, Kommunisten, Parsen oder Atheisten heiraten wollen; ebenda II 112 f. (Nr. 716). In diesen Fällen gäbe es keine Meinungsverschiedenheiten ("Bu hususta ihtilâf yoktur").

Die Beantwortung der Frage nach der Wirksamkeit einer Ehe zwischen einer sunnitischen Frau und einem alevitischen Mann bereitet –contra legem turcicam– erhebliches Kopfzerbrechen. Nach den Fetwas ist sie nur dann zulässig, wenn zuvor bewiesen wird, dass der Mann ein richtiger Muslim ist. Befolgt er nicht alle Normen (bütün hükümler) der Šarī'a (u.a. kein Alkoholgenuss, keine Zinsnahme, kein zinā [außerehelicher Geschlechtsverkehr] usw.), so besteht ein Eheverbot. Der Mufti beklagt am Ende seines Fetwas übrigens, dass muslimische Frauen in und außerhalb der Türkei leider nicht mehr alle islamischrechtlichen Regeln befolgen[52].

Das Verhältnis von staatlichem Gesetz und Šarī'a bzw. der osmanisch-islamischen Tradition bleibt in der Türkei heikel. Dies gilt auch deshalb, weil Rechtswissenschaftler und Religionsgelehrte voneinander keine oder nur kaum Kenntnis nehmen. Es kann keinesfalls ausgeschlossen werden, dass mit der Erteilung von Fetwas heute in der Türkei ein gewisser Missbrauch getrieben wird[53]. Dies hat übrigens kein geringerer als der türkische *Verfassungsgerichtshof* (Anayasa Mahkemesi) in einem Urteil aus dem Jahre 1971 schon einmal mit Recht für die osmanische Zeit gesagt[54]. Erklärbar ist der gegenwärtige Zustand dadurch, dass die Religionsgelehrten anscheinend vielfach der Ansicht sind, die türkisch-islamische Gesellschaft sei krank[55]. Sie versuchen also deshalb, durch ihre Gutachten (auch politischen) Einfluss zu nehmen, was zwangsläufig zu erheblichen Konflikten mit dem aufgrund Verfassungsrechts laizistischen Staat führen muss.

Es geht selbstverständlich auch anders, wie ich an einigen Beispielen aus *Singapur* darlegen möchte. Dort gilt für Muslime in gewissem Umfang aufgrund des Administration of Muslim Law Act aus dem Jahre 1966 (in Kraft seit 1968) islamisches Recht des schafi'itischen Ritus. Es existiert auch – beinahe selbstverständlich – ein Fatwa Committee, das mehrmals jährlich tagt. Der wesentliche Inhalt der wichtigsten im Laufe eines Jahres erstatteten Fetwas wird dann in Kurzform in der Government Gazette, dem Amtsblatt Singapurs, und vollständig in der Serie *Kumpulan Fatwa* veröffentlicht. Hier beschränkt man sich amtlicherseits – anders als in der Türkei - strikt auf die Erteilung von

52 *Güvenç* (Fn. 31), II 111 f. (Nr. 715).

53 *Tröndle* (Fn. 45), 28 - 36, nimmt dies, gestützt auf eine Reihe von Quellen, sogar für das Diyanet Işleri Başkanlığı (DIB) selbst an.

54 *VerfGH* (53/76), 21.10.1971, veröffentlicht im Gesetzblatt (Resmî Gazete) Nr. 14216 vom 15.6.1972.

55 So, um lediglich ein Beispiel zu nennen, wörtlich *Kemal Anlar* in seinem Vorwort zu der Fetwa-Sammlung von *Emre* (Fn. 46), I 4 ("Islâm-Türk cemiyeti hastadır").

Fetwas, die kultische oder familien- bzw. erbrechtliche Probleme sowie Fragen der Lebensführung von Muslimen betreffen[56].

Einige Beispiele seien genannt: Nach islamischem Recht ist es jedermann verboten, sich einer Operation zur Änderung des Geschlechts zu unterziehen. Erfolgt dies dennoch, so wird das neue Geschlecht für den Zweck der Eheschließung nicht anerkannt. Grundsätzlich ist das Rauchen verwerflich (makrūh); Muslime sollten sich dieser schlechten Gewohnheit enthalten. Rauchen ist verboten (ḥarām) für jedermann, dessen Gesundheit beeinträchtigt wird und dem von Medizinern geraten wurde, es aufzugeben. Geschirr, in dem Schweinefleisch enthalten war, darf von Muslimen grundsätzlich nicht benutzt werden; ggf. nur dann, wenn es zuvor mit sauberem Wasser gereinigt wurde[57]. Klonen ist grundsätzlich verboten; zulässig ist es nur in dem Umfang, in dem es dem Geist und den Grundsätzen der Šarī'a entspricht[58]. Kein erwachsener weiblicher Konvertit darf gezwungen werden, sich einer Beschneidung zu unterziehen. Die Wirksamkeit letztwilliger Verfügungen von Muslimen unterliegt dem islamischen Recht; sind dessen Voraussetzungen nicht erfüllt, so sind sie unwirksam[59].

D. Mufti, Fetwa und Mustaftī

Nachdem bereits mehrfach ganz selbstverständlich von dem Mufti gesprochen wurde, kurz einige Hinweise zur Erteilung von Fetwas durch ihn.

Bei einem Fetwa handelt es sich um eine üblicherweise schriftlich erteilte förmliche Auskunft eines Mufti, meist einer Einzelperson. Heute gibt es, wie bereits erwähnt, jedoch auch Fetwa-Komitees, Fetwa-Behörden (wie z.B. die dār al-iftā' in Riad) usw., durch die Gutachten von einer Gruppe von Personen (und nicht von einem Einzelnen) erteilt werden. Ein Mufti kann über jedes Problem

56 Näher dazu z.B. der Annual Report of the *Majlis Ugama Islam Singapura* for the Year 1998, Government Gazette Nr. 7 vom 18.2.2000, 588 - 597 (593). Der Präsident der Republik ernennt aufgrund des Administration of Muslim Law Act nach der Konsultation der Majlis Ugama Islam auch den Mufti der Republik; s. jüngst z.B. Gov. Gaz. Nr. 1 vom 3.1.2003, 16. - Zur Situation in den Nachbarstaaten Malaysia und Indonesien z.B. *Hooker*, Fatwas in Malaysia 1960 - 1985, Arab L.Q. 8 (1993), 93 - 105; *Karim*, Ijtihâd of the Majelis Ulama Indonesia (the Council of Indonesian 'Ulamâ') and the Development of Fiqh, Studia Islamika: Indonesian Journal for Islamic Studies, 1 II (1994), 69 - 86, mit Literaturnachweisen auf S. 84 - 86 (Text im Wesentlichen auf Arabisch).

57 Alle drei Gutachten in Gov. Gaz. Nr. 2 vom 13.1.1995, 113.

58 Gov. Gaz. Nr. 20 vom 17.5.2002, 2496.

59 Beide Gutachten in Gov. Gaz. Nr. 39 vom 3.10.1997, 6986.

der Šarīʿa (Kultus oder Recht) befragt werden. Es gibt jedoch auch Anfragen, die sich z.B. auf allgemeine Probleme der Lebensführung oder naturwissenschaftliche Probleme (z.B. zur Größe der Sonne oder des Mondes beziehen), die sicher nicht als Rechtsgutachten qualifiziert werden können[60].

Zwei Beispiele aus der Gegenwart: Fragt jemand: Was ist Margarine für ein Fett, woraus besteht sie?, so ist dies eher ein Fall für den Lebensmittelchemiker. Der befragte Mufti antwortet übrigens, dass er es nicht wisse[61]. Ein Blick in ein Lexikon hätte im Zweifel jedoch genügt.

Oder: Wie ist der Ayatollah Khomeini anzusehen? Hier antwortet ein sunnitischer Mufti in der Türkei: Er ist nicht das Haupt einer religiösen Gruppierung, sondern der Führer einer politischen Bewegung (siyasi bir cereyan lideri). Die Jafariten (Schiiten) werden von ihm dann gleich auch noch als politischer maḏhab (siyasi bir mezhep) qualifiziert[62]. Dies liegt auf der üblichen Linie der osmanischen/türkischen Muftis. Immerhin wird ein schiitischer Muslim dort heute nicht mehr wie insbesondere in den Zeiten politischer Spannungen zwischen dem Osmanischen Reich und Persien von den Scheichülislâm im 16. und 18. Jahrhundert - qua häretischer Sekte - als Apostat (murtadd) oder Ungläubiger (kāfir) betrachtet[63].

Oder aus dem 18. Jahrhundert: Die Verwendung einer aus Messing gefertigten Uhr ist für Männer und Frauen zulässig[64].

Das sind jedoch eher Ausnahmen, wenn man die veröffentlichten Sammlungen von Fetwas durchsieht. Üblicherweise beziehen sie sich nämlich auf Probleme der Šarīʿa (Kultus und Recht).

Mit der Bitte um Erteilung eines Gutachtens kann sich jedermann an einen Mufti wenden. Dies gilt nicht nur für natürliche, sondern heute auch für juristische Personen (z.B. alle Handelsgesellschaften nach den geltenden Rechtsordnungen

---

60 S. beispielsweise das Gutachten von *Ibn Nüceym* (Fn. 25), 353 (Nr. 4) = Hulâsat (Fn. 24), 225 Sp. 4 Nr. 4.

61 *Emre* (Fn. 46), I 138 f. (Nr. 496). Hintergrund der Frage ist mutmaßlich, ob Margarine auch Schweinefett enthält.

62 *Emre* (Fn. 46), I 414 (Nr. 1602).

63 S. z.B. *Ebûssu'ûd Efendi* bei *Düzdağ* (Fn. 26), 109 (Nr. 479); *Abdullâh Efendi* (Fn. 17), I 174 f., 177, 179 - 183. - Dass die Polemik der schiitischen Seite nicht besser war, soll hier nicht näher ausgeführt werden; einige Nachweise bei *Krüger* (Fn. 1), 126 f. in Fn. 547.

64 *Abdullâh Efendi* (Fn. 17) II 551 = Hulâsat (Fn. 24) II 163 Sp. 3 Nr. 14.

im Nahen und Mittleren Osten sowie in der Türkei) und früher für Personenvereinigungen oder Gesellschaften, die keine juristischen Personen waren, für einzelne Ministerien, die Regierung und das Staatsoberhaupt. Auch die Partei eines Rechtsstreits kann zur Stützung ihrer Rechtsansicht ein Fetwa vorlegen. Dies kam, wenn man die Gerichtsregister (siğillāt) durchsieht, früher anscheinend nicht selten zur Untermauerung einer Klage oder Klageerwiderung vor. Sicher ist auch, dass sich Nichtmuslime mit Wohnsitz in der dār al-Islām an einen Mufti wenden konnten. Gutachten werden heute im Zweifel auch für Nichtmuslime erstattet, selbst wenn sie nicht in einem islamischen Staat leben und seriös anfragen. Selbstverständlich gilt dies derzeit auch für Muslime, die nicht in einem islamischen Staat leben.

Problematisch ist es jedoch, wenn die *Richter* in der dār al-Islām, wie ihnen durchgängig empfohlen (oder bei den Malikiten sogar vorgeschrieben), Gutachten von einem Mufti erbitten sollen, um einen Rechtsstreit zu entscheiden. Dass eine Partei in einem Rechtsstreit ein Fetwa einholen und vorlegen kann, ist durchaus verständlich; denn dies kam und kommt zur Stützung der Rechtsansicht einer der streitenden Parteien weltweit immer wieder vor. Dass dies jedoch auch der Richter tun kann (teilweise sogar soll), ist seltsam. In der Praxis kam dies, wenn man die veröffentlichten siğillāt durchsieht, anscheinend nicht selten vor[65].

Aus gegenwärtiger juristischer Sicht ist dies im Grunde ein Unding, zumindest aber befremdlich; denn es gelten wohl weltweit die beiden Grundsätze *iura novit curia* und *da mihi factum, dabo tibi ius*. Die Parteien brauchen nur die Tatsachen vorzutragen; die Rechtsanwendung ist dagegen richterliche Aufgabe und Pflicht. Der Richter *muss* das von ihm anzuwendende eigene Recht kennen. Ein Gericht kann heute selbstverständlich ausschließlich Gutachten über *ausländisches* Recht von einem Sachverständigen einholen, wenn es aufgrund des maßgeblichen Kollisionsrechts zu befolgen ist; denn dies muss er - anders als sein eigenes - *nicht* kennen.

Der Hintergrund dieser Lehre kann eigentlich nur sein, dass nach und nach die Auffassung entstand, das islamische Recht sei ein ius divinum. Deshalb mögen sich besonders fromme Richter nicht getraut haben, einen Rechtsstreit zu entscheiden, wenn das zu klärende Rechtsproblem aufgrund der ihnen bekannten Quellen nicht eindeutig zu lösen war. In einer Reihe von Fällen wird die Ursache hierfür *in dubio* jedoch Bequemlichkeit oder Unfähigkeit des Richters

[65] S. u.a. einige Nachweise bei *Krüger* (Fn. 1), 55 Fn. 157, und viele in den Veröffentlichungen von *Jennings* (Fn. 14).

gewesen sein[66] und nicht unbedingt besonders große Vorsicht aus religiösen Gründen.

Grundsätzlich muss ein Mufti die ihm gestellte Frage beantworten. Er darf sich, so jedenfalls die Theorie, nicht auf ein „lā adrī" (ich weiß [es] nicht) zurückziehen[67]. Dies kommt jedoch, wie gezeigt, durchaus hin und wieder vor. Kann man ein Gutachten nicht erstatten, weil Kenntnis oder Quellen fehlen, so hat ein Mufti zu sagen, dass er die Frage nicht beantworten kann. Ob und in welchem Umfang dies geschieht, ist selbstverständlich nicht ermittelbar. Allzu häufig wird dieses Problem angesichts der üblichen Fragestellungen jedoch wohl nicht auftreten. Auch wenn ein Mufti eine Frage ganz offensichtlich nicht beantworten will, kommt es allerdings vor, dass er sie zur Begutachtung annimmt.

Ich gebe ein Beispiel aus der Türkei. Es ist wohl allgemein bekannt, dass nach der Šarī'a zwar ein muslimischer Mann eine nichtmuslimische Frau, eine kitābīya, heiraten darf, nicht jedoch eine muslimische Frau einen nichtmuslimischen Mann. Grund für die Differenzierung: Ein Mann, der eine christliche oder jüdische Frau heiratet, fällt im Zweifel nicht vom Islam ab. Bei den Frauen sei das Risiko höher[68]. Das Kind aus einer muslimisch-nichtmuslimischen Ehe ist kraft Geburt nach der Šarī'a stets Muslim[69].

An den ehemaligen Mufti von Eskişehir wird folgende Frage gerichtet: Kommt das Kind eines nichtmuslimischen Vaters, das eine muslimische Mutter hat, als Muslim zur Welt? Antwort: Sie gehen in der Frage von einer unzutreffenden

---

66 Näher zu dieser Problematik u.a. *Tyan*, Histoire de l'organisation judiciaire en pays d'Islam, 2. Aufl. Leiden 1960, 214 - 218; auch *Motzki* (Fn. 15), 15. - Es stellt sich unter diesen Voraussetzungen die Frage, inwieweit Richter in der dār al-Islām (Unterschiede von Region und Zeit sind sicher zu beachten) überhaupt *inhaltlich* unabhängig judizieren konnten, wenn man ihnen verfahrensrechtlich nahe legt oder gebietet, *vor* Erlass eines Urteils das Gutachten eines Muftis einzuholen (und zusätzlich - jedenfalls teilweise - ihm zu folgen). Dies ist doch der typische Fall von weisungsgebundenen Justizbeamten und nicht der unabhängiger Richter, die deshalb, wenn man die früheste Zeit beiseite lässt, auch nichts (oder nur wenig) zur Entwicklung des Rechts beitragen konnten (z.B. *Schacht* [Fn. 13], 75). Es ist schwer vorstellbar, dass sich jeder Richter so gesehen hat.

67 Ausführlich hierzu *Krawietz*, Frevelfurcht (Fn. 10), 737 - 743.

68 So z.B. ganz deutlich *Abdur Rahim*, The Principles of Muhammadan Jurisprudence, London 1911 (Nachdruck Lahore 1963), 329.

69 Dies gilt z.B. im Irak nach geltendem staatlichen Recht sogar kraft Gesetzes; Art. 39 Nr. 3 des Gesetzes über die irakische Staatsangehörigkeit und [personenstandsrechtliche] Informationen, Gesetz Nr. 46/1990, veröffentlicht im Gesetzblatt (al-Waqā'i' al-'irāqīya) Nr. 3319 vom 6.8.1990.

Voraussetzung aus; denn die Eheschließung eines nichtmuslimischen Manns mit einer muslimischen Frau ist niemals zulässig (caiz değildir). Das Kind aber eines muslimischen Manns ist kraft Abstammung (neseb) stets Muslim[70].

Hier stutzt man als Jurist nicht schlecht. Dass türkische Musliminnen Ausländer (Nichtmuslime) heiraten, kommt Jahr für Jahr allein in Deutschland, Frankreich oder in den Niederlanden in großer Zahl vor. Eine Frau hat wirklich ein ernstes Problem, das sie aus islamrechtlicher Sicht geklärt haben möchte. Hier war neues Durchdenken der Situation (also iğtihād) erforderlich und zwar nicht lediglich für einen Einzelfall. Der Mufti zieht sich jedoch zurück auf ein „Nicht sein kann, was nicht sein darf" und versagt im Grunde eine Antwort, zu der er verpflichtet ist; denn ein gläubiger Muslim hat Anspruch auf den Ausspruch einer Handlungsempfehlung durch ihn.

Ein Mufti hat die ihm vorgelegte Frage in Übereinstimmung mit den Regeln der Šarī'a zu beantworten und zwar im Zweifel aufgrund der Bestimmungen der Rechtsschule, der er angehört oder, wenn er in amtlicher Funktion tätig wird, nach dem maḏhab, der in dem betreffenden Staat gilt. Es reicht nicht aus, dass er z.B. mitteilt, die gestellte Frage werde in den Quellen kontrovers diskutiert. Er muss zu einer Entscheidung gelangen, wenn er die Frage zur Begutachtung annimmt. Dass dies nicht immer erfolgt, ist eben an dem Beispiel des ehemaligen Mufti von Eskişehir verdeutlicht worden.

Dass ein Mufti sein Gutachten begründet oder durch Hinweise auf Koran, Sunna, die beiden wichtigsten Rechtsquellen, oder andere Rechtstexte belegt, ist heute wohl selbstverständlich geworden. Früher war dies, wenn man zum Beispiel die Fetwas der großen osmanischen Scheichülislâm betrachtet, keineswegs immer der Fall. Vielfach wurde auf eine Frage nur mit ja (olur) oder nein (olmaz) oder es ist rechtmäßig (meşru) oder rechtswidrig (meşru değildir) geantwortet. Dies sollte man jedoch nicht ohne weiteres verallgemeinern. In wichtigen Fragen, die die Staatsführung betrafen, wurde nämlich fast immer eine Begründung (mit Angabe weiterer Quellen) gegeben[71]. Selbst bei Anfragen von Privatpersonen in familienrechtlichen Fällen kam dies immer wieder vor[72]. Wahrscheinlich hing dies vom Arbeitsstil des Mufti ab.

---

70 *Emre* (Fn. 46), I 389 f. (Nr. 1516).

71 Z.B. Scheichülislâm *Abdullâh Efendi* in seinen Gutachten zum osmanisch-persischen Verhältnis im dritten Jahrzehnt des 18. Jahrhunderts (Fn. 17), I 174 - 177, 195 - 198.

72 Vgl. z.B. die Gutachten von *Abdullâh Efendi* zu relativ einfachen Fragen des Rechts der Brautgabe/mahr, das mich, weil heute noch in vielen orientalischen Staaten von praktischer Bedeutung, stets sehr interessiert (Fn. 17), I 65 - 68, 72 f.; s. z.B. *Krüger*, Ehe und Brautgabe, FamRZ 1977, 114 – 118.

Soweit also im Osmanischen Reich von den Scheichülislâm Fetwas erteilt wurden, erfolgte dies dem genannten Grundsatz entsprechend stets auf der Grundlage des ḥanafitischen Rechts. In Saudi-Arabien gibt es heute praktisch nur Gutachten auf der Basis des ḥanbalitischen Rechts. Im Zweifel darf ein Mufti kein Fetwa auf der Grundlage der Mischung unterschiedlicher maḏāhib erteilen. Immerhin ist – gerade auch in der Gegenwart – nachweisbar, dass in einem Fetwa erklärt wird, ein Fall sei nach schafi'itischem Recht in einer bestimmten Weise zu entscheiden, und ein Hinweis erfolgt, dass die Ḥanafiten in diesem Punkt anderer Ansicht seien. Dies gilt beispielsweise in dem in Fußnote 59 genannten Fetwa aus Singapur über die Beschneidung erwachsener Konvertitinnen. Derartige Gutachten sind beispielsweise nicht selten auch in der Türkei zu ermitteln[73].

E. Wirkungen der Fetwas

Auch hinsichtlich der Wirkungen der Fetwas beschränke ich mich, wie gesagt, auf die vier sunnitischen Schulen. Auszugehen ist von folgender Rechtslage: Nach der reinen Lehre aller Sunniten ist ein von einem Mufti erteiltes Fetwa für den mustaftī (den Anfragenden) grundsätzlich *nicht* verbindlich. Es kann selbstverständlich – anders als das Urteil eines Gerichts - nicht streitentscheidend wirken, denn bei ihm handelt es sich um eine *bloße Rechtsauskunft*[74]. Der Scheich al-Azhar *Saiyid Ṭanṭāwī* hat den Unterschied 1989 in einem Interview mit einer ägyptischen Zeitschrift einmal folgendermaßen erläutert: Ein Mufti hat die Pflicht, die religionsrechtlichen Normen (aḥkām) zu verdeutlichen; der Richter hat dagegen die Aufgabe, demjenigen, der im Prozess unterlegen ist, sein Urteil aufzuzwingen. Er fährt dann fort: Mein Fetwa oder das eines anderen Mufti ist für den Anfragenden *nicht* verbindlich. Ich werde gefragt und erläutere dann eine Norm der Šarī'a, nachdem ich die Quellen überprüft habe. Danach kann, wer will, die Rechtsauffassung, die ich in meinem Gutachten dargelegt habe, übernehmen[75].

So liberal wie der ägyptische Gelehrte *Ṭanṭāwī* im 20. Jahrhundert ist jedoch keineswegs jeder sunnitische Mufti gewesen und wohl auch heute noch nicht. Viele Muftis, die sich mit ihren Fetwas grundsätzlich an *alle* Muslime wenden,

---

73 S. z.B. *Güvenç* (Fn. 31), II 112 f. (Nr. 716).

74 Näher *Krüger* (Fn. 1), 54 - 56.

75 Im Wesentlichen nach der Übersetzung von *Krawietz* (Fn. 1), 35; s. dazu auch *Motzki* (Fn. 15), 17. - Zu den rechtspolitischen Grundhaltungen Ṭanṭāwīs z.B. *Bariani*, Intervista al Muftî d'Egitto Muḥammad Sayyid Ṭanṭâwî, OM 72 (1992), 135 - 144.

legten Wert darauf, dass ihren Ansichten gefolgt wird, auch wenn dies – zumindest theoretisch – nicht erzwungen werden kann.

Zwei Beispiele aus osmanischer Zeit seien gegeben. Der sehr bekannte Scheichülislâm *Ali Efendi* (1631 – 1692; im Amt von 1674 – 1686 und 1692) hat in mehreren Fetwas ganz deutlich gesagt, dass derjenige, der seiner in einem Gutachten ausgesprochenen Empfehlung nicht folge, verpflichtet sei, ein neues Glaubensbekenntnis abzulegen und – bei Verheirateten – die Eheschließung zu wiederholen. Erfolge dies nicht, so wird er mit allen sich daraus ergebenden Konsequenzen für ungläubig erklärt (tekfîr etmek [Arab. takfîr])[76].

Von dem bereits genannten großen Scheichülislâm *Ebussu'ûd Efendi* aus dem 16. Jahrhundert gibt es ähnliche Gutachten[77]. Besonders hart werden Richter angegangen, die den Inhalt eines Fetwas nicht beachten. Teilweise wird – wohl contra legem - verlangt, dass ein Richter der Rechtsauffassung des Mufti zu folgen habe. Andere meinen sogar, dass ein Richter verdiene, seines Amtes enthoben zu werden, wenn er anders judiziert, als der Mufti gegutachtet hat[78].

Der Grundsatz, dass es jedermann frei stehe, einer in einem Gutachten dargelegten Rechtsansicht zu folgen oder nicht, steht teilweise nur auf dem Papier. In der Praxis kann dies sehr schwierig werden. Dies gilt auch in der Gegenwart u.a. in Saudi-Arabien.

F. Funktionen der Fetwas

Überprüft man im Einzelnen, welche Funktionen ein Fetwa haben kann, so ist Folgendes festzustellen:

1. Der typische Fall in der islamischen Rechtsgeschichte (und selbstverständlich auch in der Gegenwart) ist der der gutachtlichen Klärung einer Frage, die ein Einzelner an einen Mufti stellt, um sich scheriatmäßig zu verhalten.
2. Geklärt wurden und werden durch Fetwas auch Fragen allgemeiner Bedeutung, die die Gesellschaft oder die Wirtschaft insgesamt betreffen;

---

76 S. z.B. ein dementsprechendes Fetwa von ihm (Fn. 17), I 179; näher zum Rechtsinstitut des "takfîr" *Kruse*, Takfîr und Ǧihâd bei den Zaiditen des Jemen, WI 23-24 (1984), 424 - 457 (426 - 429).

77 Zwei einschlägige Fetwas von ihm bei *Selle* (Fn. 7), 17 (Nr. 2) und 63 (Nr. 10).

78 *Heyd*, Some Aspects of the Ottoman Fetvâ, BSOAS 32 (1969), 35 - 56 (56 Fn. 190).

beispielsweise im Fall des Rauchens von Tabak im Osmanischen Reich[79] (oder heute, wie gezeigt, in Singapur), des Trinkens von Kaffee[80] oder der Zulässigkeit des Buchdrucks im Osmanischen Reich in der ersten Hälfte des 18. Jahrhunderts[81]. Gutachten dieser Art stehen derzeit wohl mehr im Vordergrund als früher (Beispiel: Problem der Zulässigkeit von Kredit- und Verzugszinsen[82]).

3. Fetwas dienten und dienen dazu, Ideologien oder politische Anschauungen zu verbreiten, sowie dazu, politische Entscheidungen (wie Krieg oder Friedensschluss) der jeweiligen Staatsführung religiösrechtlich zu sanktionieren.
4. Fetwas waren lange Zeit und sind teilweise noch heute eine Art Beweismittel in gerichtlichen Verfahren, weil in den von den Muftis den Gerichten (oder den Verwaltungsbehörden) erteilten Gutachten die anzuwendenden Rechtsnormen interpretiert – und zum Teil überhaupt erst ermittelt - werden. Dies gilt unabhängig davon, ob der Richter selbst um eine Auskunft ersucht oder das Gutachten von einer der Parteien in den Rechtsstreit eingeführt wird. Der Grundsatz iura novit curia scheint in der dār al-Islām nicht durchgängig gegolten zu haben. Von Belang ist in diesem Zusammenhang auch, dass ein osmanischer Mufti die Vollstreckung eines Urteils hindern konnte, wenn sich der Betroffene erneut an ihn wandte[83].
5. Als letzter Punkt Folgendes: Fetwas bedeutender Muftis (gerade auch aus der Vergangenheit) können für die gegenwärtigen Verhältnisse nutzbar gemacht werden; dies gilt auch für in Europa lebende gläubige Muslime, was aus unserer Sicht bedeutsam sein kann.

---

79 Dazu *Kissling*, Zur Geschichte der Rausch- und Genußgifte im Osmanischen Reiche, Südost-Forschungen 16 (1957), 342 - 356.

80 Spätestens seit der Zeit des Scheichülislâm *Abdullâh Efendi* (im Amt von 1718 - 1730) war die weit verbreitete Sitte durch eines seiner Gutachten religionsrechtlich sanktioniert (ḥalāl); Behcet (Fn. 17), II 559 = Hulâsat (Fn. 24), II 161 Sp. 2 Nr. 1.

81 Ausführliche Hinweise hierzu bei *Krüger* (Fn. 1), 47, 54, 78 - 80. Erstaunlich ist, dass die Osmanistin *Faroqhi*, Kultur und Alltag im Osmanischen Reich, München 1995, 111 - 113, bei ihrer recht umfangreichen Darstellung des Für und Wider des Buchdrucks die entscheidende Rechtsgrundlage für dessen Einführung im Jahre 1727 mit keinem Wort erwähnt.

82 Näher dazu statt vieler *Lohlker* (Fn. 22), 107 - 141; *ders.*, Das islamische Recht im Wandel - Ribā, Zins und Wucher in Vergangenheit und Gegenwart, Münster 1999, 204 - 395 (insb. zu Ägypten); *Amereller*, Hintergründe des "Islamic Banking" - Rechtliche Problematik des *ribā*-Verbots in der Shari'a und seine Auswirkungen auf einzelne Rechtsordnungen arabischer Staaten, Berlin 1995, 20 - 132; *Mallat*, Tantawi on Banking in Egypt, in: *Masud/Messick/Powers* (Fn. 1), 286 - 296.

83 Z.B. *Johansen*, Contingency (Fn. 30), 452.

Als Beispiel diene ein Fetwa des großen ḥanafitischen ägyptischen Gelehrten *Ibn Nuğaim* (1520 – 1563), der Folgendes gefragt wurde: Darf der Muslim Zeyd dem Nichtmuslim ʻAmr gegen Entgelt in rechtlich zulässiger Weise (ǧā'iz; Türk. caiz) Dienste (hizmet) leisten? Antwort: Ja[84]. Ein derartiges Gutachten kann selbstverständlich für muslimische Arbeiter in Europa nutzbar gemacht werden; denn es gibt anscheinend durchaus Leute, die hier bei uns (aus islamischer Sicht) Ungläubigen mit schlechtem Gewissen tätig sind. Anders wären die vielen Gutachten zu diesem Gegenstand - insbesondere in der Türkei[85] - nicht zu erklären. Nach *Ibn Nuğaim* ist jedenfalls aus der Sicht der Šarīʻa nichts dagegen einzuwenden.

G. Ergebnis

Die Fetwas spielten und spielen noch immer (oder wieder) als religionsrechtliche Gutachten in der gesamten islamischen Welt eine herausragende Rolle bei der Interpretation und Fortentwicklung der Normen der Šarīʻa. Man möge stets im Auge behalten, dass die Rechtswissenschaft (insbesondere die Privatrechtswissenschaft) zumindest in der Vergangenheit faktisch die Rechtsquelle in der dār al-Islām bildete[86] oder, formuliert in den Worten meines unvergessenen Lehrers *Erwin Gräf* (1914 - 1976), "Die Legislative des Islams ist die Exegese seiner kanonischen Texte"[87]. Das Studium der Fetwas ist deshalb im Grunde unverzichtbar, wenn man sich ernstlich mit dem islamischen Recht befasst; denn bei ihnen handelt es sich um die "manifestación esencialísima de las actividades de los juristas musulmanes", wie der auch in Deutschland bekannte spanische Orientalist *López Ortiz* (1898 - 1992) bereits vor Jahrzehnten mit Recht geschrieben hat[88].

---

84 *Ibn Nüceym* (Fn. 25), 272 (Nr. 22).

85 Z.B. *Emre* (Fn. 46), II 480 f. (Nr. 1942), der sich übrigens (ohne Angabe der Quelle) auf das Gutachten von *Ibn Nuğaim* bezieht; *Güvenç* (Fn. 31), I 346 (Nr. 487). Nach einem Gutachten des Scheichülislâm *Abdullâh Efendi* aus der ersten Hälfte des 18. Jhd. kann im Übrigen ein Muslim, der für einen Nichtmuslim Wein (also eine res extra commercium nach islamischem Recht) transportiert, sogar dafür rechtmäßig (ḥalāl) eine Vergütung (ücret) entgegennehmen; abgedruckt u.a. in Hulâsat (Fn. 24), II 127 Sp. 3 Nr. 98.

86 Zur Rechtsquellenlehre jetzt insb. *Krawietz*, Hierarchie der Rechtsquellen im tradierten sunnitischen Islam, Berlin 2002.

87 *Gräf/Krüger*, Art. Jurisprudenz, in: *Kreiser/Wielandt* (Fn. 42), 141 - 146 (141).

88 *López Ortiz*, Fatwas granadinas de los siglos XIV y XV, Al-Andalus 6 (1941), 73 - 127 (73).

IFTĀ' IN EUROPA

Professor Dr. Mathias Rohe, M.A., Richter am OLG, Erlangen

Einführung[*]

Wenn hier von "Iftā' in Europa" die Rede sein soll, muss sogleich eine Einschränkung erfolgen: Wie wir wissen ist Europa größer als die EU. Die aktuelle Debatte um die Frage, ob die östlichen Stadtteile Istanbuls weniger zu Europa gehören als die schöne Stadt Derbent am Kaspischen Meer, muss an diesem Ort weder aufgeworfen noch gar entschieden werden.[1] Nicht das Gutachtenwesen im mittelalterlichen Andalusien, im osmanischen Reich oder in den mehrheitlich von Muslimen bewohnten Regionen Süd- und Osteuropas soll untersucht werden, sondern dasjenige in den (post-)industriellen Regionen West- und Mitteleuropas mit zahlenmäßig signifikanten muslimischen Bevölkerungsanteilen. Oft erst in jüngerer Zeit ist es in den Zuwanderungs- wie Aufnahmegesellschaften Gemeingut geworden, dass die auf allen Seiten anzutreffende Vorstellung eines nur temporären Verbleibs weitestgehend illusionär war. Mittlerweile leben viele Muslime - abgesehen von nicht unbedeutenden Zahlen konvertierter "Alteingesessener" - seit mehreren Generationen vor Ort. Dementsprechend hat sich in unterschiedlicher Dynamik eine Infrastruktur entwickelt, welche die religiösen Bedürfnisse von Muslimen decken soll. Ihnen ist die Sondersituation der Diaspora gemeinsam, die eine Fülle religiös bedeutsamer Fragen aufwerfen kann, welche sich in einer muslimischen Mehrheitsgesellschaft aufgrund mehr an den Islam angepasster und insgesamt homogenerer Lebensumstände nicht oder nicht in derselben Schärfe stellen.

Dabei soll nicht verkannt werden, dass die Variation von Einstellungen beträchtlich ist. Nicht zuletzt eine große Zahl von Türken oder Bosniern in Deutschland und anderen europäischen Staaten pflegt einen recht pragmatischen Umgang mit den - als solchen meist nicht angezweifelten - religiösen Vorschriften. Dieser Personenkreis wird selten einen Auskunftsbedarf über

---

* Der Volkswagen-Stiftung bin ich für die großzügige Unterstützung meiner Recherchen zum Islam in Europa im Rahmen eines Forschungsfreisemesters im WS 2001/2002 zu Dank verpflichtet. Die Vortragsform wurde im Wesentlichen beibehalten.

1 Vgl. zur Debatte um die "Europafähigkeit" der Türkei *Rohe*, Multikulturalität oder Leitkultur in der Europäischen Union, in: Schäfer (Hrsg.), Managing Diversity (erscheint 2003).

religiöse Einzelfragen haben, wenngleich auch hier traditionelle Vorstellungen insbesondere in Fragen der Familien- und Geschlechterbeziehungen eine erhebliche Reibungsfläche zur umgebenden Gesellschaft bilden können. Ähnliches dürfte im Ergebnis für diejenigen gelten, die einen eher sufistischen als schriftorientierten Zugang zu Gott suchen. Im Folgenden soll es indes nur um Anliegen des auch nicht kleinen Kreises von Muslimen gehen, denen eine möglichst getreuliche Erfüllung religiöser Vorschriften ein besonderes Bedürfnis ist. Aus ihrer Mitte werden in der Regel Gutachtenanfragen gestellt.

Ein erhebliches Maß an Unsicherheit scheint vor allem in zwei großen Bereichen zu bestehen. Zum einen herrscht Unsicherheit über die "richtige" Erfüllung orthopraktischer Vorschriften (z.B. Ritualgebete, Fasten etc.), zum anderen zeigen sich teils massive Ängste und Verunsicherungen im Hinblick auf das Familienleben und den Geschlechterumgang in Gesellschaften, in denen ein weltgeschichtlich wohl beispielloses Spektrum individueller Präferenzen möglich (wenn auch trotz aller anderslautender Propaganda nicht dominierend) geworden ist. Hier spiegeln sich muslimische "Urängste", die schon vor Jahrhunderten in der Diskussion darüber auftauchten, ob denn Muslime sich temporär oder gar dauerhaft außerhalb der islamischen Welt (dār al-Islām) aufhalten dürfen.[2]

Iftā' in der Praxis

1. Einleitung

Die Publikation von fatāwā ist bislang in Europa eine Ausnahme geblieben. Der Umfang des tatsächlichen Gutachtenwesens ist - wie auch seine Inhalte - weitgehend kaum einzuschätzen. In der bisherigen Praxis dürften Anfragen an örtliche Imame oder andere "Autoritäten" der Regelfall sein, wobei es häufig um Fragen der Orthopraxie oder der Alltagsbewältigung gehen wird. Daneben gibt es offenbar eine Fülle von Anfragen in die islamische Welt hinein, in der einige Gelehrte wie Yūsuf al-Qaraḍāwī oder Aḥmad al-Kubaisī[3], aber auch verschiedene Gremien über Internet Gutachten abgeben. Inwieweit solche Gutachten den spezifischen Lebensverhältnissen der Muslime in Europa

2 Vgl. zur religiös-rechtlichen Behandlung der Diasporasituation allg. *Rohe*, Der Islam - Alltagskonflikte und Lösungen. Rechtliche Perspektiven, 2. Aufl. 2001, 91 ff. mwN.

3 Vgl. zu ihren Gutachten *Roald*, The Wise Men: Democratization and Gender Equalization in the Islamic Message: Yūsuf al-Qaradāwī and Ahmad al-Kubaisī on the Air, Encounters 7 (2001), 29 ff.

Rechnung tragen können oder wollen, wäre eine gesonderte Untersuchung wert. Jedenfalls ist ein Bedarf an kompetenten Auskünften offenkundig. Im Folgenden soll exemplarisch das intellektuell gegenwärtig wohl anspruchsvollste Projekt in Europa vorgestellt werden.

2. Gutachten des Europäischen Rats für Rechtsgutachten und Studien (al-mağlis al-aurubbī li-l-iftā' wa-l-buḥūṯ)

a) Der Rat und seine Aufgaben

Am 29./30. März 1997 haben 15 muslimische Gelehrte in London den Europäischen Rat für Rechtsgutachten und Studien (al-mağlis al-aurubbī li-l-iftā' wa-l-buhūṯ; im Folgenden: der Rat) gegründet.[4] Mit der Publikation seiner Gutachten verfolgt der Rat das Ziel, vor allem ausgewanderte, der Heimat ferne ("muġtarib") Muslime für die Lösung der Probleme des täglichen Lebens Rat zu erteilen. Die verwirrende Vielfalt von Stellungnahmen und Ratschlägen soll vereinheitlicht werden. Zudem bietet sich der Rat als verlässliche Quelle für Auskünfte in religiösen Angelegenheiten für die örtlichen Behörden an.[5] Eine Konkurrenz zu den großen Gutachten-Institutionen der islamischen Welt wie der al-Azhar-Universität wird nicht angestrebt; der Rat sieht sich als ergänzende Institution mit einer Spezialisierung im Recht der muslimischen Minderheiten.[6] Neben Rechtsgutachten und Studien fällt der Rat auch Beschlüsse[7], hier insbesondere zu Beginn und Ende des Fastenmonats Ramadan, zum Verzehr von Weidetieren und Hühnern, deren Fleisch auf europäischen Märkten angeboten wird (Rindfleisch, mit Ausnahme von Kalbfleisch, und Hühnerfleisch ist verboten, Schaf- und Ziegenfleisch ist erlaubt), zur Zusammenlegung der abendlichen Gebete (maġrib und 'išā'), wegen der späten Zeit für Letzteres im Sommer, zum Zeitpunkt des Freitagsgebets und zu Sammlung und Verteilung des zakāt durch gemeinnützige Einrichtungen.

Die Mitglieder werden als herausragende islamische Gelehrte bezeichnet, die selbst die Situation des emigrierten Muslim erlebt oder die an dieser Situation besonderes Interesse haben. Den Vorsitz führt der prominente Jurist Yūsuf al-

---

4 Vgl. *Al-mağlis al-aurubbī li-l-iftā' wa-l-buhūṯ, fatāwā* Bd. 1, al-Qāhira, undatiert [1999]; zu Funktion und Beschaffenheit von Rechtsgutachten vgl. aus der Fülle der Literatur *Krüger*, Fetwa und Siyar, Wiesbaden 1978; *Masud/Messick/Powers* (Hrsg.), Islamic Legal Interpretation. Muftis and Their Fatwas, Cambridge u.a. 1996.

5 *Al-mağlis al-aurubbī* (Fn. 4) S. 9.

6 Ebenda.

7 *Al-mağlis al-aurubbī* (Fn. 4) S. 21 ff.

Qaraḍāwī.[8] Die Zusammenstellung der Mitglieder bewirkt eine Rückkoppelung an die islamische Welt.[9] Dieses Ziel kommt auch im Vorwort von al-Qaraḍāwī zum Ausdruck, wonach die europäischen Muslime sich als Teil der umma des Koran empfinden.[10] Nach meiner Einschätzung liegt darin zugleich ein geschickter politischer Zug: seit alters her wurde die Frage debattiert, ob das fatwā eines Muslim, der außerhalb der dār al-Islām lebt, gültig sein kann.[11] Durch eine gemischte Zusammensetzung kann dieses Problem entschärft und zugleich die Autorität auch mit Wirkung auf die islamische Welt gestärkt werden. Eine besondere Notwendigkeit seiner Tätigkeit sieht der Rat darin, gewissen selbsternannten Muftis entgegenzutreten, die es für erlaubt erklärt haben, in den (nicht-islamischen) Aufnahmeländern zu stehlen, zu betrügen, zu fälschen und andere Straftaten bis hin zur Tötung von Menschen zu begehen. Der Rat hebt dagegen hervor, diese Länder böten doch Zuflucht, Ernährung und Sicherheit; solche Muftis seien ein Schandfleck auf der Stirn des Islam, ihre Gutachten schädigten den Ruf des Islam und der Muslime.[12]

Der Rat hat bis 1999 satzungsgemäß jährlich ein Mal getagt und im selben Jahr einen Band seiner Rechtsgutachten in arabischer Sprache vorgelegt.[13] Teile dieser und der weiteren Gutachten werden auch sukzessive in der im Vereinigten Königreich (Markfield) erscheinenden arabischsprachigen Zeitschrift Al-Europiya[14] abgedruckt. Der Leserkreis beschränkt sich damit bislang auf Kenner des Arabischen. Eine englischsprachige Ausgabe und eine Kurzfassung in Arabisch, Englisch und Französisch ist allerdings im Internet zugänglich.[15] Seit 1999 gibt es Fatwa-Kommissionen für das Vereinigte Königreich und für Frankreich.[16] Der Rat hat mittlerweile 30 Mitglieder[17]; davon leben 22 in Europa (UK 6, Frankreich 4, Deutschland 3, Albanien, Belgien, Bosnien-Herzegowina, Bulgarien, Dänemark, Irland, Norwegen,

---

8 *Al-mağlis al-aurubbī* (Fn. 4) Einleitung und S. 8.

9 Vgl. auch *Al-mağlis al-aurubbī* (Fn. 4) Satzung S. 14.

10 *Al-mağlis al-aurubbī* (Fn. 4) S. 8.

11 Vgl. *Miller*, Muslim Minorities and the Obligation to Emigrate to Islamic Territory, Islamic Law and Society 7/2000, 256, 258 für Andalusien, aber auch *van Koningsveld/Wiegers*, The Islamic Statute of the Mudejars in the Light of a New Source, al-Qantara - Revista de Estudios Árabes - 17 (1996), 19, 44.

12 *Al-mağlis al-aurubbī* (Fn. 4) S. 10; vgl. auch die auf S. 20 genannten Prinzipien.

13 *Al-mağlis al-aurubbī* (Fn. 4) S. 15.

14 Al-Europiya Nrn. 14 (September/Oktober 1999), 44 f; 21 (Oktober 2000), 32 f.; 23 (Januar 2001), 40 ff.; 24 (Februar 2001), 32 ff.

15 Abzurufen unter www.al-europiya.de.

16 *Al-mağlis al-aurubbī* (Fn. 4) S. 16.

17 *Al-mağlis al-aurubbī* (Fn. 4) S. 17 f.

Schweiz, Spanien je 1), der Rest in der islamischen Welt (Saudi-Arabien, Sudan je 2, Libanon, Mauratanien, Qatar/Ägypten, VAE je 1). Dem Namen nach sind die meisten Mitglieder arabischer Herkunft, nur eines ist namentlich als Türke auszumachen.

b) Quellen der Entscheidungsfindung beim Iftā'

Als Quellen seiner Entscheidungen benennt der Rat Koran, Sunna und die Erkenntnisse (iǧtihādāt) früherer Gelehrter unter Berücksichtigung der (unterschiedlichen) Gegebenheiten von Zeit, Ort und Umständen.[18] Als Beleg für Letzteres wird Ibn Qaiyim (al-Ǧauzīya)[19] benannt. Die Berufung auf Ibn Qaiyim hat durchaus programmatischen Charakter. Ibn Qayyim hat wie sein Lehrer Ibn Taimīya dem eigenständigen Raisonnement stets einen besonders breiten Anwendungsbereich belassen[20]; beide dienen dem sunnitischen Reform-Islam als Kronzeugen für das Offenstehen des Tors zur eigenständigen Entscheidungsfindung (iǧtihād) entgegen der weit verbreiteten sunnitischen Doktrin, wonach der Gelehrte zur kritiklosen Übernahme der konsentierten Entscheidungen früherer Gelehrter (taqlīd) verpflichtet sei. Damit verbliebe dem freien Raisonnement nur noch sehr wenig Raum. Diese Fessel wollte sich der Rat offenbar nicht auferlegen. Die Freiheit zum eigenen iǧtihād vertritt der Vorsitzende des Rates schon seit geraumer Zeit in seinen Werken.[21] Insofern sind die Gutachten des Rats von besonderem Interesse, weil von ihnen eine Berücksichtigung der konkreten Lebenssituation von Muslimen in der Diaspora erwartet werden darf und darin die Entwicklung einer spezifischen Šarī'a der Diaspora liegen kann und auch soll. Al-Qaraḍāwī hebt selbst hervor, dass es keinen größeren Unterschied hinsichtlich des Orts geben kann als den, innerhalb oder außerhalb der dār al-islām zu leben.[22]

Folglich sieht der Rat seine Aufgabe darin, es den Muslimen in der nicht-muslimischen Mehrheitsgesellschaft leicht zu machen und nicht das Leben zu erschweren.[23] Diese enge Anlehnung an die Formulierung in Koran Sure II, 185;

---

18 Vgl. Fn. 8.

19 Vgl. zu ihm den Stichwortartikel „Ibn Ḳayyim al-Djawziyya" in EI II Bd. 3, Leiden u.a. 1986 (H. Laoust).

20 Vgl. zu konkreten Beispielen *Jokisch*, Ijtihād in Ibn Taymiyya's Fātāwa, in: Gleave/Kermeli (Ed.), Islamic Law. Theory and Practice, London u.a. 1997, 119, 125 f. mwN.

21 Z.B. in al-iǧtihād al-mu'āsir baina-l-inḍibāṭ wa-l-infirāṭ, Bairut 1418/1998, 9 und öfter.

22 *Al-maǧlis al-aurubbī* (Fn. 4) S. 9.

23 *Al-maǧlis al-aurubbī* (Fn. 4) S. 9.

IV, 27 f; LXV, 4, 7 ist gewiss beabsichtigt. Man müsse eine frohe Botschaft verkünden und dürfe nicht abschrecken; es sei nötig, die Menschen zumindest im Rahmen der Religion zu halten, wenn auch auf einem niedrigen Niveau des Islam.

In einer gewissen Konkretisierung beschreibt der Rat die Rechtsquellen und Rechtsfindungsmethoden mit einer Aufzählung der gängigen sunnitischen Praxis in den vier anerkannten sunnitischen Schulen (Koran, sunna, iǧmāʿ und qiyās als "allgemein anerkannt"; istiḥsān, maṣlaḥa mursala, sadd aḏ-ḏarāʾiʿ, ʿurf, maḏhab aṣ-ṣaḥābī und šarʿ man qablanā als "umstritten"; letztere sollen besonders dann zur Anwendung kommen, wenn darin Nutzen für die Gemeinde liegt).[24] Die Erkenntnisse der vier Schulen und auch anderer Schulen sollen als großes juristisches Erbe gelten, aus dem das zu schöpfen sei, was als zutreffend und nützlich erkannt wird. Bei der Entscheidungsfindung sollen die Zwecke der Normen (maqāṣid aš-šarʿ) eingehalten und Umgehungen (ḥiyal) vermieden werden. Damit bahnt sich eine interessante Tendenz an, anders als die mittelalterliche Kasuistik nicht starre Regeln mit Aushilfskonstruktionen erträglich zu machen, sondern sogleich die Regeln nach ihrem "eigentlichen" Zweck zu befragen.

Gutachten sollen im Namen des Rats abgegeben werden, sofern zumindest eine absolute Mehrheit unter den Mitgliedern erreicht wird; "dissenting opinions" sind ausdrücklich zugelassen.[25]

Nur am Rande sei darauf hingewiesen, dass der Vorsitzende al-Qaraḍāwī sich bei seiner sonstigen, sehr wirkungsmächtigen persönlichen Gutachtertätigkeit zum großen Teil auf die Recherchen weiblicher Mitarbeiter stützt. Roald macht plausibel, dass diese Zuarbeit weibliche Aspekte bzw. Fraueninteressen mit in seine Arbeit einfließen lässt.[26] Freilich werden in den Gutachten auch Grenzen deutlich.

c) Die Gutachten

Die insgesamt 43 Gutachten sind nach dem herkömmlichen Muster aufgebaut: Die konkrete Frage eines immer anonym bleibenden, aber gelegentlich seine

---

24 *Al-maǧlis al-aurubbī* (Fn. 4) S. 13.

25 *Al-maǧlis al-aurubbī* (Fn. 4) S. 13.

26 *Roald*, The Wise Men: Democratization and Gender Equalization in the Islamic Message, Encounters 7 (2001), 29, 34.

Lebensumstände beschreibenden Fragers wird unter Berufung auf bestimmte Rechtsquellen (meist Koran und sunna) beantwortet. Die Länge der Gutachten bewegt sich zwischen 1/2 und 2 1/2 Druckseiten. Sie behandeln folgende Themen in der genannten Reihenfolge: Mission/allgemeine Glaubensfragen (ad-da'wa; S. 25-34); rituelle Reinheit und Gebet (aṭ-ṭahāra wa-ṣ-ṣalāt; S. 34-37); Vermögensfragen (S. 37-42); Erwerbstätigkeit und Haushaltsführung (al-kasb wa-l-ma'āš; S. 42-46); Eheschließung und Scheidung (S. 46-50); Familie und muslimischer Haushalt (S. 51-69); Nahrungsmittel (S. 69-70); Charakter und Sitte (aḫlāq wa-ādāb; S. 70-78); Verschiedenes (S. 78-79).

Der Schwerpunkt der Gutachten liegt nicht in Rechtsfragen, sondern in solchen der kultischen Gebote und des sittlichen Verhaltens. Nicht die Anwendung islamischen "Rechts", sondern die Einhaltung der religiösen Gebote des Islam ist für Fragende und Befragte (welche die Publikation der fatāwā steuern) bedeutsam. Hierin schlägt sich die Grundhaltung der šarī'a nieder, wonach die "Existenzgrundlage" für den Muslim allein in der Möglichkeit besteht, seine religiösen Gebote im engeren Sinne einhalten zu können (vgl. oben II.2.b)). Exemplarisch seien einige bemerkenswerte fatāwā vorgestellt, welche die Lebenssituation der Muslime und ihre inneren Konflikte in Europa in besonderer Weise widerspiegeln:

1) Ein Muslim aus Brüssel fragt, ob er im Lande des Unglaubens ("bilād al-kufr") leben dürfe. Das fatwā lehnt zunächst die (zu) strenge Ansicht ab, wonach dies nicht geschehen dürfe. Allerdings dürfe er nur dann dort leben, wenn er seine islamische Identität nicht aufgibt. Maßgebliche Belegstelle ist Sure IV, 97-100 und die Auswanderung in Mekka unterdrückter Muslime in das christliche - also nicht-islamische - Abessinien. Ein möglicherweise entgegenstehendes ḥadīṯ wird nach den Regeln der Kunst widerlegt.[27]

2) Ein Muslim aus Deutschland berichtet, er habe jahrelang außerehelichen Geschlechtsverkehr gehabt, Alkohol getrunken und insgesamt ein verwerfliches Leben geführt. Nun empfinde er echte Reue und denke, dass die (im Koran vorgesehenen) ḥadd-Strafen an ihm vollzogen werden müssten, um ihn zu reinigen. Das fatwā hält seine aufrichtige Reue für ausreichend und empfiehlt, über das Vorgefallene zu schweigen.[28]

3) Ein polnischer Muslim fragt, wie es sich mit der Tötung von Apostaten verhalte. Das fatwā antwortet, dass diese Frage alleine vom islamischen

---

27 *Al-maǧlis al-aurubbī* (Fn. 4) S. 25 ff.
28 *Al-maǧlis al-aurubbī* (Fn. 4) S. 29 ff.

Staat zu entscheiden sei. Niemand anderes habe sich darum zu kümmern. Nicht jeder Apostat werde getötet, sondern nur derjenige, der sich aktiv gegen die staatliche Ordnung stellt. Dies komme dem Delikt des Hochverrats gleich.[29] Man wird hier eine implizite Stellungnahme zum fatwā Khomeinis gegen Salman Rushdi vermuten dürfen. Tatsächlich wird mit dieser Stellungnahme die Apostasie jedenfalls außerhalb der islamischen Welt als irrelevant betrachtet.

4) Die Frage, ob ein Muslim sich einer bestimmten Rechtsschule anschließen müsse, wird verneint. Weder im Koran noch in der sunna sei derartiges geboten worden. Der nicht Vorgebildete könne überhaupt keiner Schule folgen, da er nicht zwischen ihnen unterscheiden und gewichten könne. Er solle der Schule oder Meinung dessen folgen, den er um Rat fragt. Er könne sich einer gewohnheitsmäßig im Lande herrschenden Schule anschließen, dürfe die anderen aber nicht herabsetzen. Erscheine ihm eine Ansicht der herrschenden Schule schwach, so müsse er der besseren Erkenntnis folgen. Die Rechtsschule, der man sich anschließen möchte, könne frei gewählt werden. Für Konvertiten sei es besser, sich keiner Schule anzuschließen, um nicht möglicherweise großen Härten ausgesetzt zu sein. Sie dürften den leichteren Weg gehen und müssten nicht den schwereren nehmen.[30]

5) Die Frage, ob man eine zum Islam konvertierte Frau dazu anhalten solle, ein Kopftuch zu tragen, auch wenn sie das als Härte empfinde und dadurch ganz dem Islam entfremdet werde, wird wie folgt beantwortet: Zwar sei das Tragen des Kopftuchs Pflicht einer Muslimin (hier werden die üblichen Koranstellen 24, 31 und 33, 59 genannt); man dürfe die Frau hiervon aber nur durch Sanftmut und positive Vorbilder unter Musliminnen überzeugen. Das Tragen eines Kopftuchs sei nur ein Detail (far‘ min furū‘) des Glaubens. Es könne nicht richtig sein, wegen eines Details das Ganze - die Zugehörigkeit zum Islam - aufs Spiel zu setzen. Die Šarī‘a gebiete es, zu einem Übel zu schweigen, wenn andernfalls ein größeres Übel entstünde.

6) Die Gutachten über Vermögensfragen behandeln sämtlich religiöse und nicht rechtliche Aspekte, so die konkrete Verwendungsart gesammelter Almosen (zakāt) oder der Umgang mit Zinsgeschäften, die zwar unstreitig rechtlich wirksam sind, deren Zinsaspekte aber das religiöse Empfinden des Fragenden berühren. Die Frage, ob Spenden für Moscheen von Muslimen oder Nichtmuslimen angenommen werden dürfen, wenn die Befürchtung

29 *Al-maǧlis al-aurubbī* (Fn. 4) S. 30.

30 *Al-maǧlis al-aurubbī* (Fn. 4) S. 31 f.

besteht, dass das gespendete Vermögen nicht entsprechend den Regeln der Šarī'a erwirtschaftet wurde[31], wird grundsätzlich bejaht, selbst für den Fall, dass der ursprüngliche Erwerb mit Wahrscheinlichkeit der Šarī'a widerspricht. Nicht zur Spende geeignet seien nur Gegenstände, die wegen ihrer Beschaffenheit für Muslime verboten sind, wie Wein und Schwein. Bei der Annahme von Spenden von Nichtmuslimen sollen zwei Ausnahmen von der grundsätzlichen Erlaubnis gelten: Sie dürfen nicht angenommen werden, wenn sie zur Schwächung der Loyalität der Muslime gegenüber dem Islam und seinen Anhängern führen würden, oder wenn die Spende mit Bedingungen verknüpft ist, deren Erfüllung den Muslimen schadet. Hier werden Befürchtungen des Identitätsverlustes in einer nicht-muslimischen Umgebung und insbesondere der Missionierung sichtbar.
Im Hinblick auf Zinsgeschäfte zeigt sich generell eine "strenge" Haltung, die auf moderne kreditwirtschaftliche Überlegungen auch unter islamischen Gelehrten mit keinem Wort eingeht - offenbar wird jede Art von Zins (auch Verzugszins) für verboten gehalten. Im Gutachten zur Verwendung von Kreditkarten wird jedoch festgestellt, dass die Sünde allein auf Seiten des Zinsgläubigers liege, nicht aber auf Seiten dessen, der die Kreditkarte als dringend notwendiges Zahlungsmittel verwendet.[32] Hier wird die Tendenz zur Erleichterung der Lebensverhältnisse sichtbar. Die entgegengesetzte Rechtsregel des "sadd aḏ-ḏarā'i'" ("Versperren der Mittel" - was zu Verbotenem führt, ist selbst verboten) wird nicht einmal erwähnt.

7) Praktisch eminent wichtig sind die Fragen, ob und inwieweit der Muslim im Rahmen des Erwerbs seines notwendigen Lebensunterhalts mit verbotenen Gegenständen (Schweinefleisch, Alkohol) oder Finanztransaktionen (Zinsnahme und Spekulationsgeschäfte) in Berührung kommen darf. Die Mitwirkung am Vertrieb von Schweinefleisch (z.B. als Angestellter bei McDonald's)[33] ist unter Berufung auf ein ḥadīṯ grundsätzlich verboten. Der Muslim soll zunächst versuchen, eine andere Erwerbsquelle zu finden. Ist dies nicht möglich, so soll er Arbeitgeber oder Kollegen bitten, ihn von den verbotenen Tätigkeitsteilen zu entlasten. Ist auch dies nicht möglich, so darf der Muslim seine Tätigkeit fortsetzen, sofern er sich weiterhin um andere Erwerbsquellen bemüht. Dieses Gutachten kann für die arbeitsrechtliche Rechtsprechung große Bedeutung erlangen: Der Muslim ist im nicht-islamischen "Ausland" nicht etwa von vornherein von seinen religiösen Pflichten dispensiert. Vielmehr muss zunächst im Rahmen des

---

31 *Al-maǧlis al-aurubbī* (Fn. 4) S. 39.
32 *Al-maǧlis al-aurubbī* (Fn. 4) S. 40 ff.
33 *Al-maǧlis al-aurubbī* (Fn. 4) S. 42 f.

Beschäftigungsverhältnisses nach einer verträglichen Lösung gesucht werden. Dies kann Auswirkungen auf die arbeitsrechtlichen Pflichten von Arbeitgebern haben, im Rahmen des Zumutbaren solche Möglichkeiten zu eröffnen.
Hingegen soll das Geschäft mit verbotenen Gegenständen wie alkoholischen Getränken selbst dann verboten sein, wenn dadurch Kunden abgeschreckt werden (z.B. bei Restaurants) und wenn der Unternehmer allen Gewinn daraus wohltätigen Zwecken zuführt. Andererseits sei es erlaubt, Geschäftsräume an Gesellschaften zu vermieten, die dort selbst beschafften Alkohol konsumieren möchten.[34] Hier gelte, dass der Vermieter nicht für die Nutzung des Mietgegenstandes verantwortlich sei. Hierin liegt eine Parallele zur Beurteilung des Kreditkarteneinsatzes.
Ein weiteres fatwā erklärt Kapitalbeteiligungen an Unternehmen für verboten, wenn der Ertrag nicht aus dem Unternehmensgewinn (bzw. -verlust) errechnet wird, sondern aus irgendwelchen Gründen pauschal an den Kapitalbetrag geknüpft wird (z.B. 10% Anteil jährlich), dies auch dann, wenn der Kapitalgeber sich vom Unternehmer versichern läßt, dass der tatsächliche Gewinnanteil den Pauschalanteil übersteigt bzw. wenn der Kapitalgeber andernfalls auf überschießende pauschale Gewinnanteile verzichtet.[35]

8) Besonders bedeutsam sind die Gutachten zu Eheschließung und Scheidung. Hierbei ist ein Kernbereich der Šarī'a betroffen. Bemerkenswert ist zunächst, dass die Qualität der zur Frage gestellten Handlungen in den Gutachten in aller Regel nicht mit dem diesseitigen (juristischen) Sanktionsmechanismus "ungültig", "anfechtbar" oder ähnlichem charakterisiert wird, sondern mit dem jenseitsorientierten (religiösen) wie "Sünde" (iṯm) oder "ḥarām" (verboten). Die Gutachter sind realistisch genug zu erkennen, dass die weltlichen Sanktionen insoweit alleine in den Händen der Rechtsordnung(en) liegen, welche über den Fall zu entscheiden hat/haben. Damit korrespondiert der Umstand, dass in einem Gutachten zum Procedere bei einem Zerwürfnis zwischen den Ehegatten vor der Scheidung die von der Šarī'a vorgesehenen gerichtsorientierten Schlichtungs-mechanismen ("maḥkamat 'ā'ilīya[36]) auf die Diaspora-Rechtslage angepasst werden: Die örtliche muslimische Gemeinde solle eine "maǧlis taḥkīm" bzw. eine maǧlis iṣlāḥ", also eine Schlichtungsinstanz ohne förmliche Mechanismen der Rechtsdurchsetzung, einrichten, um den wichtigen Gemeindezusammenhalt

---

[34] *Al-maǧlis al-aurubbī* (Fn. 4) S. 43 f.
[35] *Al-maǧlis al-aurubbī* (Fn. 4) S. 45 f.
[36] *Al-maǧlis al-aurubbī* (Fn. 4) S. 63.

zu sichern. Dessen Bedeutung wird durch den Hinweis auf ein ḥadīṯ unterstrichen, wonach die Hand Gottes über der Gemeinschaft sei und der Teufel mit demjenigen, der sich von der Gemeinschaft trennt.[37]
Im Einzelnen behandeln Gutachten die offenbar praktisch wichtige Frage der Erlaubnis von Scheinehen zum Zweck der Erlangung einer Aufenthaltserlaubnis.[38] Alle Varianten solcher Ehen werden als "ḥarām" abgelehnt. Der Begriff der Scheinehe ist dabei aus Sicht der Gutachter vergleichsweise weit zu sehen: Sie liegt schon dann vor, wenn der Wille des Betreffenden darauf gerichtet ist, die Ehe zwar voll zu führen, aber mit Erhalt der Aufenthaltsgenehmigung zu beenden. Bei dieser Beurteilung zeigt sich ein bemerkenswerter Wandel gegenüber dem klassischen Islamischen Vertragsrecht. Während bei diesem die Wahrung der äußeren Form im Vordergrund steht, wird hier auf das forum internum, die nīya abgestellt. Dies ist durchaus folgerichtig, kann der Rat doch nicht die äußeren rechtlichen Sanktionen herbeiführen, sondern nur zum inneren Gehalt des Verhaltens Stellung nehmen. Allerdings wird auch eine Parallele zur nach sunnitischer Sicht verbotenen mut'a-Ehe[39] gezogen. Erwähnenswert ist die unterstützende Argumentation aus dem geltenden Recht des Aufenthaltsstaats, welches ebenfalls befristete Ehen verbiete und im Ziel insoweit mit der Šarī'a übereinstimme.[40] Andererseits wird am Rande erwähnt, dass jedenfalls die Ehe einer Muslimin mit einem Nicht-Muslim verboten sei.[41] Hierin liegt ein beachtliches rechtskulturelles Konfliktpotential mit europäischen Rechtsordnungen.[42]
In mehreren Gutachten werden Rechte und Pflichten zwischen den Ehegatten behandelt.[43] In der Summe geht es darum, inwieweit der Ehemann der Ehefrau Vorschriften machen kann, von der Erlaubnis bestimmter Haarschnitte[44] bis hin zum Anfordern der Bewirtung von Gästen oder dem finanziellen Beitrag zur Lebensführung. Zusammenfassend lässt

---

37 *Al-mağlis al-aurubbī* (Fn. 4) S. 64; das bei al-Nasā'ī überlieferte ḥadīṯ wird als "ṣaḥīḥ" bezeichnet.

38 *Al-mağlis al-aurubbī* (Fn. 4) S. 46-48.

39 Vgl. statt vieler *Wahba Zuhailī*, al fiqh al islamī wa adillatuhu, 4. Aufl. Dimašq 1997, 6552 ff. mwN. Zur schiitischen Sicht vgl. auch *Rohe*, Rechtsfragen der Eheschließung mit muslimischen Beteiligten, StAZ 2000, 161, 167.

40 *Al-mağlis al-aurubbī* (Fn. 4) S. 48.

41 Ebenda.

42 Vgl. *Rohe* (Fn. 39) 167 f.

43 *Al-mağlis al-aurubbī* (Fn. 4) S. 50 ff.

44 Wegen der Verhüllungspflicht ist der Ehemann *"Hauptgenussberechtigter"* des Frauenhaars und hat deshalb Anspruch darauf, nicht ohne seinen Willen einer "neuen Frau" gegenüberzustehen (*Al-mağlis al-aurubbī* (Fn. 4) S. 52).

sich sagen, dass die Gutachten vom Bild des bonus pater familias ausgehen, dem das Letztentscheidungsrecht zusteht, der aber auch rücksichtsvoll mit seiner Ehefrau umgehen und sie nicht bedrücken oder gar "einsperren" soll - bedauerlicherweise seien auch gebildete Männer nicht frei von solchen Allüren[45]. Selbstkritik, etwa im Hinblick auf die eher absonderliche Haarschnitt-Thematik, wird aber nicht erkennbar.
Ausgangspunkt ist fast durchweg die "klassische" Rollenverteilung des Ehemannes als desjenigen, der für den Familienunterhalt zu sorgen und *deshalb* das Sagen haben soll und der Ehefrau vor allem in ihrer Rolle als Mutter und als Hausfrau. Besonders deutlich wird dies im Gutachten zur Frage, ob der Ehemann seine Einkünfte der Familie im Herkunftsland überlassen und sich von seiner Ehefrau unterhalten lassen dürfe.[46] Dies wird glatt verneint mit der Begründung, der Mann sei Familienoberhaupt eben wegen des geleisteten Familienunterhalts. Den Gutachtern ist die Idee, dann eben der Ehefrau das Sagen zu überlassen, offenbar nicht einmal als denkmöglich erschienen. Immerhin findet sich an anderer Stelle (Recht der Ehefrau auf Unterhaltung eines eigenen Kontos[47]) eine interessante rechtliche Innovation: Nachdem die klassische Rechtssicht geschildert wird, wonach die Frau alleine freiwillig zum finanziellen Unterhalt beitragen kann, wenden die Gutachter die hanafitische Figur des istiḥsān[48] an und verlangen einen finanziellen Beitrag der erwerbstätigen Ehefrau insbesondere zur Deckung der Zusatzkosten, die für Kinderbetreuung und Haushaltsführung entstehen. Obere Grenze der zu tragenden Unterhaltslast sei ein Drittel des Gesamtunterhalts[49] - die Grundlage für die Rolle des Ehemannes als Familienoberhaupt bleibt also erhalten.
Das strenge Rollenverhältnis innerhalb der Familie wird auch im Gutachten zur Frage deutlich, ob der Ehemann seiner zum Islam konvertierten Ehefrau den Umgang mit ihren christlichen Eltern verbieten könne.[50] Das Gutachten stellt fest, die Elternrechte stünden im Rang sogleich unter den Rechten Gottes. Der Ehemann dürfe den Umgang mit den Eltern selbst dann nicht unterbinden, wenn diese versuchten, ihre Tochter wieder vom Islam abzubringen. Dies ist ein sehr bemerkenswerter Schritt in Richtung auf die nicht-muslimische Mehrheitsgesellschaft, würde doch die Überordnung der Rechte Gottes über die der Eltern eher nahe legen, in einem solchen Fall den

---

45 *Al-mağlis al-aurubbī* (Fn. 4) S. 57.
46 *Al-mağlis al-aurubbī* (Fn. 4) S. 59 f.
47 *Al-mağlis al-aurubbī* (Fn. 4) S. 60 f.
48 Vgl. *Rohe* (Fn. 2) 28.
49 *Al-mağlis al-aurubbī* (Fn. 4) S. 61.
50 *Al-mağlis al-aurubbī* (Fn. 4) S. 65-68.

Umgang zu unterbinden. Für die Kautelarpraxis interessant dürfte der Hinweis sein, dass es eine islamrechtliche Verpflichtung gebe, die nicht-muslimischen Eltern (und Verwandten) am Nachlass (der vorverstorbenen Kinder) im Wege des Legats (waṣīya) zu beteiligen.[51]
Die verschiedenen Gutachten sind erkennbar um einen Weg zwischen Gleichstellung von Mann und Frau einerseits und Bedrückung und Einengung der Frau andererseits bemüht. An einer Stelle wird mit deutlichen Worten die beklagenswerte Lage von Frauen in manchen islamischen Ländern als lebenslange Haftstrafe geschildert.[52] Solche "islamfremden" Sitten werden mehrfach direkt oder auch indirekt angesprochen, z.B. bei den Auswirkungen fehlender Jungfräulichkeit bei Eheschließung.[53] Hier wird der Frau durch Anwendung klassischen Beweisrechts geholfen: Sobald plausible, nicht anstößige Gründe wie Sportverletzungen nicht auszuschließen sind, genügt die förmliche Beteuerung der Frau, sie habe keine illegitimen Geschlechtsbeziehungen gepflegt. Im Übrigen findet sich der lapidare Hinweis, dass alle Menschen anfällig für Fehler seien, dass auch der Sünder durch Reue seine Sünde ungeschehen machen könne und der beste der Fehlerhaften der Reuige sei. Ohne weitere Benennung von Konsequenzen wird die Zielrichtung deutlich, Benachteiligungen und Übergriffen "zur Wahrung der Familienehre"[54] entgegenzutreten.
Besonders auf die Situation von Mischehen mit westlichen Frauen bezogen sind Aussagen zur Pflicht zur Bewirtung von Gästen; hier sei besondere Sensibilität gegenüber Frauen angebracht, die mit den arabischen Familienbesuchssitten nicht vertraut sind. Andererseits sei auch von diesen Frauen Entgegenkommen gegenüber ihrem muslimischen, von solchen Sitten geprägten Ehemann zu erwarten.[55] Ebenfalls besonders auf die westlichen Lebensverhältnisse gemünzt sind die Fragen, ob gemischt-geschlechtliche Feierlichkeiten bzw. ob die Aufnahme von Gesprächs-kontakt zwischen den Geschlechtern erlaubt sei.[56] Beides wird bejaht, soweit es nicht den Rahmen des Sittlichen sprengt. In einem späteren Gutachten aus dem Jahre 2000 wird allerdings eine recht weitreichende Geschlechtertrennung präferiert. Hierfür muß wesentlich die unsägliche, aber oft genannte Aussage herhalten "wenn Mann und Frau alleine

---

51 *Al-mağlis al-aurubbī* (Fn. 4) S. 66 f. Die zitierte Koranstelle II, 180 spricht nur von den Eltern und Verwandten schlechthin.
52 *Al-mağlis al-aurubbī* (Fn. 4) S. 74.
53 *Al-mağlis al-aurubbī* (Fn. 4) S. 49 f.
54 Vgl. hierzu *Rohe* (Fn. 2) 209.
55 *Al-mağlis al-aurubbī* (Fn. 4) S. 55 f.
56 *Al-mağlis al-aurubbī* (Fn. 4) S. 72-74.

zusammen sind, so ist der Teufel stets der Dritte im Bunde".[57] Die eheliche Gemeinschaft ist hiermit selbstverständlich nicht gemeint.
Regelrecht postmodern wird es, wenn die Erlaubnis für den werdenden Vater zur Anwesenheit beim Geburtsvorgang begründet wird.[58] Auch der muslimische Vater kann sich also nicht mehr um diese neuzeitliche Pflicht drücken.

9) Von den zwei Gutachten zu Speisevorschriften ist die kurze Stellungnahme zu der Frage interessant, ob von Drusen geschlachtetes Fleisch verzehrt werden dürfe.[59] Die Frage wird umstandslos verneint mit der Begründung, die Drusen seien Apostaten (ṭā'ifat murtadda) und seien deshalb als Polytheisten zu betrachten. Erlaubt sei nur der Erwerb von Fleisch, welches diese nicht selbst geschlachtet haben. Zu sonstigen Rechtsfolgen schweigt sich das Gutachten aus - weiteres wurde ja auch nicht gefragt.

10) Die Beteiligung an Feierlichkeiten im Aufenthaltsland wird grundsätzlich für erlaubt gehalten.[60] Eine Ausnahme soll für religiöse, nicht-islamische Feste gelten - Weihnachten dürfe also nicht mitgefeiert werden.

11) Vorsichtig agieren die Gutachter schließlich bei der Frage, ob die aktive und passive Beteiligung an Wahlen (in Bezug auf nicht-muslimische Parteien) erlaubt sei.[61] Die Gutachter begnügen sich mit dem Satz, dass dies erlaubt sei, wenn der Vorteil für die Muslime mögliche Nachteile überwiege. Die Frage sei aber noch durch islamische Organisationen zu klären. Zu weit will man sich also nicht vorwagen - die Entwicklung steht erst am Anfang.

3. Weitere Initiativen

In Hessen hat sich die Islamische Religionsgemeinschaft Hessen e.V. (IRH) auf vergleichsweise sehr breiter personeller Grundlage konstituiert.[62] Bestandteil der IRH ist ein sogenannten "fiqh-Rat", welcher Rechtsgutachten erstattet. Auf der Grundlage eines solchen Gutachtens zum Schächten von Tieren hat die IRH ein - vom Bundesverwaltungsgericht wegen angeblich unzureichender Tatsachen-

---

57 "Ma ḫalā rağul bi-imra'a illā kāna aš-šaiṭān ṯāliṯahumā", wiedergegeben und zit. in Al-Europiya Nr. 24 (Februar 2001), 32, 33.
58 *Al-mağlis al-aurubbī* (Fn. 4) S. 51.
59 *Al-mağlis al-aurubbī* (Fn. 4) S. 69.
60 *Al-mağlis al-aurubbī* (Fn. 4) S. 76.
61 *Al-mağlis al-aurubbī* (Fn. 4) S. 78.
62 Vgl. IRH, Die Darstellung der Grundlagen des Islam. IRH-Satzung, Frankfurt a.M. 1999.

feststellungen aufgehobenes[63] - Urteil des Verwaltungsgerichts Darmstadt[64] erstritten, wonach sie als Religionsgemeinschaft anerkannt wird und demzufolge eine Ausnahmegenehmigung nach § 4 a Abs. 2 Nr. 2 TierSchG (betäubungsloses Schlachten von Tieren) beantragen kann. Das Schächt-Urteil des Bundesverfassungsgerichts vom 15. Januar 2002[65] hat insoweit Spielräume eröffnet, als inländische muslimische Gruppierungen selbst ihre (zwingenden) religiösen Bedürfnisse definieren können und entsprechende Gutachten für die inländische Rechtsanwendung relevant werden können.[66] Weitere Gutachten sind bislang nicht erteilt worden.

Allerdings hat eine Stellungnahme des vormaligen Vorsitzenden der IRH Zaidan für Furore gesorgt, die als "Kamel-Fatwā" in die Medien Eingang gefunden hat. Hier ging es um die Frage der Teilnahme von muslimischen Schülerinnen an auswärtigen Schulfreizeiten. Nach einer herkömmlichen Auslegung des einschlägigen ḥadīṯ sollen Frauen Entfernungen von mehr als 81 Kilometern nicht ohne Begleitung eines bestimmten männlichen Verwandten als Beschützer ("maḥram") zurücklegen. Andere zeitgenössische muslimische Interpreten wie Aftab Hussain oder Asghar Engineer[67] deuten diese "Empfehlung" ihrem erkennbaren Sinne nach und stellen fest, dass sie eine sichere Fortbewegung gewährleisten soll. Ist dies auch bei Reisen unter Fremden sichergestellt, so bedürfe es keines "maḥram". Dabei wird auch an die fundamental unterschiedlichen Reisebedingungen im 7. Jahrhundert auf der arabischen Halbinsel und in der heutigen Welt erinnert. Das Festhalten an der herkömmlichen Haltung bringt sogar Musliminnen dazu, einen islamischen Religionsunterricht abzulehnen, in dem solche Auffassungen gelehrt würden.[68]

---

63 BVerwG NJW 2001, 1225.

64 VG Darmstadt NVwZ-RR 2000, 513. Im Verfahren des einstweiligen Rechtsschutzes hat der VGH Kassel (NVwZ 2000, 951) das Begehren der IRH zurückgewiesen.

65 BVerfG NJW 2002, 663 (bestätigt kurz danach in BVerfG NJW 2002, 1485); hierzu statt vieler *Rohe*, Österreichisches Archiv für Recht und Religion 2002, 69, 78 ff.; zuletzt *Tillmanns*, NuR 2002, 578 ff.

66 Mittlerweile haben zwei der großen muslimischen Dachorganisationen, der Islamrat für die Bundesrepublik Deutschland und der Zentralrat der Muslime in Deutschland, eine Kommission für Islamisches Schlachten (KIS) gebildet, die am 6.6.2002 "Ḥalāl-Standards" für "das islamisch geschächtete Fleisch" aufgestellt hat. Anstelle der Form eines fatwā wurde schlicht ein Kommissionspapier vorgelegt, das funktional durchaus einem fatwā entsprechen könnte.

67 *Engineer*, The Rights of Women in Islam, 2. A. New York 1996, 13, 90 unter Berufung auf Hussain und letztlich auf den Schulgründer aš-Šāfi'ī.

68 Vgl. *Rabia Tröger*, Der vieldiskutierte Religionsunterricht, Huda Oktober/November 2001, 50, 51.

Der Gutachter hat auf Nachfrage des Verfassers betont, dass seine Stellungnahme sich - im traditionellen fatwā-Sinne - nur auf den spezifischen Einzelfall bezogen habe, der zur Anfrage Anlass gegeben hat. Hier sei es wegen einer aus seiner Sicht einzigartigen Verhärtung der Fronten, trotz erfolgter Gesprächsversuche nicht gelungen, für die Schülerinnen, die durchaus an der Freizeit teilnehmen wollten und sollten, adäquate Reise- und Aufenthaltsbedingungen zu erzielen. Nur deshalb sei es letztlich zu dem erwähnten Gutachten gekommen; hierbei habe der genannte Sicherheitsaspekt die ausschlaggebende Rolle gespielt.

Vereinzelt wurden weitere Gutachtensammlungen von Einzelpersonen veröffentlicht, so eine im Jahre 1998 in arabischer Sprache vorgelegte Sammlung des Rotterdamer Imams Ḫalīl al-Mu'minī.[69] Sie zeichnen sich durch eine sehr traditionalistische Haltung aus, welche über weite Strecken in keinster Weise auf die konkrete Lebenssituation europäischer Muslime eingeht. So werden Anfragen zum Scheidungsrecht[70] mit Antworten aus der überkommenen Haltung des klassischen islamischen Familienrechts beantwortet, ohne irgendeinen Hinweis darauf, dass dieses Recht nach der geltenden (niederländischen) Rechtsordnung häufig keine Anwendung finden wird. Gelegentlich mag auch daran zu zweifeln sein, dass bestimmte Ausführungen auf tatsächlich gestellte Fragen zurückgehen. Das gilt etwa für die angebliche Problemstellung, ob denn das (koranische) Eheverbot der Milchverwandtschaft eingreift, wenn die Großmutter eines eine Woche alten, erkrankten Säuglings auf dem langen Weg zum Arzt einer Frau begegnet, die das Kind stillt, wenn dann dieses Kind später die Schwester der hilfreichen Gelegenheitsamme heiratet und vier Kinder mit ihr hat, oder ob diese Ehe unanfechtbar wirksam ist. Der Mufti hält, wenig überraschend, die Ehe für ungesetzlich und auflösungsbedürftig.[71]

Nur die Form des fatwā greifen Stellungnahmen des englischen muslimischen Intellektuellen Ziauddin Sardar auf, in denen er im Gefolge des 11. September 2001 erfreulich dezidiert gegen Terrorakte im Namen des Islam Stellung nimmt. In seinem sehr begreiflichen Ärger über Extremisten, welche die westliche Meinungsfreiheit zur Propagierung „islamischer Staaten" nutzen, obgleich sie in solchen Staaten umstandslos zum Schweigen gebracht wurden, gibt er folgendes Gutachten: „any Muslim involved in the planning, financing, training, recruiting, support or harbouring of those who commit acts of indiscriminate

---

69 Ḫalīl al-Mu'minī, al-fatāwā al-badrīya, ad-Dār al-Baidā' (Casablanca) 1998.

70 Ab Frage 61, S. 46 ff.

71 AaO, Frage 101, S. 76.

violence against persons or the appparatus or infrastructure of states is guilty of terror and no part of the Ummah (der islam. Glaubensgemeinschaft, d. Verf.). It is the duty of every Muslim to spare no effort in hunting down, apprehending and bringing such criminals to justice."[72]

Sardar erkennt selbst das "Neue" an seiner Vorgehensweise, will aber diesem Neuen eben zum Durchbruch verhelfen; der denkende Muslim kann danach selbst Auskunft geben, ohne sich auf "übergeordnete" Autoritäten stützen zu müssen.

Neben das mehr oder weniger traditionell ausgestaltete Gutachtenwesen treten vermehrt andere Institutionen, mit deren Hilfe konkrete Auskünfte erlangt werden können. Organisationen wie der Zentralrat der Muslime in Deutschland bieten im Internet FAQ-Listen an, die allerdings recht bieder und in Rechtsfragen überraschend traditionalistisch daherkommen. Auf einer etwas abstrakteren Ebene sind vorwiegend politische Dokumente angesiedelt, wie etwa die ebenfalls vom Zentralrat der Muslime in Deutschland im Februar 2002 vorgelegte Islamische Charta. Über bloße Auskünfte hinaus gehen Mediationsinstanzen wie das Islamic Shariah Council in England, das vorwiegend in familienrechtlichen Problemlagen tätig wird.[73]

Schluss

Die Entwicklung eines europäischen islamischen Gutachtenwesen vollzieht sich auf zwei Ebenen. Die Aufgabe der Muslime besteht zum einen darin, durch Auslegung der bestehenden Rechtsvorschriften einen adäquaten Handlungsrahmen für die Muslime in der Diaspora zu entwickeln. Dies betrifft sowohl den Binnenaspekt - wie kann der europäische Muslim sich sicher sein, dass er Gottes Gebote und Verbote einhält? - als auch den Außenaspekt - wie lassen sich die religiösen Gebote so fassen, dass der Muslim nicht in eine unauflösbare Kollision mit den Anforderungen seiner Lebensumwelt gerät? Aufgaben stellen sich etwa bei der Anpassung der Verrichtung religiöser Gebote an die Situation der Diaspora. Dies gilt z.B. im Hinblick auf Gebetszeiten, Bekleidungssitten oder den Umgang mit Alkohol-Konsumenten bzw. den Aufenthalt an Orten, an denen Alkohol angeboten wird. Die Herausbildung eines auf die Umwelt-

---

72 Dr. *Ziauddin Sardar*, My fatwa on the fanatics, 23.9.2001, abgerufen am 06.05.2003 unter http://www.observer.co.uk/waronterrorism/story/0,1373,556636.00.html.

73 Hierzu und zu den damit verbundenen Rechtsfragen ausführlicher *Rohe*, Religiöse Rechtsspaltung in Europa, in: De Wall (Hrsg.) FS Link (erscheint 2003).

verhältnisse abgestimmten „normativen" Islam scheint auch deshalb ein Bedürfnis zu sein, weil traditionelle, an familiärer/ethnischer Zugehörigkeit oder regionaler Herkunft gebundene Formen religiösen Lebens sich unter den muslimischen Migranten in der Diaspora aufzulösen scheinen[74] – eine Entwicklung, welche auch die Herkunftsländer mit einiger Verzögerung beobachten.

Zum anderen bieten die Staaten Europas mit freiheitlichen demokratischen Grundordnungen ein Maß an Meinungs- und Entfaltungsfreiheit, das in der islamischen Welt seinesgleichen sucht. Diese Wirkungsrichtung wird gelegentlich in der Diskussion über die Frage deutlich, ob es einen "deutschen" oder "europäischen" Islam geben könne. Muslime, die derartige Begriffe ablehnen, begründen ihre Haltung oft damit, dass es keinen irgendwie "gezähmten" europäisierten Islam geben könne, welcher zwar den europäischen Kulturvorstellungen entspreche, aber seine Identität aufgebe. Es scheint, dass diese Argumentation weniger in Richtung auf die europäische Lebensumwelt als auf die islamische Welt zielt. Es sei daran erinnert, dass in der Vergangenheit eine gewichtige Auffassung dahin ging, die muslimischen Gelehrten in der Diaspora könnten wegen ihres Aufenthaltsorts keine Autorität für ihre Rechtsmeinungen beanspruchen. Andererseits finden sich selbstbewußte Stimmen unter den europäischen Muslimen, welche gerade das besondere Potential des Islam in Europa für die Gesamtentwicklung des Islam unterstreichen. So formuliert Nielsen: "The irony of the situation has become that living on the margins of the Muslim world has taken European Muslims back into the theological centre. In doing so they are being watched also from the geographical centre (sc.: of the Muslim world)."[75] Nielsen stellt fest, die in Europa aufwachsenden Muslime hätten entdeckt, dass die kulturellen Traditionen ihrer Eltern nur schwer in einer modernen urbanen und bürokratisierten Gesellschaft umzusetzen seien, und dass vieles an diesen kulturellen Traditionen keineswegs islamisch, ja teilweise aus islamischer Sicht unannehmbar sei.[76]

In scharfem Kontrast hierzu stehen äußerst traditionalistische Gutachten vorwiegend aus Saudi-Arabien, in denen Muslimen etwa geraten wird, ihre familienrechtlichen Verhältnisse allein nach islamischen Vorschriften zu regeln

---

74 Dies das Ergebnis der Studien von *Nora Ahlberg*, New Challenges – Old Strategies. Themes of Variation and Conflict among Pakistani Muslims in Norway, Helsinki 1990, 247 ff. und öfter.

75 *Nielsen*, Vorwort zu Tariq Ramadan, To be a European Muslim, Leicester 1999, XII.

76 Ebenda.

und die im Aufenthaltsland geltenden Vorschriften nur mit dem Hinweis darauf einzuhalten, dass der betreffende Vorgang (Eheschließung oder Scheidung) entsprechend dem islamischen Recht und nicht nach Maßgabe dieser Vorschriften erfolge.[77] Dass damit z. B. eine Ehescheidung in Deutschland praktisch kaum wirksam vollzogen werden könnte, scheint den Gelehrten nicht zu interessieren. Der Mufti 'Uṯaimīn [78] beantwortet eine Anfrage deutscher Muslime, ob Frauen, die keinen engen männlichen Verwandten (maḥram) als möglichen Begleiter haben, in Gruppen mit anderen Muslimen die Pilgerfahrt nach Mekka unternehmen dürfen, verneinend: solche Frauen seien so zu behandeln, wie wenn sie nicht genügend Geld hätten und würden damit von der religiösen Pflicht zur Pilgerfahrt frei. Das vorhandene Geld könnten sie jemandem geben, der die Pilgerfahrt stellvertretend für sie ausführt. Selbst auf der Pilgerfahrt nach Mekka scheinen also aus Sicht dieses Gelehrten unüberwindliche Gefahren zu lauern, weswegen diesen Frauen das spirituelle Erlebnis versagt bleiben soll.

Die Stoßrichtung solcher Muftis wie 'Uṯaimīn wird nicht zuletzt aus Gutachten zum Umgang mit nicht-islamischen religiösen Festen wie Weihnachten ("Feste der Kuffār, Kāfir-Feste") deutlich. Man dürfe solche Feste keinesfalls anerkennen, ja nicht einmal dazu gratulieren (der Verfasser freut sich über eine beträchtliche Zahl persönlicher Weihnachts-Glückwünsche von muslimischen Organisationen und Einzelpersonen, welche den Lehren derartiger Muftis offenbar nicht zu folgen gedenken). Der Mufti will die Anerkennung der ahl al-kitāb nicht überbewertet wissen, so wie auch der Rest "ihres Irrglaubens und ihrer Sünde" nicht anerkannt werden sollten. Je mehr man sich von "den Leuten der Hölle" unterscheide, desto weniger begehe man ihre Taten. Dieses fatwā hat offenbar auch hierzulande Wirkung erzielt: Eine "Dua" hat es mit dem Datum 1. Januar 2003 in das Islam-Forum von www.islam-berlin.de eingestellt.[79]

Es wäre wünschenswert, wenn Frager auf europäische Muftis zurückgreifen könnten, die über einen etwas weiteren Horizont verfügen. Im Übrigen wären Muftis wie der Genannte gut beraten, die klassischen Quellen zu den Voraussetzungen für das Gutachtenwesen zu konsultieren. Der bedeutende

---

77 *Uthaymeen* in: Ibn Baz/Uthaymeen, Muslim Minorities – Fatawa Regarding Muslims Living as Minorities, Hounslow 1998, 73 f.

78 *Uthaymeen* in: Ibn Baz/Uthaymeen (Fn. 77) 77 ff.

79 Nach den dem Verfasser vorliegenden Informationen ist die Dame unter anderem bei der Einrichtung eines islamischen Kindergartens in Berlin engagiert. Irritierenderweise war zum Zeitpunkt, als der Verfasser die Homepage besucht hat, ein Werbehinweis auf einen Kontaktservice "my friend" eingeblendet, mit dessen Hilfe man sich auf Partnersuche zum Flirten etc. begeben kann.

mittelalterliche Rechtsgelehrte an-Nawawī etwa benennt als eine Voraussetzung für die Eignung zum Mufti, dass dieser, wenn er aus einer anderen Region stammt, erst dann gutachten darf, wenn er die dortigen Gewohnheiten und Lebensumstände kennt und mit den Menschen, mit ihrer Art zu reden und deren Verständnis vollständig vertraut ist.[80] Die Gutachtentätigkeit des saudischen institutionellen Gutachtenwesens kritisiert nicht zuletzt der muslimische Jurist Khaled Abou El Fadl fundiert und mit den deutlichen Worten: „I confess that I find the virtual slavery imposed on women by the C.R.L.O. (das saudische Permanent Council For Scientific Research and Legal Opinions, d. Verf.) and like-minded special agents to be painfully offensive and unworthy of Sharī'ah. To claim that a woman visiting her husband's grave, a woman raising her voice in prayer, a woman driving a car, or a woman traveling unaccompanied by a male is bound to create intolerable seductions, strikes me as morally problematic. If men are morally so weak, why should women suffer?"[81]

In vergröberter Sicht sind drei Richtungen erkennbar, welche die Entwicklung beeinflussen können. Die dritte Richtung sucht ihr Heil in einer traditionalistischen Position, wie sie etwa in einer Art Glaubensanleitung in deutscher Sprache zutage tritt, welche von der VIKZ[82] herausgegeben wird. Darin werden die zu erziehenden Kinder auf den hanafitischen Ritus festgelegt.[83] Eine "Entwicklung" ist hier kaum erkennbar. Die zweite Richtung wird von Personen getragen, die nicht selten dem Lager der Islamisten zugerechnet werden, wie etwa Yūsuf al Qaraḍāwī oder Ḥasan at-Turābī. Diese Richtung steht durchaus in der Tradition des kasuistischen Gesetzes-Islam, löst sich aber von überkommenen Einzelfallaussagen vergangener Zeiten und öffnet dem eigenständigen Raisonnement einen weiten Anwendungsbereich gerade auch im Hinblick auf die Lebensverhältnisse in der Diaspora. Umfang und Grenzen der Innovationsbereitschaft werden an den oben behandelten Gutachten deutlich. Im Kontrast zu beiden genannten Tendenzen ist eine Richtung zu sehen, die ihren Frieden mit den in Europa vorherrschenden rechtsstaatlichen säkularen und zugleich Religionsfreiheit sichernden Ordnungen gemacht hat und in solchem Rahmen den "eigentlichen" religiösen Bestand des Islam - seinen

---

80 Imam Nawawi's Adab Al-Fatwa Wal Mufti Wal Mustafti (übers. v. Muhammad Bashir), Birmingham 1997, 31.

81 *Khaled Abou El Fadl*, Speaking in God's Name. Islamic Law, Authority and Women, Oxford 2001, 269 f.; 170 ff.

82 Verband der islamischen Kulturzentren; zu muslimischen Organisationen in Deutschland vgl. *Lemmen*, Türkisch-islamische Organisationen in Deutschland, Altenberge 1998; *ders.*, Muslimische Spitzenorganisationen in Deutschland: Der Islamrat und der Zentralrat, Altenberge 1999.

83 Vgl. *Arikan*, Der kurzgefasste Ilmihal. Illustriertes Gebetsbuch, Köln 1998, 195.

spirituellen Gehalt - entfalten wollen. Sie wird vor allem von Intellektuellen, häufig auch von Nicht-Juristen getragen und bemüht sich um eine grundlegende zeitgemäße Neu-Interpretation der maßgeblichen Quellen Koran und sunna. Der traditionelle Gesetzes-Islam mit seiner teils verwirrenden Vielfalt detailliertester Verhaltensnormen ist ihr eher fremd. Hier sind Namen wie z.B. Soheib Bencheikh, Mohammed Arkoun, Yaşar Nuri Öztürk oder auch der erwähnte Ziauddin Sardar zu nennen.

Eine Vorhersage, welche Richtung die Muslime in Europa letztlich einschlagen werden, ist dem Betätigungsfeld der Prophetie zuzurechnen und überschreitet die Fachkompetenzen des Juristen wie auch des Islamwissenschaftlers.

DER PROPHET MUḤAMMAD ALS MUFTĪ UND MUǦTAHID

PD Dr. Birgit Krawietz, Tübingen

Der zeitgenössische islamische Buchmarkt hält diverse Schriften über den Propheten Muḥammad als ersten Muftī respektive Muǧtahid bereit. Derartige Etikettierungen sind keineswegs eine bloße Begleiterscheinung des Fatwā-Booms der Moderne[1]. Letzterer hat im Laufe des 20. Jahrhunderts den Kadi als bislang typischsten Repräsentanten des islamischen Rechtssystems weit hinter sich gelassen und den zur Rechtsfortbildung (iǧtihād) befähigten Experten in seiner Funktion als Muftī zur zentralen Figur gerade auch nichtstaatlicher sowie transnationaler Norm(v)ermittlung erhoben. Die dabei von muslimischen Gelehrten in selbstlegitimatorischer Absicht verkündete Verankerung ihrer šarī'a-rechtlichen Auskunftstätigkeit in der Person Muḥammads ist jedoch wesentlich älteren Datums. Sie kann sich auf diverse Schichten traditionellen islamischen Schrifttums stützen. Von Koran und Sunna abgesehen bzw. daran unmittelbar anknüpfend sind grundsätzlich zwei Arten innerislamischer Auseinandersetzungen mit Stellungnahmen Muḥammads zu unterscheiden. Zum einen handelt es sich um Bemühungen muslimischer Autoren um materielle Sicherung und Zusammenstellung der `Fatwās` Muḥammads, im Sinne seiner in konkreter Frage-und-Antwort-Form vorliegenden Einzelauskünfte zu aktuellen Problemen der islamischen Frühzeit.[2] Zum anderen geht es um deren rechtmethodologische Einbettung im Rahmen von Werken zur juristischen Hermeneutik, Quellenlehre und Methodologie (uṣūl al-fiqh). Diese beiden – meist getrennt geführten – Diskurse šarī'a-rechtlichen Schrifttums sollen hier anhand einiger ausgewählter Texte illustriert werden. Der Beitrag ist insofern nicht in erster Linie historisch,[3] sondern knüpft exemplarisch an einschlägige Genres islamischer Literatur an. Die gewählten Beispiele sind sowohl mittelalterlich, spätmittelalterlich wie auch zeitgenössischer Herkunft, um die Kontinuität bzw. besondere Aktualität des Themas bei heutigen muslimischen Autoren zu beleuchten.

---

1 Für Fatwā-Dienste im Internet s. *Brückner*, Fatwās zum Alkohol unter dem Einfluß neuer Medien im 20. Jh., Würzburg 2001, 28-64. Zum gesellschaftlichen Wandel traditioneller Auskunftssituationen s. *Krawietz*, Die Ḥurma: Schariatrechtlicher Schutz vor Eingriffen in die körperliche Unversehrtheit nach arabischen Fatwās des 20. Jahrhunderts, Berlin 1991, 35-44.

2 Welches Alter man einschlägigen Ḥadīṯen zuerkennt, ist hier unbeachtlich. Es sind in erster Linie Ḥadīṯe, die über die Auskunftstätigkeit Muḥammads Aufschluss geben.

3 Zur historischen Genese der Gutachtenerteilung s. *Motzki*, Religiöse Ratgebung im Islam: Entstehung, Bedeutung und Praxis des *muftī* und der *fatwā*, in: Zeitschrift für Religionswissenschaft 2 (1994), 3-22.

„Von den Auskünften des Gesandten Gottes (Min fatāwā rasūl Allāh)" handelt beispielsweise jene beliebig herausgegriffene Sammlung, welche ein sich wissenschaftlich lediglich als „Diener von Koran und Sunna" ausweisender Ṭāhā ʻAbd Allāh al-ʻAfīfī für „alle muslimischen Brüder und Schwestern" zusammengestellt hat.[4] Als Auftakt des Vorworts wählt er das Standart-Zitat aus Koran (16:43), mit dem die Gesamtheit der Šarīʻa-Gelehrten üblicherweise in ihrer Funktion als Muftīs abgesegnet wird: „So fragt die Besitzer der Ermahnung, wenn ihr nicht Bescheid wisst". Dass eine große Zahl von Korankommentatoren in diesem Vers jedoch eine Bezugnahme auf Vertreter der früheren Offenbarungen erblickt, bleibt von ʻAfīfī unberücksichtigt. Entscheidend ist, dass die Erteilung šarīʻa-relevanter Auskünfte durch Muḥammad als fest in seinem Umgang mit der frühen muslimischen Gemeinde etabliert dargestellt wird und sich bereits im Koran selbst ablesen lässt. Ganz in diesem Sinne fügt ʻAfīfī eine erörternde Auflistung jener 14 Koranstellen an, in denen auf Fragen an den Propheten Muḥammad direkt Bezug genommen wird. Acht davon kommen allein in der besonders umfangreichen zweiten Sure, die Kuh (al-Baqara)vor. Es handelt sich um (2:186: „Wenn dich meine Diener nach Mir fragen [iḏā sa`alaka], so bin Ich nahe")[5], (2:215: „Sie fragen dich [yas'alūnaka],[6] was sie spenden sollen. Sprich: Was ihr an Gutem spendet, das sei für die Eltern, die Angehörigen, die Waisen, die Bedürftigen und den Reisenden."), (2:189: „Sie fragen dich, nach den Neumonden. Sprich: Sie sind Zeitbestimmungen für die Menschen und für die Wallfahrt."), (2:217: „Sie fragen dich nach dem heiligen Monat, nach dem Kampf in ihm. Sprich [...]"); (2:219: „Sie fragen dich, nach dem Wein und nach dem Glücksspiel. Sprich: In ihnen liegt eine große Sünde und auch vielfacher Nutzen für die Menschen."), (2:219: „Und sie fragen dich, was sie spenden sollen. Sprich: Das Entbehrliche"), (2:220: „Und sie fragen dich nach den Waisen. Sprich: Für sie Ordnung schaffen ist besser") und (2:222: „Und sie fragen dich nach der Menstruation. Sprich [...]"). In weiteren Suren heißt es: (5:4: „Sie fragen dich, was ihnen erlaubt ist. Sprich: Erlaubt sind euch die köstlichen Dinge."), (8:1: „Sie fragen dich nach der Beute. Sprich: Die Beute gehört Gott und dem Gesandten."), (17:85: „Und sie fragen dich nach dem Geist [ar-rūḥ]. Sprich: Der Geist ist vom Befehl meines Herrn."), (18:83: „Und sie fragen dich nach dem mit den zwei Hörnern [ḏū 'l-qarnain]. Sprich: Ich will euch eine Geschichte über

---

4 Min fatāwā rasūl Allāh, zusammengestellt, mit einem Vorwort versehen und kommentiert v. *Ṭāhā ʻAbd Allāh al-ʻAfīfī*, al-Qāhira 1995, 6.

5 Die Zitate erfolgen durchgängig aus Der Koran, Übersetzung v. *Adel Theodor Khoury*, unter Mitwirkung von *Muhammad Salim Abdullah*, 2. durchges. Aufl., Gütersloh 1992.

6 Al-ʻAfīfī verzichtet auf eine Nennung auch jener Koranpassagen, in denen es außerdem heißt „sie bitten dich um eine Stellungnahme (yastaftūnaka)", nämlich in (4:127) oder (4:176).

ihn verlesen."), (20:105: „Und sie fragen dich nach den Bergen. Sprich: Mein Herr wird sie in den Wind streuen.") und schließlich (79:42: „Sie fragen dich nach der Stunde [der Auferstehung], wann sie feststehen wird.").[7] Der beschränkten Reichweite dieser Auskünfte ungeachtet betont ʻAfīfī, der Koran sei voll von Antworten auf Fragen, die die Leute beschäftigten. Ausführliche Stellungnahmen fänden sich darüber hinaus auch im Ḥadīṯ. Aufrechte Gläubige sollten nicht bloß darum wissen, sondern in direkter Verbindung zu ihnen stehen. In ihnen liege wahre Rechtleitung im Gegensatz zu „den Willkürauskünften, die sich oft als kontraproduktiv erwiesen und zu Irrwegen und Meinungsverschiedenheiten führten". Deswegen habe er, ʻAfīfī, eine große Zahl jener Ḥadīṯe zusammengestellt, in denen Muḥammad direkt auf viele Fragen, die jeden Muslim betreffen, Antwort gab.[8] Im abschließenden Index listet er auf neun Seiten in Kurzform insgesamt 200 von ihm als Fatwās Muḥammads ausgewiesene Stellungnahmen auf.[9] Es beginnt mit Fragen nach ritueller Reinheit (ṭahāra) und den rituellen Verpflichtungen (ʻibādāt) insgesamt. Dabei gehen Theologisches und gerade auch Eschatologisches – im Stile von „Mit welchen dreien spricht Gott am Jüngsten Tage nicht?"[10] oder „Wer sitzt dir am nächsten, Gesandter Gottes, am Tag der Auferstehung?"[11] – , ferner ethische Rechtleitung sowie Rechtsbeziehungen der Menschen untereinander betreffende Muʻāmalāt-Regelungen recht unsystematisch ineinander über und werden auch vom Autor nicht näher strukturiert. Bei jedem Unterthema setzt der Verfasser die betreffenden Ḥadīṯe in ihren vermuteten speziellen historischen Kontext, bringt eine Reihe von Varianten des Berichts oder bietet erläuternde Koranzitate, die die Problemsituation verdeutlichen. Ganz am Ende sind dann auf eineinhalb Seiten die nach seiner Meinung „wichtigsten Quellen zu Auskünften des Gesandten" versammelt. Es handelt sich dabei vornehmlich um eine kleinere Anzahl von Ḥadīṯ-Sammlungen, juristisch relevanten Korankommentaren und Werken zum šarīʻa-rechtlichen Verständnis der Sunna, wie zum einen die Tafsīr-Werke von Ṭabarī (gest. 923), "Ǧāmiʻ al-bayān", oder Qurṭubīs (gest.1272) "al-Ǧāmiʻ li-aḥkām al-qur'ān",[12] und zum anderen an-Nawawīs (gest.1277) bekanntes Ḥadīṯ-Werk "Riyāḍ aṣ-ṣāliḥīn".

---

7 *Al-ʻAfīfī*, Min fatāwā rasūl Allāh, 7-16.

8 *Al-ʻAfīfī*, Min fatāwā rasūl Allāh, 17.

9 *Al-ʻAfīfī*, Min fatāwā rasūl Allāh, 519-527.

10 *Al-ʻAfīfī*, Min fatāwā rasūl Allāh, 192-193.

11 *Al-ʻAfīfī*, Min fatāwā rasūl Allāh, 272-276.

12 Vgl. *al-Qurṭubī al-Mālikī*, Aḥkām rasūl Allāh fī qaḍāyā al-qatl, al-raǧm, as-sariqa, al-ǧihād, az-zawāǧ, aṭ-ṭalāq, al-buyūʻ, al-waṣāyā, dargelegt u. gekürzt v. Abd al-Munʻim Ḫalafallāh, al-Qāhira 1988. Dieses Werk des malikitischen Juristen ist unter verschiedenen Titeln bekannt und behandelt vornehmlich die Auskünfte Muḥammads zum Straf-, Familien- und Handelsrecht wie auch zum Heiligen Krieg und Erbrecht.

Die wohl berühmteste und einflußreichste Zusammenstellung von Propheten-Fatwās bleibt in 'Afīfīs Literaturliste allerdings unerwähnt. Sie stammt von dem hanbalitischen Damaszener Gelehrten Ibn Qaiyim al-Ǧauzīya (gest. 1350) und ist verschiedentlich auch separat abgedruckt worden.[13] Deutlicher als das Konvolut von 'Afīfī ist Ibn al-Qaiyims Kompilation am Themen-Kanon traditioneller Rechtskompendien (furū' al-fiqh) orientiert, sprengt aber ebenfalls deren thematischen Rahmen[14]. Angesichts der von Muḥammad evozierten eschatologischen Erwartung musste der Prophet z.B. mehrfach Detailfragen zum Paradies beantworten: Wie sieht die erste Mahlzeit dort aus[15] und wem wird eine Frau, die nacheinander mit vier verschiedenen Männern verheiratet war, am Tag der Auferstehung begegnen?[16] Nicht immer nutzt Muḥammad die gegebene Kommunikationssituation zu einer umfassenden Klärung und holt selten weiter aus. Weder die Erkundigungen nach rituellen Problemen noch die gleichermaßen bruchstückhaften Mu'āmalāt-Auskünfte lassen besondere grundsätzliche Schwerpunkte erkennen – von einer systematischen Erörterung ganz zu schweigen. Der Sitz im Leben – wie z.B. Irritationen bei der Fastenpflicht[17] oder Schwierigkeiten bei korrekter Partnerwahl[18] – ist jedoch unverkennbar. Ein Thema scheint die frühen Gläubigen besonders nachhaltig zu beschäftigen, nämlich Sündenlehren im weitesten Sinne. In zahlreichen Variationen versuchen Muslime immer wieder, die im Auge Gottes bestehende Hierarchie der Sünden und Vergehen zu ergründen: Was bringt die Menschen am häufigsten in die Hölle und was ist die größte Sünde?[19] Über einschlägige Auskünfte handels- und schuldrechtlicher Natur hinaus bündeln zahlreiche Passagen besorgte Anfragen nach vortrefflichen Handlungen, durch welche man ins Paradies gelangt.[20] Die Sündenthematik liegt Ibn al-Qaiyim derart am

---

13 So z.B. *Ibn Qaiyim al-Ǧauzīya,* Fatāwā rasūl Allāh, hrsg. u. komm. v. Muṣṭafā 'Āšūr, al-Qāhira 1980. Eine weitere Edition stammt von *Sulaimān Sālim al-Bauwāb,* Dimašq u. Bairūt 1984. Die Zitate erfolgen hier jedoch, wenn nicht anders angegeben, durchgehend aus *Ibn al-Qaiyim,* I'lām al-muwaqqi'īn 'an rabb al-'ālamīn, 4 Teile in 2 Bde., Bairūt 1997, hrsg. v. Aḥmad 'Abd as-Salām az-Zu'bī. Im Gegensatz zu 'Afīfīs 200 Stellungnahmen Muḥammads versammelt Ibn al-Qaiyim insgesamt 702 Prophetenantworten – so die Durchnummerierung in der Edition von *Muḥammad al-Mu'taṣimbillāh al-Baġdādī,* 4 Bde., Bairūt 1996, Bd. 4, 389.

14 Hanabalitische Autoren und insbesondere der nach Ibn Taimīya (gest. 1328) bedeutendste neo-hanbalitische Großmeister Ibn al-Qaiyim wenden sich den Altvorderen (salaf) mit hingebungsvollem Interesse an den kleinsten Einzelheiten der islamischen Frühzeit zu.

15 *Ibn al-Qaiyim,* I'lām al-muwaqqi'īn, Bd. 2, 487.

16 *Ibn al-Qaiyim,* I'lām al-muwaqqi'īn, Bd. 2, 490.

17 *Ibn al-Qaiyim,* I'lām al-muwaqqi'īn, Bd. 2, 511-515.

18 *Ibn al-Qaiyim,* I'lām al-muwaqqi'īn, Bd. 2, 551.

19 *Ibn al-Qaiyim,* I'lām al-muwaqqi'īn, Bd. 2, 490.

20 *Ibn al-Qaiyim,* I'lām al-muwaqqi'īn, Bd. 2, z.B. 522-543.

Herzen, dass er zum Ende hin einen Exkurs zur „Nennung der großen Sünden in vollständiger Form“ einfügt, in welchem er die – aus seiner Perspektive – großen Sünden (kabā'ir) sogar ohne den regulären Bezug auf Muḥammad einmal am Stück aufzählt.[21] Man könnte geradezu vom heimlichen Hauptthema der hier von ihm behandelten Propheten-Ausführungen sprechen, wenn nicht gar der Propheten-Fatwās insgesamt. Ethische Stellungnahmen und theologische Grundpositionen zeigen sich des Weiteren bei Muḥammads Ausführungen zu magischen Praktiken (ṭibb), guten und bösen Omen sowie diversen Auskünften zur Koranexegese.[22] Die Präsenz solcher Unterthemen verstärkt noch den Eindruck der Provenienz der Materialien aus dem breiteren Spektrum traditioneller Ḥadīṯ-Werke bzw. mit Ḥadīṯen gespeister Korankommentare. Dies ist nicht verwunderlich, denn ein Muftī hat eine wesentlich größere Bandbreite von Problemen zu bearbeiten als ein Kadi. Er muss neben juristischen Anliegen gleichermaßen auch theologisch und ethisch relevante Fragen beantworten können. Ibn al-Qaiyim hat dieses breite Verständnis einer umfassenden normativen Durchdringung des Alltags und korrekter eschatologischer Erwartung. Dies unterscheidet ihn vom klaren juristischen Erkenntnisinteresse al-Qurṭubīs. Rein juristische Angelegenheiten im Fiqh-Sinne bleiben in Ibn al-Qaiyims Propheten-Fatwās somit Stückwerk. Die aus Kompendien des islamischen Rechts (furū' al-fiqh) vertraute und auch hier durchscheinende ungefähre 'Ibādāt- und Mu'āmalāt-Abfolge wirkt wie eine künstliche Strukturierung, die nahelegen soll, zu jedem juristischen Kapitel gebe es prinzipiell einen bedeutsamen Kern von Prophetenauskünften. Zwar kann sich Ibn al-Qaiyim in diesem Bemühen auf Vorarbeiten juristisch ausgerichteter Korankommentare stützen, welche die entsprechenden Ḥadīṯe zusammengestellt haben, doch nur in wenigen Fällen ist von Muḥammad ausdrücklich von „er entschied richterlich (qaḍā anna)“ die Rede. Die richterlichen Entscheidungen (aqḍiya) des Gesandten Gottes bleiben insgesamt eindeutig in der Minderzahl, wie z.B. seine Regelung, dass für Vorder- und Backenzahn dasselbe Blutgeld zu entrichten sei.[23] Das Bemerkenswerteste an Ibn al-Qaiyims Darstellung von Muḥammads verstreuten Ausführungen zum Strafrecht ist, dass diese ihn zu seinem – neben der Auflistung großer Sünden – zweiten Exkurs verleiten. Dabei geht es um Ausführungen zu siyāsa šar'īya, der juristischen Regelungsbefugnis,

---

21 *Ibn al-Qaiyim,* I'lām al-muwaqqi'īn, Bd. 2, 602-606. Vgl. dazu das Standardwerk zum Thema von seinem Zeitgenossen *Muḥammad aḏ-Ḏahabī* (1274-1348), al-Kabā'ir, al-Qāhira 1980. *Muḥammad Ibn 'Abd al-Wahhāb* (1703- 1792) hat in Fortführung dessen ebenfalls zum Thema „Die großen Sünden“ eine 119 Missetaten umfassende Schrift verfaßt, hrsg. v. Muḥammad aš-Šīmī Šaḥāṭa, al-Iskandarīya 1994, 411-416.

22 *Ibn al-Qaiyim,* I'lām al-muwaqqi'īn, Bd. 2, 582-589, 594-598.

23 *Ibn al-Qaiyim,* I'lām al-muwaqqi'īn, Bd. 2, s. seine fünf Entscheidungen zu ḥiḍāna, 568-569, und seine strafrechtlichen Einlassungen 569-577, hier 571.

die dem Herrscher zugestanden wird, solange er die Belange der Šarī'a nicht verletzt.[24] Dieses Prinzip möchte Ibn al-Qaiyim über den engeren Anlass strafrechtlicher Probleme hinaus im Wirken Muḥammads und seiner Anhänger sowie bei Aḥmad b. Ḥanbal (gest. 855) verwurzelt sehen.

Ibn al-Qaiyims Zusammenstellung von Propheten-Fatwās ist nicht bloß für sich allein zu betrachten, sondern als Teil und vor dem Hintergrund seines noch wesentlich umfangreicheren juristischen Kompendiums, „I'lām[25] al-muwaqqi'īn 'an rabb al-'ālamīn", dessen letzten Teil und krönenden Abschluss sie bildet.[26] Der Titel lässt sich möglicherweise als „In-Kenntnis-Setzung derjenigen, die über den Herrn der beiden Welten Zeugnis ablegen" übersetzen. Die im Titel angesprochenen Adressaten sind die kompetenten Muftīs und Muǧtahids, welche umfassende Instruktionen zum Verständnis und zur Ausrichtung ihrer Auskunftstätigkeit erhalten. Dieses Werk ist zunächst einmal als ein ungewöhnlich breites und vielschichtiges Adab al-muftī wa-l-mustaftī-Werk einzustufen. Das bedeutet, es dient zur Darlegung der Rollenverteilung und normativen Anleitung von Auskunftgeber (muftī) und Auskunftnehmer (mustaftī).[27] Ibn al-Qaiyim sprengt allein schon quantitativ den Rahmen dieses juristischen Untergenres. Eine breit angelegte Präsentierung von Propheten-Fatwās ist für die meisten Autoren in einem solchen Zusammenhang unüblich. Wichtige frühere Texte von nichthanbalitischen Autoren zum korrekten Verhalten von Muftī und Mustaftī klammern Rechtsentscheide des Propheten häufig aus. Der ehemalige Hanbalit, aber spätere Schafiit al-Ḫaṭīb al-Baġdādī (gest. 1171) kommt zwar im dritten Teil seines Werkes „al-Faqīh wa-l-mutafaqqih" auf das umstrittene Problem jener normstiftenden Gewohnheiten des Gesandten Gottes zu sprechen, welche möglicherweise nicht durch

---

24 *Ibn al-Qaiyim,* I'lām al-muwaqqi'īn, Bd. 2, 578-580, 581-582. Dieses Prinzip spielt eine besonders wichtige Rolle bei seinem Lehrer Ibn Taimīya (gest. 1328). Vgl. *Laoust,* Le traité de droit public d'Ibn Taimīya: Traduction annotée de la Siyāsa šar'īya. Beirut 1948; Ibn Taimiyya on Public and Private Law in Islam or Public Policy in Islamic Jurisprudence, aus d. Arab. Omar A. Farrukh, Beirut 1966. Vgl. *Vogel,* Islamic Law and Legal System: Studies of Saudi Arabia, Leiden [u.a.] 2000, 173-174 et passim.

25 Der Herausgeber der hier zu Rate gezogenen Edition von 1997, az-Zu'bī, liest „I'lām", vgl. Bd.2, j-d. Im Gegensatz dazu geht *al-Mu'taṣimbillāh al-Baġdādī* in der 2. Aufl. seiner Edition des I'lām. Bairūt 1998, Bd. 1, 5, von „A'lām" aus.

26 „Wir wollen das Buch beenden mit der Erwähnung von Kapiteln geringfügigen Umfangs, aber bedeutenden Gewichts aus den Fatwās des Leiters (imām) der Muftīs, des Gesandten des Herrn der beiden Welten, welche die Seele (rūḥ) dieses Buches sind " *Ibn al-Qaiyim,* I'lām al-muwaqqi'īn, Bd. 2, 486.

27 Zu dieser Art von Schriften s. *Krawietz,* Der Muftī und sein Fatwā: Verfahrenstheorie und Verfahrenspraxis nach islamischem Recht, in: Die Welt des Orients 26 (1995), 161-180, hier 163.

Offenbarung etabliert wurden. Er legt dann aber das offensichtlich als heikel empfundene Thema dadurch ad acta, dass er eine ganze Reihe von Zitaten anführt, die die Existenz solcher Bemühungen auf Seiten Muḥammads leugnen.[28] Die Diskussion um unterschiedliche Funktionen der Juristen im Gefolge des Propheten wurde jedoch zu einem so drängenden Anliegen, dass sich z.B. der malikitische ägyptische Jurist Šihāb ad-Dīn al-Qarāfī (gest. 1285) zu einer eigenen „Schrift zur genauen Unterscheidung zwischen juristischen Gutachten und Urteilen sowie der Verfügungen von Richtern und religiöser Autorität (Kitāb al-iḥkām fī tamyīz al-fatāwā ʻan al-aḥkām wa-taṣarrufāt al-qāḍī wa-l-imām[29])" veranlasst sah. Er geht aus von der Erkenntnis, dass die verschiedenen Rollen, in denen der Prophet auftrat und in dessen Gefolge die Experten der Gemeinschaft der Gläubigen arbeitsteilig das Offenbarungserbe verwalteten, zuweilen stark konfundiert wurden. Al-Qarāfī macht vier grundsätzliche Handlungskategorien aus: Prophet, Muftī, Richter und Staatsoberhaupt, welche er näher zu unterscheiden sucht.[30] Für anerkannte Adab al-muftī-Autoren wie die Schafiiten Ibn aṣ-Ṣalāḥ[31] (gest. 1245) und an-Nawawī[32] ist die mögliche Ambivalenz der Gutachtentätigkeit des Propheten aber kein eigenständiges Thema. Verfahrensrechtliche Details stehen bei ihnen eindeutig im Vordergrund. Die Legitimität der Gutachtenerteilung scheint derart gesichert, bzw. wird sie – wie noch zu zeigen ist – arbeitsteilig in einem anderen Kontext diskutiert, so dass es in diesem Rahmen keiner ausführlichen Bezugnahme auf die islamische Frühzeit bedarf. Die prinzipielle Zuständigkeit des Juristenstandes bei drängenden Fragen wird zwar auch von Ibn Qaiyim vertreten – bei ihm aber immer mit der typisch hanbalitischen Rückkoppelung an die islamische Frühzeit und die vorbildliche erste Umsetzung durch den Propheten. Im Zuge seiner umfassenden Explorierung dieses Proto-Iftā'durch den Propheten Muḥammad geschieht noch etwas ganz anderes. Ibn al-Qaiyim erstellt wie nebenbei eine umfassende Hermeneutik, Rechtsquellenlehre und Hierarchie der gottgefälligen Quellen sowie verfahrensrechtliche Regelungen der Iǧtihād- und Iftā'-Prozedur und Lehren zu geschützten Grundwerten

---

[28] *Al-Ḫaṭīb al-Baġdādī,* Kitāb al-Faqīh wa-l-mutafaqqih, 2. Aufl. Bairūt 1980, Teil 3, 91-93.

[29] S. die Ausgabe von *ʻAbd al-Fattāḥ Abū Ġudda,* al-Ḥalab 1967.

[30] *Jackson,* From Prophetic Actions to Constitutional Theory: A Novel Chapter in Medieval Muslim Jurisprudence, in: International Journal of Middle East Studies 25 (1993), 71-90, hier 74; s. auch ders.: The Second Education of the Mufti: Notes on Shihāb al-Dīn al-Qarāfī`s Tips to the Murisconsult, in : The Muslim World 82 (1992), 201-217.

[31] Vgl. *Ibn aṣ-Ṣalāḥ aš-Šahrazūrī,* Adab al-muftī wa-l-mustaftī, hrsg. Muwaffaq Ibn ʻAbd Allāh Ibn ʻAbd al-Qādir, 1986, [Makka?] 210-214.

[32] *An-Nawawī, Yaḥyā Ibn Šaraf,* Adab al-fatwā wa-l-muftī wa-l-mustaftī, hrsg. v. Bassām ʻAbd al-Wahhāb al-Ǧābī, Dimašq 1988, 12. Einen Teilaspekt daraus untersucht *Calder,* Al-Nawawī`s Typology of *Muftis* and its Significance for a General Theory of Islamic Law, in: Islamic Law and Society 3 (1996), 137-164.

(maqāṣid). Dadurch lässt er auch qualitativ den beschränkten Zuschnitt einer bloßen Adab al-muftī-Fibel weit hinter sich und verfasst im Grunde ein Uṣūl al-fiqh-Großkompendium. „I'lām al-muwaqqi'īn" beginnt mit einem Vorspann zur Genese der Auskunftserteilung (iftā') durch befugte Rechtsgelehrte, allen voran Muḥammad als erstem Auskunftgeber Gottes und in seinem Gefolge die frühen Šarī'a-Kenner, welche nacheinander abgehandelt werden. Ibn al-Qaiyim beleuchtet dann die materiellen und methodischen Quellen des Eponyms seiner Rechtsschule, Aḥmad b. Ḥanbal, und schildert die Gefahren von iftā' und qaḍā' sowie die notwendigen Bedingungen (šurūṭ), die an deren Ausübung zu knüpfen sind. Auf der Grundlage seiner Ablehnung von ungeprüfter normativer Anleihe (taqlīd)[33] durch kompetente Rechtsgelehrte kommt er auf die nach Koran und Sunna hochrangigsten Quellen oder Methoden der Rechtsbildung wie Analogieverfahren (qiyās)[34], Begleitungsprinzip (istiṣḥāb) und Konsens (iǧmā') zu sprechen und geht über zu niederrangigen, wie der Orientierung am Gemeinwohl (maṣlaḥa) und den Grundwerten der islamischen Rechtsordnung (maqāṣid), um dann auf einer unteren Stufe schließlich die problematischen Rechtskniffe (ḥiyal)[35] und so schwache Quellen wie Gesetzgebung in früheren Offenbarungen (šar' man qablanā) zu erörtern. Die Propheten-Fatwās, die den Abschluss des gesamten Kompendiums bilden, sind natürlich keineswegs etwa als eine demgegenüber noch schwächere Quelle anzusehen. Das Gegenteil ist der Fall: Ihnen vorgeschaltet sind längere Erwägungen zur besonderen Autorität von Gefährtenauskünften.[36] Dazwischen erfolgt dann – man könnte meinen, reichlich spät, aber nicht überraschend für diejenigen, die aus anstrengender Lektüre wissen, dass Ibn al-Qaiyim immer das Ganze im Blick hat – die

---

[33] Dieses Thema bildet einen besonderen Schwerpunkt, vgl. *Ibn al-Qaiyim,* I'lām al-muwaqqi'īn, Bd. 1, 416-482, und wurde ebenfalls bereits gesondert ediert, s. *Ibn al-Qaiyim,* Risālat at-taqlīd, hrsg. v. Muḥammad 'Afīfī, der den *I'lām* also doch zu kennen scheint, Bairūt u. Riyāḍ 1983, s. insb. 5.

[34] Vgl. die hybride Edition des Salafiten *Muḥibb ad-Dīn al-Ḫaṭīb* von Ibn Taimīya und Ibn Qaiyim al-Ǧauzīya, al-Qiyās fī-š-šar' al-islāmī, 2. Aufl. al-Qāhira 1375 h., sowie in Anknüpfung daran Risāla fī ma'nā al-qiyās, hrsg. *'Abd al-Fattāḥ Maḥmūd 'Umar,* 'Ammān 1987, 6-8.

[35] Vgl. *Horii,* Die gesetzlichen Umgehungen im islamischen Recht (ḥiyal): Unter besonderer Berücksichtigung der Ǧannat al-aḥkām wa-ǧunnat al-ḫuṣṣām des Ḥanafīten Sa'īd b.'Alī al-Samarqandī (gest. 12. Jhdt.), Berlin 2001, 53-66. Auch bei seinen beweisrechtlichen Ausführungen im *I'lam* zeigt sich der für Neo-Hanbaliten typische Widerwille gegen rein formale Einhaltung der gesetzlichen Erfordernisse, s. *Johansen,* Signs as Evidence: The Doctrine of Ibn Taymiyya (1263-1328) and Ibn Qayyim al-Jawziyya (d.1351), in: Islamic Law and Society 9 (2002) 168-193, 186 et passim.

[36] *Ibn al-Qaiyim,* I'lām al-muwaqqi'īn, Bd. 2, 379-407. Vgl. al-Bayyināt as-salafīya 'alā anna aqwāl aṣ-ṣaḥāba ḥuǧǧa šar'īya fī I'lām al-imām Ibn Qaiyim al-Ǧauzīya, komm. u. erweitert v. *Aḥmad Salām,* Bairūt 1974, 1.

Erörterung einiger Dutzend Fatwā-spezifischer Probleme. Erst Letztere bilden wirklich den erwartbaren Kern reiner Adab al-muftī-Literatur.[37] Im Anschluss daran und quasi als Krönung des ganzen Werks schließt Ibn al-Qaiyim seine eingangs hier behandelte Auflistung von Propheten-Fatwās. Mit ihrer überwiegend kommentarlosen Zusammenstellung endet „I'lām al-muwaqqi'īn". Es handelt sich bei diesem Werk somit insgesamt um eine Mischform aus breit gefächerten `historischen` Grundannahmen, rechtsmethodologischen und hermeneutischen Reflexionen, Verfahrensdiskussionen und einer nachgeschalteten Bereitstellung inhaltlich geordneter Propheten-Fatwās. Diese Auskünfte Muḥammads gelten den Hanbaliten – aber wohl nicht nur ihnen – als das unter Fatwā-Gesichtspunkten Kostbarste der für alles Spätere maßgeblichen islamischen Frühzeit. In funktionaler Hinsicht sind die Propheten-Fatwās hier für jeden Muftī nicht nur leicht nachzuschlagen sondern auch gebührend eingebettet in eine umfassende Theorie der Rechts durch Ibn al-Qaiyim. In krassem Gegensatz zu seinem berühmten Lehrer Ibn Taimīya (1263-1328) ist er ein berufener Systematiker, der auf diesem Wege nicht bloß den bedeutendsten hanbalitischen Beitrag zu Adab al-muftī vorlegt, sondern zugleich die wohl wichtigste Rechtsmethodologie hanbalitischer Feder erstellt.[38] Dieses Werk ist um so bedeutsamer als Ibn Taimīya selbst nicht ein einziges Uṣūl al-fiqh-Lehrbuch verfasst hat.[39] Ibn al-Qaiyims bahnbrechende Leistung sollte im Hinterkopf behalten werden, bevor man heutzutage zu vermeintlich originellen modernen Verfassern wie dem eingangs behandelten 'Afīfī greift oder z.B. zu Ibn Ḫalīfa 'Ulaiwīs „Enzyklopädie der Prophetengutachten". Solche Werke belegen weniger die Leistung der Autoren als die Tatsache, dass für solche

---

37 *Ibn al-Qaiyim,* I'lām al-muwaqqi'īn, Bd. 2, 407-486.

38 Ein innerhanbalitischer Vergleich mit *Ibn Qudāmas* (1146-1233), Rawḍa an-nāẓir wa-ǧanna al-munāẓir: Fī uṣūl al-fiqh 'alā maḏhab al-imām Aḥmad Ibn Ḥanbal, hrsg. Ša'bān Muḥammad Ismā'īl, Makka u.a. 1998, welches stark hermeneutisch ausgerichtet ist, liegt meines Wissens nicht vor. S. aber ***Wakin***, Interpretation of the Divine Command in the Jurisprudence of Muwaffaq al-Dīn Ibn Qudāmah, in: Islamic Law and Jurisprudence: Studies in Honor of Farhat Ziadeh, hrsg. Nicholas Heer, Washington 1990, 33-52, hier 35, die allerdings wenig Allgemeines zu Autor und Werk bietet. Einiges findet sich bei *Laoust*, Le précis de droit d'Ibn Qudāma: Jurisconsulte musulman d'école hanbalite né à Jérusalem en 541/1146, mort à Damas en 620/1223, Beirut 1950, IX-XLII, insb. XXXVI-XXXVII. Auch *Ibn 'Aqīls* (1040-1199), al-Wāḍiḥ fī uṣūl al-fiqh folgt thematisch eher dem üblichen Zuschnitt eines Kompendiums dieser Disziplin, vgl. die Edition von George Makdisi, 3 Bde., Bairūt 1996.

39 Vgl. *Laoust*, Contribution à une étude de la méthodologie canonique de Taḳī-d-Dīn Aḥmad b. Taymīya: traduction annotée 1) du *Ma'āriǧ al-wuṣūl ilā ma'rifat anna uṣūl ad-dīn wa-furū'ahu ḳad bayyanahā ar-rasūl* et 2) d'*al-Ḳiyās fī-š-šar' al-islāmī*, Kairo 1939.

Schriften ein breiter Markt existiert.[40] Von vielen modernen Adab al-Muftī-Autoren wird „I'lām al-muwaqqi'īn" aber korrekt und ausgiebig als zentrale Quelle zitiert[41] und dieses Kompendium gehört zu Recht in eine Reihe mit Uṣūl al-fiqh-Schlüsselwerken anderer Rechtsschulprovinienz wie Ġazālīs (gest. 1111) „Mustaṣfā", Šāṭibīs (gest. 1388) „Muwāfaqāt" oder Āmidīs (gest.1233) „Iḥkām".

Die gezielte Beschäftigung mit Propheten-Fatwās ist nicht allein bei hanbalitischen Autoren anzutreffen. Dies gilt insbesondere für den zuletzt genannten, zum Schafiiten gewordenen ehemaligen Hanbaliten Saif ad-Dīn al-Āmidī. Er geht allerdings nicht von einer inhaltlichen Zusammenstellung von Ḥadīṯen aus, sondern setzt sich mit der – möglicherweise eigenmächtigen – Auskunftstätigkeit des Propheten im Kontext seines anspruchsvollen rechtsmethodologischen Hauptwerks „al-Iḥkām fī uṣūl al-aḥkām" auseinander.[42] Nichthanbaliten sind grundsätzlich weniger um eine ehrfurchtsvolle Aufbereitung präsumtiv frühislamischer Einzelentscheidungen und ihrer kontextgebundenen Interpretation bemüht. Bei ihnen steht vielmehr das an die Antworten Muḥammads in grundsätzlicher Weise anknüpfende juristische Legitimationspotential im Vordergrund. Die so genannte ‚Rechtsfortbildung durch den Gesandten Gottes' (iǧtihād ar-rasūl) entwickelte sich in einem solchen Kontext zu einem Standardthema klassischer Uṣūl al-fiqh-Werke namentlich der Schafiiten.[43] Chaumont stützt sich in seiner Untersuchung dieses Themas vom Ende des 10. bis zur Hälfte des 13. Jahrhunderts im Wesentlichen aber auf den schafiitischen Autor Abū Isḥāq aš-Šīrāzī (gest. 1084) und gibt an, auf keinen Schafiiten gestoßen zu sein, welcher den Propheten-Iǧtihād in absoluter Weise negierte.[44] Als eindeutige Gegner macht er lediglich die Mu'taziliten Abū 'Alī al-Ǧubbā'ī (gest. 916) und dessen Sohn Abū Hāšim (gest. 933) aus.[45] Noch 200 Jahre nach Šīrāzī ringt ein Autor wie Āmidī mit folgenden beiden Grundsatzdiskussionen: Zum einen geht es um die Frage, ob der Prophet im Zeitalter der Offenbarung iǧtihād übte in Fragen, zu denen keine göttliche Stellungnahme vorlag. Zum anderen behandelt er den Streit der Gelehrten

---

40 *'Ulaiwī,* Mawsū'at fatāwā an-nabī: Wa-dalā'iluhā aṣ-ṣaḥīḥa min as-sunna aš-šarīfa al-musammā „al-Muntaqā fī bayān fatāwā al-muṣṭafā", 4 Teile in 2 Bde. Bairūt 1992.

41 So bestreitet z.B. der salafitische Autor *Ǧamāl ad-Dīn al-Qāsimī,* Al-Fatwā fī-l-islām, Blida (Algerien) 1988, 31-33, den Punkt „Der erste, der im Islam das Fatwā-Amt wahrnahm" ausschließlich mit Ibn al-Qaiyim-Zitaten.

42 S. z.B. die 4 Bde. umfassende Ausgabe al-Qāhira: Mu'assasāt al-Ḥalabī wa-Šurakā'uhu, 1967, Bd. 3, 143-154.

43 *Chaumont,* La problématique classique de l'*ijtihâd* et la question de l'*ijtihâd* du prophète: *Ijtihâd, wahy* et *'isma*, in: Studia Islamica 75 (1992), 105-139, hier 105.

44 *Chaumont,* La problématique classique de l'*ijtihâd*, 115, N. 33.

45 Zur Position von Ibn Ḥazm s. *Chaumont,* La problématique classique de l'*ijtihâd*, 116.

darüber, ob ein iǧtihād der Gefährten zu Lebzeiten des Propheten überhaupt zulässig ist.[46] Rechtsfortbildung durch den Gesandten Gottes erklärt Āmidī für rational möglich und bietet eine breite Palette von Koranversen und auch einigen Ḥadīṯen, welche das tatsächliche Vorkommen von Propheten-Iǧtihād belegen sollen. Die verschiedenen Argumente und ihre Widerlegungen werden von dem großen Kompilator und anspruchsvollen Systematiker Āmidī Punkt für Punkt abgehandelt.

In solchen bedeutsamen Uṣūl al-fiqh-Werken kommt es zunächst einmal zu einer systemrelevanten Unterscheidung zwischen a) dem iǧtihād Muḥammads, b) demjenigen der Gefährten (ṣaḥāba), als ersterer noch lebte und unmittelbar zugegen war c) demjenigen der Gefährten bei vorübergehender Abwesenheit des Propheten d) dann demjenigen der Gefährten nach Muḥammads Tod sowie schließlich e) demjenigen weiterer Generationen mit abnehmender Autorität aber gleichbleibender Zuständigkeit. Zum Teil werden einzelne frühe Autoritäten wie beispielsweise der erste Kalif ʻUmar b. al-Ḫaṭṭāb gesondert herausgegriffen, je nachdem, welche Schwerpunkte der jeweilige Autor setzen möchte. Die neo-klassischen Fortschreibungen derartiger Schriften sind Legion auf dem zeitgenössischen Buchmarkt. Es wimmelt nur so von Lehrbüchern, Überblicksdarstellungen und auch rechtsmethologischen Schriften für ein allgemeineres Publikum[47]. Gewisse moderne Akzentsetzungen bestehen hier jedoch zum einen in der gesteigerten Betonung der Flexibilität der Šarīʻa insgesamt und zum anderen in dem – bereits der islamischen Frühzeit zugeschriebenen – Prinzip des Meinungsaustausches und der gegenseitigen Beratung (šūrā), aus welcher z.T. die Notwendigkeit nach kollektiver Rechtsfortbildung (iǧtihād ǧamāʻī) in der Moderne abgeleitet wird.[48] Des Weiteren gehen neuzeitliche Autoren in der Regel davon aus, dass das `Tor des

---

46 Vgl. auch *Weiss*, The Search for God`s Law: Islamic Jurisprudence in the Writings of Sayf al-Dīn al-Āmidī, Salt Lake City 1992, 690-694. Für grundsätzliche Bedenken gegenüber der Interpretation von Weiss s. *Krawietz*, Zum Verhältnis von Sprache, Recht und Theologie in der islamischen Rechtstheorie von Sayf al-Dīn al-Āmidī, in: Der Islam 72 (1995), 137-147.

47 Vgl. *Krawietz*, Hierarchie der Rechtsquellen im tradierten sunnitischen Islam. Berlin 2002, 16-33 und das Schrifttumsverzeichnis 421-448.

48 *Al-ʻUmarī*, Iǧtihād ar-rasūl, 4. Aufl. Bairūt 1987, 228-235, 366-369. Zur šūrā s. *Krämer*, Gottes Staat als Pepublik: Reflexionen zeitgenössischer Muslime zu Islam, Menschenrechten und Demokratie. Baden-Baden 1999, 121-145, 201-203; *Badry*, Die zeitgenössische Diskussion um den islamischen Beratungsgedanken (šūrā) unter dem besonderen Aspekt ideengeschichtlicher Kontinuitäten und Diskontinuitäten, Stuttgart 1998.

Iǧtihād'[49] zweifellos (wieder) geöffnet und der Begriff iǧtihād in einem weiten Sinne als jedwede Form der Rechtsfortbildung zu verstehen sowie in starkem Maße positiv besetzt sei. Analog zu den heutzutage auch in monographischer Form präsentierten 'Fatwās des Gesandten Gottes' sind in der Moderne entsprechende separate Publikationen zur Rechtsfortbildung Muḥammads anzutreffen.[50] Diese Form der monographischen Behandlung von – als besonders aktuell empfundenen – Unterkapiteln der traditionellen Kompendien ist ein Phänomen, welches sich durch die gesamte Rechtsliteratur zieht. Hier sei exemplarisch der mehrfach aufgelegten und besonders übersichtlichen Schrift von 'Umarī zum Ermessensspielraum des Gesandten gefolgt: Sie geht im ersten Kapitel von dem Grundaxiom der Vollendung der göttlichen Botschaft zu Lebzeiten des Propheten aus. Diese gewann erst dadurch ihre Unabhängigkeit, dass alle erforderlichen Partikularregelungen (furū') sowie grundlegenden Prinzipien und Methoden (uṣūl) eingeführt worden waren. Der Propheten-Iǧtihād stelle dabei das Rückgrat und die wesentliche Grundlage für die Dynamik des Iǧtihād insgesamt dar. Den Iǧtihād-Aspekt in der edlen Sunna zu studieren, sei vor allem deswegen besonders wichtig, weil dort der iǧtihād der zuständigen Juristen und die Auskunftserteilung (iftā') der Muftīs sowie die grundsätzlichen Ziele der Normermittlung festgelegt worden seien. Als einen der Gründe zur Abfassung der Studie gibt 'Umarī an, darlegen zu wollen, dass der Gesandte iǧtihād übte, um den Menschen darin ein praktisches Beispiel aus der Mitte des Lebens zu geben. Er hätte einschlägige Offenbarung ja auch einfach abwarten könnnen, wollte die Leute aber in der Art und Weise des iǧtihād unterrichten. Er habe damit den allgemeinen Grundstein für die Weiterentwicklung des Rechts im Rahmen der islamischen Šarī'a gelegt.[51] Die mehr oder weniger standardisierten Argumente der Gegner eines Propheten-Iǧtihād sind schon aus der klassischen Literatur bekannt.[52] Sie berufen sich zunächst einmal auf den Koran, wie (10:15 „Sprich: Es steht mir nicht zu, ihn [Koran] von mir aus abzuändern. Ich folge nur dem, was mir offenbart wird.") oder (53:2-4 „Euer Gefährte [Muḥammad] geht nicht irre und ist nicht einem Irrtum erlegen, und er redet nicht aus eigner Neigung. Es ist nichts anderes als eine Offenbarung, die offenbart wird."). Spätestens die Sunna bietet jedoch

[49] Zu diesem Topos traditioneller Uṣūl al-fiqh-Literatur s. *Hallaq*, Was the Gate of Ijtihād Closed? in: International Journal of Middle East Studies 16 (1984), 3-14; *ders.*, On the Origins of the Controversy about the Existence of Mujtahids and the Gate of Ijtihād, in: Studia Islamica 63 (1986), 129-141.

[50] So z.B. *Abū an-Nādir*, Iǧtihād ar-rasūl, al-Kuwait 1969; *aṣ-Ṣuwai'ī*, Iǧtihād ar-rasūl wa ba'ḍ aṣḥābihi, Ṭarābulus 1986; *al-'Umarī*, Iǧtihād ar-rasūl.

[51] Zum letzten Punkt *al-'Umarī*, Iǧtihād ar-rasūl, 39, vgl. ihr 7. und letztes Kapitel zur „Weisheit der Rechtsfortbildung durch den Gesandten", 359-367.

[52] *Al-'Umarī*, Iǧtihād ar-rasūl, 70-72.

zahlreiche Möglichkeiten, dem Propheten eigenes Räsonieren zuzugestehen. Eine verbindliche Interpretation einschlägiger Berichte gibt es aber nicht. Sowohl die grundsätzliche Zulässigkeit wie das tatsächliche Vorkommen des Propheten-Iǧtihād waren und sind – zumindest teilweise – umstritten. Aber selbst diejenigen, die beides befürworten, sind ihrerseits unterschiedlicher Auffassung, inwieweit Muḥammad es für notwendig hielt, eine einschlägige Offenbarung erst einmal abzuwarten.[53] Entsprechend wird die Mindestdauer einer solchen Schamfrist diskutiert. Selbst die Befürworter persönlicher Stellungnahmen durch den Propheten räumen ein, gelegentlich sei es schwer auszumachen, ob die Quelle seiner Äußerungen und Taten auf göttlicher Offenbarung oder einfach nur auf seinem persönlichen iǧtihād beruhte.[54] Diejenigen wiederum, die seinen iǧtihād als real existierend anerkennen, waren unterschiedlicher Meinung über die Muḥammad zugesprochene Sünd- und Fehlerlosigkeit ('iṣma), welche im Gegensatz steht zum Gotteswort (18:110 „Sprich: Ich bin ja nur ein Mensch (bašar) wie ihr").[55] Diese Diskussion über die Frage der Sündlosigkeit und Wahrhaftigkeit des Propheten und die Möglichkeit seines Irrtums wird bereits in früher Literatur ausgiebig geführt und beschäftigt eingehend gerade auch die Theologen.[56] In Zusammenhang damit steht jedoch eine weitere Auseinandersetzung, bei der die jeweiligen Rollen Muḥammads differenziert betrachtet werden.[57] Bei der Mehrzahl der Befürworter ist nämlich durchaus umstritten, welche genauen Belange Gegenstand seines iǧtihād sein dürfen. Um hier zu einer Beurteilung zu gelangen, wurde entsprechend nach Arten seines Räsonierens unterschieden. Die vier Hauptkategorien betreffen erstens rein weltliche Belange, wie z.B. das Problem der Befruchtung von Dattelpalmen. Als Muḥammad nach Medina kam und diese Praxis erstmals sah, untersagte er sie zunächst. Erst auf Proteste hin räumte er ein: „Ihr wißt besser Bescheid bei Belangen eurer Umwelt, während ich besser Bescheid weiß in der Angelegenheit eurer Religion". Zweitens Kriegsangelegenheiten, denn es sind mehrere Beispiele dafür überliefert, dass Muḥammad seine geplanten militärischen Strategien nicht bloß revidierte, sondern dabei gezielt Vorschläge von einzelnen Gefährten aufgriff. Drittens die quasi richterlichen Entscheidungen (aqḍiya) und Streitschlichtungen. Und viertens Propheten-Iǧtihād in kultischen Fragen ('ibādāt). Kurzum, in all diesen Rollen ließ sich Muḥammad immer auch von seinem persönlichen Ermessen leiten. Sein iǧtihād

[53] *Al-'Umarī*, Iǧtihād ar-rasūl, 43-46.

[54] *Al-'Umarī*, Iǧtihād ar-rasūl, 11-12.

[55] Vgl. *al-'Umarī*, Iǧtihād ar-rasūl, 39.

[56] Vgl. *Ahmed*, Ibn Taymiyyah and the Satanic Verses, in: Studia Islamica 87 (1998), 67-124, hier 70-74, 86-90 u. 98-100, auch wenn Ibn Taimīya wohl nicht die herrschende Meinung repräsentiert.

[57] *Al-'Umarī*, Iǧtihād ar-rasūl, 83-119.

erfolgte somit nie an einem einzigen Ort, zu einem bestimmten Thema, sondern war immer vielgestaltig. Fehler und Irrtümer dürfen ihm ohne weiteres bei weltlichen oder kriegerischen Angelegenheiten zugestanden werden, anders als bei šarī'a-rechtlichen Auskünften.[58] Nach der grundsätzlichen Bestätigung von Ermessensentscheidungen und Rechtsfortbildung auf Seiten Muḥammads geht es in einem weiteren Kapitel[59] um das methodische Instrumentarium, welches der Prophet zu diesem Zweck benutzte bzw. erst entwickelte und dadurch der Gemeinde der Gläubigen fortan zur Verfügung stellte: Einiges entnahm er natürlich den Korantexten selbst bzw. entwickelte es unter Bezugnahme auf die von ihm orchestrierte Sunna. Des Weiteren soll er auf allgemeine Wege zur Entscheidungsfindung aufmerksam gemacht haben, wie z.B. die Regel der Bevorzugung dessen, wozu ein heiliger Textbeleg vorliegt, die notwendige Orientierung am Gemeinwohl (maṣlaḥa), Präsumtion der Fortdauer eines rechtlichen Zustandes (istiṣḥāb), begründetes Abgehen von der unerwünschten Konsequenz eines Analogieschlusses (istiḥsān), Gewohnheitsrecht ('urf), frühere Offenbarungsgesetzgebung (šar' man qablanā) und dergleichen mehr. Insbesondere analogisches Denken (qiyās) habe Muḥammad fortwährend erkennen lassen[60]. Die unterschiedlichen Methoden des Muǧtahid können – so weiter 'Umarī – in vier grundsätzliche Kategorien eingeteilt werden, welche allerdings Muḥammad nicht uneingeschränkt zur Verfügung standen: Erstens, Spezifizierung des präsumtiv Gemeinten eines Offenbarungsbelegs. Derartige Erwägungen habe Muḥammad nicht angestellt, denn „das mit einem Offenbarungsbeleg präsumtiv Gemeinte war ihm vollständig klar". Zweitens, Herausarbeitung einer ratio legis. Analogieschlüsse werden ihm zugestanden, „weil dem Propheten Analogieschlüsse aufgegeben sind wie seiner Gemeinde insgesamt", denn es heiße ja im Koran (59:2 „Zieht nun die Lehre daraus, ihr Einsichtigen"), wobei er zweifellos der Erste der Einsichtigen sei und verschiedene Beispiele für Analogiebildungen auf seiner Seite vorlägen. Drittens, Subsumierung spezieller Tatbestände unter allgemeine Prinzipien. Dies soll den zweiten Aspekt seines iǧtihād ausmachen. Bei den Beispielen, die hierfür aus dem Leben Muḥammads beigebracht werden, steht seine Berücksichtigung öffentlicher Interessen im Vordergrund. Viertens, abwägende Evaluierung scheinbar widersprüchlicher rechtlicher Indikatoren. Bei Muḥammad tauche eine solche Normenkonkurrenz erst gar nicht auf, denn diese

---

58 Zur Diskussion über die Möglichkeit von Fehlern und Irrtümern beim Propheten-Iǧtihād im Gegensatz zum iǧtihād allgemein s. *Krawietz*, Hierarchie der Rechtsquellen, Berlin 2002, 22-23 bzw. 327-353.

59 *Al-'Umarī*, Iǧtihād ar-rasūl, 189-215.

60 Eingehend zur Verankerung einer breiten Palette sekundärer Rechtsquellen bzw. Rechts(fort)bildungsmethoden in der islamischen Frühzeit s. *Krawietz*, Hierarchie der Rechtsquellen, 18-22, 27-29, 182-326.

resultiere üblicherweise aus unzureichendem Verständnis eines Rechtsanwenders, der die Dinge nicht umfassend in Blick zu nehmen vermöge, eine Position, die man Muḥammad nicht unterstellen kann. Die genaue Qualität des Propheten-Iǧtihād kann aber erst dann ermessen werden, wenn man sie mit demjenigen seiner Gefährten (ṣaḥāba) und Nachfolger (tābi'ūn) kontrastiert. So widmet 'Umarī ein ganzes Kapitel der „Rechtsfortbildung im Zeitalter des Propheten"[61], was nicht mit Rechtsfortbildung durch den Propheten zu verwechseln ist, sondern die Rechtfortbildung durch seine Gefährten betrifft, als Muḥammad noch lebte. Tatsache ist, dass Muḥammad nicht überall gleichzeitig sein und überall den jeweils aktuellen Regelungsbedarf abdecken konnte. So gibt es eine Reihe von Beispielen für iǧtihād der Gefährten in seiner Abwesenheit. Prominent ist der Spruch von Mu'āḏ b. Ǧabal, der mit Billigung des Propheten verkündete, als Richter im Jemen bei einer Lücke im Offenbarungsgesetz Rechtsfortbildung betreiben zu wollen (aǧtahidu ra'yī). Dieses Motto sei bei den Gefährten bekannt gewesen. Diskutiert wurde aber der Grad dieser Erlaubnis, ob sie sich nur auf quasi gerichtliche Entscheidungen (aqḍiya) erstreckte oder auf einen weiteren Radius von Fragestellungen. Des Weiteren wurde das Problem aufgeworfen, wie fern oder nah Muḥammad dem Ort des Geschehens sein musste und inwieweit seine ausdrückliche Erlaubnis zum iǧtihād der Gefährten erforderlich war? Eine herausragende Qualität erhält die Rechtsfortbildung durch die Prophetengefährten dadurch, dass sie als die „Träger der Rechtleitung und die wahrhaftigsten Menschen" eingestuft werden, denen niemand an Glauben und Kenntnis der gottgefälligen Beurteilung gleichkomme. Der iǧtihād der Gefährten nach Muḥammads Tod ist ebenfalls von vitaler Bedeutung für den Stand der Juristen insgesamt. Schließlich beherzigten sie in kundiger Weise die vom Propheten sanktionierten Rechtsfortbildungsmethoden sowie ferner diejenigen Verfahren, welche Muḥammad wegen seiner besonderen prophetischen Einsichtsfähigkeit nicht zu Gebote standen, wie Spezifizierung dessen, was ein Offenbarungsbeleg nahelegt oder abwägende Evaluierung scheinbar widersprüchlicher rechtlicher Indikatoren. Auf solche Weise sei erstmals ein wirklicher Meinungspluralismus islamischer Rechtsanschaungen entstanden. Neben ihrer rechtsinhaltlich bedeutsamen Hinterlassenschaft liegt die Kernbedeutung der Prophetengefährten darin, dass sie „den Menschen den korrekten Weg zum iǧtihād bahnten und verdeutlichten, dass Meinungsstreit (iḫtilāf) bei der Suche nach Wahrheit die Einheit nicht beeinträchtigt, solange er sich um aufrichtige Ergebenheit bemüht".[62] Hier wird also der entscheidende Übergang zu innerislamischem Pluralismus gesehen, denn nach Muḥammads Tod konnte sich keine Offenbarung mehr korrigierend einschalten und bestehende

---

61 *Al-'Umarī*, Iǧtihād ar-rasūl, 169-187.

62 *Al-'Umarī*, Iǧtihād ar-rasūl, 251.

Auffassungen in eindeutiger Weise in falsch und richtig einteilen. Nach einem solchen Verständnis gilt die islamische Frühzeit als schicksalhaft für die Ausgestaltung und Fortentwicklung des Rechts durch Frage und Antwort. Es ist sicher kein Zufall, dass der Propheten-Iǧtihād gerade in Phasen des Umbruchs und besonderen Reformbedarfs ins Blickfeld gerät und dann besondere Berücksichtigung in šarī'a-rechtlichen Schrifttum erfährt.

Die Proklamierung von juristischer Flexibilität und Reformanliegen bietet heutzutage aber nicht den einzigen Anlass zu einschlägigen šarī'a-rechtlichen, ḥadīṯ-wissenschaftlichen o.ä. Einzelstudien. Besondere Aspekte werden immer wieder in Dissertationen oder sonstigen Publikationen aufgegriffen bzw. erstmals zugespitzt formuliert. Das heißt allerdings nicht, dass inzwischen moderne kommunikationstheoretische Modelle westlicher Wissenschaft im Stil des aus der Azhar ausgeschlossenen ägyptischen Gelehren Naṣr Ḥāmid Abū Zaid inkorporiert würden. Solches ist in dieser Art von Schrifttum bislang üblicherweise nicht der Fall. Als Beispiel sei die zweibändige Studie von Muḥammad Sulaimān al-Ašqar über, „Die Handlungen des Gesandten und ihre Autorität bei šarī'a-rechtlichen Beurteilungen", genannt.[63] Interessanterweise hat derselbe Autor nicht nur ein Lehrbuch über uṣūl al-fiqh[64] geschrieben sowie eines über islamische Rechtsgeschichte[65], sondern auch ein neuzeitliches Adab al-muftī-Werk.[66] Der Verfasser gibt in seinem Vorwort[67] an, die Handlungen des Propheten seien kaum einmal gezielt in einer Studie abgehandelt worden. Er legt dar, dass sich Muḥammads Auftreten äußerst vielgestaltig darstellt. Die Übermittlung göttlicher Botschaften, integeres persönliches Verhalten, verbale Äußerungen und Beispielgeben durch Taten seien vielfach miteinander verflochten. Ašqar stellt heraus, dass die Handlungen des Propheten dessen verbale Äußerungen um ein Vielfaches überstiegen. Am allerhäufigsten seien demgegenüber jedoch seine stillschweigenden Billigungen (taqrīrāt) im Angesicht der Taten und Unterlassungen der Gefährten. Diesem Umstand sei jedoch in der vorhandenen Literatur nicht ausreichend Rechnung getragen und den Handlungen Muḥammads nicht ihr wahres Gewicht zugesprochen worden. Ašqar differenziert im Folgenden gründlich und eingehend zwischen offenkundigen und mehrdeutigen Handlungen bzw. Konkurrenzsituationen, wenn Äußerungen und Taten des Propheten auseinanderklaffen bzw. mehrere

---

63 *Al-Ašqar,* Af'āl ar-rasūl wa-dalālatuhā 'alā al-aḥkām aš-šar'īya, Bairūt 1988. Zugleich Dissertation an der Azhar-Universität von 1976 im Fach uṣūl al-fiqh.

64 *Al-Ašqar,* Al-Wāḍiḥ fī uṣūl al-fiqh li-l-mubtadi'īn, ma'a as'ila lil-munāqaša wa-tamrīnāt, al-Kuwait 1976.

65 *Al-Ašqar,* Ta'rīḫ al-fiqh al-islāmī, Blida (Algerien) 1990.

66 *Al-Ašqar,* Al-Futyā wa-manāhiǧ al-iftā' (baḥṯ uṣūlī), al-Kuwait 1976.

67 *Al-Ašqar,* Af'āl ar-rasūl, Bd. 1, s. insb. 7- 9.

Handlungen unterschiedliche Richtungen über ihre korrekte Interpretation nahe legen. Dabei werden die verschiedenen sozialen Rollen Muḥammads noch weiter ausdifferenziert und hermeneutische Teile des Uṣūl al-fiqh-Instrumentariums zur Anwendung gebracht. Interessant sind vor allem die Untersuchungen und Interpretationen der mehr oder weniger verbindlichen Gestik Muḥammads bzw. seiner – ihm als Billigung unterstellten – Unterlassungshandlungen und seines beredten Schweigens. Wie solche Feinabstimmungen verbürgter Ambivalenzen im Prophetenverhalten zeigen, ist das Thema der Propheten-Fatwās und seiner Kommunikation mit den Gefährten noch längst nicht ausdiskutiert in der islamischen Welt und dient durchaus nicht ausschließlich frommer Kommemoration.

Unabhängig davon, ob oder in welcher Form das Thema neu aufgelegt wird oder verstärkt Einzelaspekte herausgegriffen und weiterbearbeitet werden, ist das legitimatorische Potential der Prophetenauskünfte nach wie vor von zentraler Bedeutung für das Rollenverständnis der Šarī'a-Gelehrten und gerade Muftīs aller Art und bleibt somit eine Konstante der islamischen Geistesgeschichte. Wenn schon der Prophet und Gesetzgeber Muḥammad verschiedentlich gezwungen war, bestehende Lücken im Gesetz durch Rechtsfortbildung zu überbrücken, darf eine solche Tätigkeit der das Gemeinwesen stabilisierenden Juristen als gottgefällig gelten. Trotz aller Versuche, inhaltliche Auskünfte Muḥammads für sämtliche Rechtsbereiche beizubringen, liegt doch deren eigentliche Bedeutung – selbst bei einem Autor wie Ibn Qaiyim al-Ǧauzīya – im Vorbildcharakter und der ethischen Grundausrichtung für jeden Rechtskundigen nach ihm. Solange die Mechanismen des Frage- und Antwort-Verfahrens ungehindert funktionieren – heutzutage noch verstärkt durch das Internet – findet auf dieser Grundlage eine von staatlicher `Anwendung der šarī'a` unabhängige Form der Normerzeugung und –vermittlung statt.

IFTĀ' IN DER SCHIA[1]

PD Dr. Irene Schneider, Halle

Im Unterschied zum sunnitischen Bereich ist *iftā'* im schiitischen Kontext noch kaum aufgearbeitet.[2] Es fehlt eine Bestandsaufnahme der Rechtsgutachtenliteratur, es fehlen auch Untersuchungen zur Terminologie, zu Normen, Regelungen und Konzepten des *iftā'* und weiterhin Untersuchungen der rechtsgeschichtlichen wie auch politischen Relevanz der Institution im schiitischen Bereich. Der vorliegende Artikel kann die Desiderata der Forschung nicht beheben. Im Folgenden kann es nur darum gehen, auf der Grundlage eines historischen Abrisses mit Schwerpunkt im Iran des 19. bis 21. Jh. die Entwicklung des *iftā'* unter terminologischen und rechtswissenschaftlich-normativen Aspekten zu untersuchen, die Rolle in Rechtsprechung und Politik nachzuzeichnen und so die spezifischen Charakteristiken im Gegensatz zum sunnitischen *iftā'* herauszuarbeiten. Im Mittelpunkt steht die Frage nach den historischen und geistesgeschichtlichen Ursachen für die Divergenzen zum sunnitischen *iftā'*. Der Schwerpunkt liegt dabei auf der politischen und rechtlichen Dimension des *iftā'*, weniger auf dem Teil der Rechtsgutachten, welcher ethisch-moralische Anleitung für die islamisch korrekte Lebensführung der Gläubigen sein will. Dabei ist eine Auswahl des Quellenmaterials und eine Beschränkung des Themas auf bestimmte Schwerpunkte unvermeidlich. Die Resultate stehen auf dem Prüfstand für den weiteren wissenschaftlichen Diskurs. Für einzelne Aspekte, wie z.B. die Rolle des *iftā'* in der Rechtsprechung des 19. Jh. konnte auf eigenes Dokumentarmaterial zurückgegriffen werden.

An die Vorbemerkungen (1) schließt sich eine Skizze der historischen Entwicklung bis zum Beginn des 20. Jh. an (2). Es folgt auf der Grundlage ausgewählter Texte der *fiqh*-Literatur ein kurzer systematischer Abriss der Normen und Regelungen des *iftā'* vor allem mit Blick auf die für den *muftī* notwendigen Qualifikationen und die grundlegenden Regeln der Erstellung von

---

1 Ich danke Herrn Prof. Krüger/Köln dafür, dass er mich auf das Thema aufmerksam gemacht hat. Den Teilnehmern der Konferenz der GAIR im Oktober 2002 in Erlangen danke ich für eine lebhafte Diskussion mit zahlreichen Anregungen.

2 Als Überblick vgl. dazu vor allem den Artikel „Fatwā" von *Algar* in Encyclopaedia Iranica, hrsg. v. E. Yarshater, London 1995-, (im weiteren Text abgekürzt mit EIr), EIr 9, 428-436, welcher allerdings nicht auf die Rolle der Rechtsgutachten im Zusammenhang mit der Rechtsprechung eingeht. Im Sammelband von *Masud, Messick, Powers,* Islamic Legal Interpretation, Cambridge u. London 1996 finden sich zwei Artikel zum schiitischen Recht, die allerdings speziellen Themen gewidmet sind.

Gutachten, sowie deren wichtigste Formen (3); daraufhin wird *iftā'* im 19. bis zum Beginn des 21. Jh. behandelt (4). Es folgt eine Schlussbetrachtung (5).

1 Vorbemerkungen

Der Schwerpunkt wird im Folgenden auf der politischen und jurisdiktionellen Ausprägung des *iftā'* im 19. bis 21. Jh. im Iran liegen, die historischen Ursprünge sowie Entwicklungen außerhalb der Zwölfer-Schia werden nur kurz rekapituliert bzw. bleiben ganz ausgeklammert. Diese thematische und zeitliche Beschränkung findet ihre Rechtfertigung in der politischen Dimension des *iftā'*, welche schon immer trotz des ursprünglich privaten Charakters als Anfrage des Gläubigen bezüglich der korrekten muslimischen Lebensführung bedeutsam war. Eine Analyse der politisch und rechtlich brisanten institutionellen und jurisdiktionellen Aspekte des *iftā'* bedarf der Betrachtung im staatlichen Rahmen.

Definitorisch und terminologisch scheinen die Unterschiede zum sunnitischen Rechtsgutachterwesen irrelevant. Auch in der Schia wird eine *fatwā* als autoritative Antwort eines religiösen Gelehrten auf eine Frage (*mas'ala*, pl. *masā'il*) definiert, deren Rechtsgehalt entweder unbekannt ist (*šubuhāt*) oder sich aus einer neuerlich entstandenen Konstellation (politischer, sozialer, wirtschaftlicher, aber auch persönlicher Art) ergibt *(mustaḥdaṯāt*). Der Prozess der Begutachtung heißt *istiftā'* ; der Fragende *mustaftī*; das *fatwā*-Geben: *iftā'* und der Gefragte: *muftī*.

Fatwās können mündlich oder schriftlich gegeben werden und beziehen sich normalerweise auf ein spezifisches und aktuelles Problem.[3] Sie sind, wie im sunnitischen Islam auch, meist sehr kurz.

Die Rechtsgutachtenliteratur ist bisher noch nicht untersucht. Handbücher mit den generellen Titeln *tauḍīḥ al-masā'il* (wörtl. „Klärung von Fragen") oder *fatwā* beinhalten nicht unbedingt Ausführungen, deren Themen neu aufgekommen waren oder Gegenstand von Fragen gewesen sind, sondern reflektieren oft nur die Rechtsmeinungen des Autors.[4]

---

[3] *Algar*, Art. „Fatwā", 428.

[4] Ein häufig auftauchender Titel ist auch *aǧwiba* (wörtl. „Antworten"), vgl. *Mudarrisī Tabātabā'ī,* An Introduction to Shi'i Law, London 1984, passim. Auch der Titel *risāla-yi 'amalīya* (wörtl. „Handlungsanleitung") kommt vor: s.a. *Algar,* Art. „Fatwā", 435.

Vorab seien folgende augenfällige Divergenzen zum *iftā'* in der sunnitischen Rechtsliteratur bzw. politischen und Rechtsgeschichte vermerkt:

1) Unter dem terminologischen Aspekt ist die im Vergleich zur sunnitischen Rechtsliteratur sehr sparsame Verwendung des Bergriffsbereiches *fatwā* in der schiitischen Rechtsliteratur auffällig. Zwar ist der Terminus *muftī* durchaus anzutreffen, jedoch wird er selten verwendet.[5]

2) Ein zweites Spezifikum betrifft die offenbar geringe jurisdiktionelle Relevanz der *fatwās* in der Schia. *Fatwās* haben im sunnitischen Prozessrecht eine nicht unerhebliche Rolle gespielt und galten als akzeptable Entscheidungshilfen oder zusätzliche, wenn auch nicht rechtlich bindende Informationsquelle für den Richter.[6] Soweit sich dies anhand der spärlichen Quellen rekonstruieren lässt, sind sie im Iran des 19. und dann auch des 20. und 21. Jh. in diesem Zusammenhang nicht im selben Maße herangezogen worden.

3) Ein weiterer Unterschied liegt in der fehlenden Institutionalisierung des *iftā'*. Im Gegensatz zum Osmanischen Reich, wo mit dem Amt des *šaiḫ al-islām* eine staatliche Institution des *iftā'* zur Verfügung stand,[7] gab es in Iran vom 16. bis zum 20. Jh. kein Amt des Obermuftīs.

Der Schlüssel zum Verständnis dieser Divergenzen auf terminologischer wie auch auf jurisdiktioneller und politisch-institutioneller Ebene liegt, wie im Weiteren aufzuzeigen sein wird, in der spezifisch schiitischen Definition des Begriffes des *iǧtihād*, der „eigenständigen Textinterpretation" bzw. Ableitung von Rechtsregeln aus den Texten von Koran und den Aussagen der Imame und in der historisch-institutionellen Ausprägung. Generell gilt die Befähigung zum *iftā'* im schiitischen Islam als auf den *muǧtahid* beschränkt, also auf denjenigen speziell ausgebildeten Juristen, der in der Lage ist, Rechtsregeln (*furū'*) aus den Rechtsquellen (*uṣūl*) durch *iǧtihād* (eigenständige Rechtsfindung) abzuleiten. Im staatlichen und rechtlichen Kontext ist deshalb die Rolle des *muǧtahid* zu untersuchen bzw. dessen höchster Potenz: des sog. *marǧa'-i taqlīd* (wörtl. „Quelle der Nachahmung"), eines Geistlichen, dessen wissenschaftliches Format

---

5 *Mozaffari*, Fatwa. Violence & Discourtesy, Aarhus 1998, 28, behauptet sogar, Terminus und Titel des *muftī* kämen im schiitischen Kontext nicht vor. Dies ist jedoch nicht zutreffend.

6 *Tyan*, Art. „Fatwā", in: Encyclopaedia of Islam, Leiden 1960²-, (im weiteren Text abgekürzt mit EI²), EI² 2, 866; *Schneider*, Das Bild des Richters in der adab al-qāḍī-Literatur, Frankfurt a.M. 1990, 241.

7 *Walsh*, Art. „Fatwā, Ottoman Empire", in EI² 2, 866-867; Repp: Art. „Shaykh al-Islām: In the Ottoman Empire", 400-402.

ihn zur obersten Instanz der Orientierung für die Laien macht. Es gehört zu den essentiellen Aufgaben des *marǧa'-i taqlīd*, seine Gemeinschaft zu leiten. In diesem Zusammenhang ist die Ausstellung von *fatwās* und die Abfassung wissenschaftlicher Werke unerlässlich, welche normalerweise unter den Titeln *risāla-yi 'amalīya* (wörtl. „Handlungsanleitung") oder *tauḍīḥ al-masā'il*, „Klärung von Fragen" erscheinen.[8]

Iftā' ist also eng verknüpft mit dem Begriff des *iǧtihād*, welcher im Rahmen der schiitischen Rechts- und Geistesgeschichte bisher viel stärker Berücksichtigung gefunden hat als der Begriff des *iftā'*. Beide Begriffe werden deshalb im Folgenden in enger Symbiose diskutiert werden müssen.

2 Historische Entwicklung bis zum Beginn des 20. Jh.

Frühzeit

Frühe schiitische Überlieferungen berichten über *iftā'* angeblich bereits in den ersten Jahrhunderten.[9] So soll Ǧa'far aṣ-Ṣādiq, der sechste Imam, Abbān b. Taġlib dazu ermutigt haben, Rechtsgutachten zu geben.[10] Die Frage nach der historischen Zuverlässigkeit eines solchen Berichtes einmal beiseite gelassen, zeigt doch ein solcher Bericht eine – vielleicht auch der Retrospektive entstammende – Akzeptanz des *iftā'* im Rahmen der Delegation. Die Imame gutachteten also nicht (nur) selbst, sondern ernannten Rechtsgelehrte dazu.[11] In seiner „kleinen" Abwesenheit (874-941) soll der 12. Imam den Anhängern erlaubt haben, sich im Fall neu auftretender Fälle *(mustaḥdaṯāt)* an die Überlieferer zu wenden.[12] Algar verweist auf die daraus resultierende enge Korrelation zwischen der Funktion des *muftī* und der des Überlieferers von Imamitischen Traditionen.[13] Wie im sunnitischen Kontext auch[14] ist die enge

---

8 *Calmard*, Art. „Mardja'-i taḳlīd", in: EI^2 6, 548-556. Vgl. o. Fn. 4.

9 *Algar*, Art. „Fatwā", in: EIr 9, 428.

10 *Naǧāšī*, Kitāb-i riǧāl, Tehrān um 1960, 7-8; *Ǧurǧī*, Art. „Iǧtihād", in: Buǧnūrdī (Hrsg.), Dā'ira al-ma'ārif-i buzurg-i Islāmī. Tehrān 1995, 6, 603-611, hier 608.

11 *Mudarrisī Tabātabā'ī*, Introduction, 24. Man kann allerdings sagen, dass viele Überlieferungen von den Imamen rechtlichen Regelungen entsprechen.

12 *Moussavi*, Religious Authority in Shi'ite Islam. From the Office of Mufti to the Institution of Marǧā', Kuala Lumpur 1996, 59.

13 *Algar*, Art. „Fatwā", 428.

14 Vgl. *Schneider*, Bild, 241.

Verbindung zum Richteramt gleichfalls gegeben.[15] Im dominanten sunnitischen Milieu wurden diese schiitischen Gelehrten aber nicht als *muftīs* anerkannt.[16]
Im weiteren Verlauf der Entwicklung der schiitischen Rechtslehre[17] in der großen Verborgenheit (ab 941) zeichnet sich eine enge Bindung der begriffsgeschichtlichen Entwicklung des *iftā'* an den Begriff des *iǧtihād* ab. *Iftā'* war demnach im frühesten historischen Kontext bekannt und nachweisbar und nicht als Prärogative dem Verborgenen Imam vorbehalten, zugleich wurde es jedoch kaum als selbständige Instanz gesehen.

Zentrum für die geistesgeschichtliche und rechtswissenschaftliche Ausarbeitung des Terminus des *iǧtihād* und Ausgangspunkt für die später im 19. Jh. eminent wichtige Entwicklung der politischen Rolle der *muǧtahid* ist Ḥilla gewesen. Muḥaqqiq al-Ḥillī (st. 1326) und 'Allāma al-Ḥillī (st. 1325) legitimierten den Gebrauch des *iǧtihād,* der eigenständigen Interpretation der Texte (Koran, Aussprüche des Propheten und der Imame) und erklärten die Funktion des *muǧtahid* für in der Zeit der Verborgenheit des Imams unverzichtbar. Sie teilten die schiitische Gemeinde in zwei Teile: die *muǧtahid* und ihre Gefolgsleute. Der 'Allāma unterschied zwischen dem *iǧtihād* der *muǧtahid* und dem des normalen Gläubigen, des *muqallid.* Eine gewisse terminologische Parallele ergibt sich zu dem Amt des *muftī* und dem Status dessen, der um eine *fatwā* bittet, des *mustaftī.* Der 'Allāma war es auch, der die Erlaubnis der Erstellung von Rechtsgutachten auf *muǧtahids* beschränkte.[18] Er war, nach einer Formulierung Moussavis, der erste schiitische Jurist, der durch eine entsprechende Definition des *iǧtihād* die Voraussetzung dafür schuf, dass er zu einer Prärogative der '*ulamā'* werden konnte.[19]

Safawidenzeit 1501-1722

Unter den Safawiden wurde der bis zu diesem Zeitpunkt sunnitisch geprägte Iran schiitisiert. Die Berufung zahlreicher schiitischer Gelehrter aus der Schule von Ḥilla, besonders die Lehre des 'Alī b. 'Abd al'Alī al-Karakī (st. 1534) beeinflusste das intellektuelle Klima und trug zur Formierung einer elitären gesellschaftlichen Klasse der Gelehrten bei.[20] Da sich der safawidische Schah

---

15 *Algar*, Art. „Fatwā", 428.
16 *Moussavi*, Authority, 48.
17 Im Folgenden wird ausschließlich die Entwicklung der Zwölfer-Schia rekapituliert.
18 S. *Algar*, Art. „Fatwā", 428.
19 *Moussavi*, Authority, 84. Moussavi zieht hier, 85ff., Parallelen zur Diskussion der Problematik im dominanten sunnitischen Milieu.
20 *Mudarrisī Tabātabā'ī*, Introduction, 50-52; *Halm*, Die Schia, Darmstadt 1988, 111-112.

jedoch als Abkomme und einziger legitimer Stellvertreter und Sachwalter des entrückten Imams begriff, blieb von vornherein der politische Spielraum der Gelehrten begrenzt. Der Versuch des Sulṭān Ṭahmāsp (1524-1576), Šaiḫ 'Alī al-Karakī (st. 1534) als oberste Autorität über das religiöse Establishment mit dem Titel eines *muǧtahid az-zamān* zu etablieren und ihn zur Kontrollinstanz des *ṣadr* (Wesirs)[21] zu machen, schlug fehl. Erfolgreicher war unter diesem Aspekt die Einführung des Amtes des *mullā-bāšī* zu Beginn des 18. Jh..[22] Zum *mullā-bāšī*, Obersten der Gelehrten, wurde der gelehrteste und exzellenteste *'ālim* ernannt. In Versammlungen saß er nahe beim Schah, er stand dem Herrscher für Fragen in religiösen Angelegenheiten und wissenschaftlichen Problemen zur Verfügung.[23]

Es finden sich *fatwā*-Sammlungen individueller Gelehrter, wie z.B. des Karakī (st. 1533), Bahā' al-Dīn 'Āmalī (st. 1622), Muḥammad Bāqir Maǧlisī (st. 1699).[24] Unter al-Karakī wurden nicht nur die die Problematik *iǧtihād/taqlīd* betreffenden Lehren der Schule von Ḥilla nach Iran transferiert, sondern es wurden auch einzelne Prärogativen des Verborgenen Imams den qualifizierten schiitischen Gelehrten stellvertretend übertragen. Die Entwicklung der Lehre von der „allgemeinen Stellvertretung" (des Imams) als Grundlage für die politische Position der Gelehrtenelite im Iran nimmt hier ihren Ausgangspunkt. Al-Karakī sprach sich in einer *fatwā* gegen die Erlaubnis aus, der Meinung eines Toten zu folgen und stärkte die Position der nachwachsenden *muǧtahids*.[25] Das System blieb dadurch flexibel, nicht an die Entscheidungen früherer Gelehrter gebunden. Jedoch ist die Frage der Gültigkeit der Rechtsgutachten auch nach dem Tode des Rechtsgutachters umstritten geblieben und erlangte z.B. im Zusammenhang mit der *fatwā* Ḫumainīs zu Salman Rushdi Bedeutung.

---

21 Das Amt des Wesirs beinhaltete die höchste klerikale Kontrolle im safawidischen Staat durch die Verwaltung der religiösen Stiftungen (*awqāf*), jedoch stellte es keine übergeordnete religiöse oder jurisdiktionelle Position dar, s. *Arjomand*, „The Mujtahid of the Age and the Mullā-bāshī: An Intermediate Stage in the Institutionalization of Religious Authority in Shi'ite Iran", in: Arjomand, Authority an Political Culture in Shi'ism. New York 1988, 80-97, hier 80, 82.

22 *Arjomand*, Mujtahid, 87.

23 *Arjomand*, Mujtahid, 86.

24 *Mudarrisī Tabātabā'ī*, Introduction, 104-108: viele davon sind noch unpubliziert.

25 *Moussavi*, Authority, 86.

Qāǧārenzeit 1796-1926

Der Aufstieg der Qāǧāren-Dynastie, die nicht wie die Safawiden auf den Nimbus göttlicher Herkunft zurückgreifen konnte, brachte entscheidende politisch-soziale und geistesgeschichtliche Entwicklungen mit sich, die letztendlich auch die Rolle des *iftā'* beeinflussten. Der Sieg der Uṣūlīs (kurz: „Rationalisten", auf der Basis des *iǧtihād* argumentierend) über die Aḫbārīs[26] („Traditionalisten", sich auf die Aussagen der Imame verlassend und den *iǧtihād* ablehnend) markierte eine Zäsur nicht nur auf dem Gebiet des theologisch-rechtlichen Argumentierens, sondern auch bezüglich der politischen Positionierung des Gelehrtenstandes und mithin in der politischen Kultur des Landes. Der *iǧtihād* als Prinzip der Rechtsfindung setzte sich gegenüber dem Rückgriff auf die Traditionen durch und die Autorität der *muǧtahid* stieg in der 2. Hälfte des 19. Jh. sprunghaft an, da der einfache Laie sich immer an einem *muǧtahid* zu orientieren hatte, sprich zum *taqlīd* gezwungen war. Tendenzen zur Hierarchisierung des Gelehrtenstandes werden deutlich. Sie gipfelten in der Ausbildung einer höchsten Autorität (*marǧa'-i taqlīd*), ein Titel, für den nur der Kundigste (*a'lam*) in Frage kam, wobei der Rang neben der wissenschaftlichen Qualifikation ebenso den spontanen gesellschaftlichen Anerkennungsprozess und somit eine gesellschaftliche Verankerung in Form einer Gefolgschaft erforderte.[27]

Im Rahmen des rechtswissenschaftlichen und theologischen Diskurses forderte die Elite der Religionsgelehrten immer mehr Prärogativen des Imams ein. So wurde etwa neben der Leitung des Freitagsgebets z.B. das Recht, den heiligen Krieg zu erklären, und das Recht, Muslime zu Ungläubigen zu erklären nun den Gelehrten als den Stellvertretern des Imams zugebilligt. Diese Entwicklung der „allgemeinen Stellvertretung" stärkte die Position der Gelehrten gegenüber der staatlichen Gewalt und gab den Gelehrten nicht nur ein politisches Selbstbewusstsein, sondern strukturierte auch ihre Verhandlungsposition gegenüber dem Staat und dem Schah.

Als Vorkämpfer für eine „Säkularisierung" der Prärogativen des Imams sind zu nennen: Muḥammad Bāqir Bihbahānī (st. 1803); Kāšif al-Ġiṭā' (st. 1812) und

---

26 Dies bedeutet nicht, dass es nach diesem Zeitpunkt keine Rechtsgelehrten mehr gegeben hätte, die den Ideen der Aḫbārīs anhingen, vor allem aber bedeutet es nicht, dass Aḫbārī-Juristen keine Gutachten gegeben hätten. Allerdings steht eine vergleichende Untersuchung der rechtlichen Grundlagen des *iftā'* bei beiden Gruppen noch aus.

27 *Halm*, Schia, 134-135.

Šaftī (1844).[28] Muḥammad Bāqir Šaftī, ein herausragender Jurist und Richter in Isfahan, beanspruchte im Rahmen der „allgemeinen Stellvertretung" beispielsweise für sich die gesamte Rechtsprechung, also auch den Teil der sog. *'urf-* oder staatlichen Gerichte, wie auch die Vollstreckung der Urteile, welche ebenfalls traditionellerweise dem Staat vorbehalten war.[29]

Vor dem Hintergrund der oben skizzierten Entwicklung einer Gelehrtenhierarchie ist die informelle aber durchaus im praktischen Kontext wirksame Konzeption der *muṭāba'a* von Bedeutung. Sie beinhaltet das bewusste Befolgen der vorherrschenden Meinung *(al-qaul al-mašhūr)*, also die Orientierung des Laien, aber auch des einfachen *muǧtahid,* an Gelehrten von größerem wissenschaftlichem Format. In der Qāǧāren-Zeit wurde die *muṭāba'a* -Lehre von Mīrzā Abū'l-Qāsim Qummī (st. 1815), einem Anhänger der Uṣūli-Schule, in Praxis und Lehre weiterentwickelt. Er ersetzt die Präsenz des Imams durch den wegweisenden (*kāšif*, demonstrativen) Konsensus einer Anzahl von Gelehrten,[30] argumentiert jedoch zugleich für eine Rangabstufung unter diesen Gelehrten, welche den Imam auf der Basis des Prinzips der *šuhra* (wörtl. Berühmtheit) vertreten. Bezüglich einer *fatwā* müsse die Meinung eines bekannten Gelehrten (*mašhūr*) stärkere Berücksichtigung erfahren als die Meinung eines Kollegen von minderer wissenschaftlicher Statur.[31] Übertragen auf den Bereich des *iftā'* bedeutete dies, dass in spezifischen Fällen die *fatwā* eines *muǧtahid* die anderer ausstechen konnte, mit dem Resultat, dass die weniger angesehenen *muǧtahids* samt Anhänger in die *taqlīd*-Masse des übergeordneten *muǧtahid* mit der bindenden *fatwā* eingingen.[32]

---

[28] *Schneider*, „Muḥammad Bāqir Šaftī (1180-1260/1766-1844) und die Isfahaner Gerichtsbarkeit", in: Der Islam (79.2002), 240-273.

[29] *Schneider*, Šaftī.

[30] *Mīrzā Abū 'l-Qāsim al-Qummī*, Qavānīn al-uṣūl, Tehrān 1958, Lith., 356, 373.

[31] *Mīrzā Abū 'l-Qāsim al-Qummī*, Qavānīn, 374; vgl. auch 361, wo er sich für *ittibā'* , Befolgung der vorherrschenden Meinung, ausspricht; s.a. *Algar,* Art. „Fatwā", 343; *Moussavi*, Authority, 135; 190-191.

[32] *Moussavi*, Authority, 190-92; *Algar*, Art. „Fatwā", 434. Für Parallelen in der Rechtsprechung, in welcher das Urteil eines überlegenen *muǧtahid* das Urteil seiner weniger anerkannten Kollegen ausstach, vgl. *Schneider*, Šaftī. Šaftī, anerkannter *muǧtahid* und *šar'*-Richter in Isfahan, werden in einem Fall nach einem Bericht von *Tūnakābunī*, Qiṣaṣ al-'ulamā', Tehrān o.J., 138f., 14 Urteile von 14 Isfahaner Richtern vom Beklagten vorgelegt. Nach einer kurzen Befragung des Beklagten zerreißt Šaftī alle 14 Urteile und entscheidet zugunsten der Klägerin. Die Symbolhaftigkeit der Geschichte wird noch dadurch gesteigert, dass die Klägerin eine einfache Frau und der Beklagte ein Staatsbeamter gewesen sein sollen. Hier wird Šaftī in seiner Biographie ein Monument gesetzt. Dennoch ist die Aufhebung von Urteilen auch aus anderen Quellen bekannt: *Floor*, „Change and Development in the Judicial System of Qajar Iran (1800-1925)", in:

Zu Beginn des 20. Jh. schließlich hat der *marǧa'* von Naǧaf namens Muḥammad Kāẓim Ṭabāṭabā'ī Yazdī (st. 1919) die These von der Notwendigkeit für die Gemeinschaft, der Meinung eines *muǧtahid* in allen Handlungen, auch bei den religiösen Riten wie z.B. dem Gebet, zu folgen aufgestellt. Als Konsequenz wurde die Ausführung der islamischen Pflichten (wie Gebet und Fasten) als hinfällig betrachtet, wenn sie ohne die Rechtleitung eines *muǧtahid* erfolgte. Diese Lehre, die breite Akzeptanz fand, trug nicht nur zur Sicherung der Autorität der *'ulamā'* bei, sondern prägte auch die politisch-sozialen Verhältnisse im Iran.[33] Diese Entwicklung beeinflusste auch die Rolle des *iftā'*.[34]

3 Der *iftā'* - Norm und Praxis

Es folgt auf der Grundlage ausgewählter Texte der *fiqh*-Literatur ein kurzer Abriss der Systematik des *iftā'* vor allem mit Blick auf die für den *muftī* notwendigen Qualifikationen und die grundlegende Regeln der Erstellung von Gutachten sowie deren wichtigste Formen im Überblick. Aufgrund der eingangs skizzierten Forschungslage ist ein selektives Prozedere bei der Textauswahl (3.1) ebenso wie bei der Darstellung der historischen Paradigmen des *iftā'* (3.2) unumgänglich. Der Fokus liegt auf der Neuzeit, im Folgenden vor allem auf dem 19. Jh.

3.1 *Iftā'*: normative Vorgaben

Generell gilt, dass die Rechtsprechung, wie auch die Berechtigung, Rechtsgutachten auszustellen, vom Imam direkt dem qualifizierten Juristen (*faqīh ǧāmī' al-šarā'iṭ*) übertragen wurde.[35]

Eine ausführlichere Abhandlung zu Voraussetzungen, Inhalten und Formen des *iftā'* wie auch zu der notwendigen Qualifikation des *muftī* findet sich bei Zain

---

Bosworth, Hillenbrand (Hrsg.), Qajar Iran. Political, Social and Cultural Change 1800-1925, Edinburgh 1983, 113-147, hier 114.

[33] *Moussavi*, Authority, 39.

[34] *Moussavi*, Authority, 271.

[35] Art. „Iǧtihād", in: Dā'ira al- ma'ārif-i taššaiyu'. Tehrān 1993², 1, 473-482, hier 477.

ad-Dīn al-'Āmilī (st.1559), genannt aš-Šahīd aṯ-Ṯānī,[36] einem in der Tradition der Ḥilla-Schule stehenden imamitischen Juristen.[37]

Durch seine pointierte Forderung nach der generellen Vertretung (*an-niyāba al-'āmma*) der *'ulamā'* während der Abwesenheit des 12. Imams, maß der 'Allāma den Gelehrten umfassende Autorität für die Lösung der anstehenden Probleme auf der Grundlage der neuen Position des *muǧtahid* als Autoritätsperson (*man lahu al-ḥukm*) zu.[38] Nach der obligatorischen Referenz auf die entsprechenden Koranverse und Hadithe, welche mit *iftā'* in Verbindung gebracht werden können, geht er zu einer umfassenden und detaillierten Erörterung des Themas *iftā'* über und erarbeitet systematisch die Voraussetzungen für ein Rechtsgutachten und für die Anforderungen an den *muftī* und den *mustaftī*.[39]

Der *muftī* , welcher eine *fatwā* gebe, sei Erbe der Propheten und Gesandten.[40] Der *muftī* müsse Muslim, voll rechtsfähig (*mukallif*) und Rechtsgelehrter, wie auch unbescholten (*'adl*) sein. Er müsse die Rechtsurteile (*aḥkām*) ableiten können aus Indizien des Korans, der *sunna*, des Konsensus und der *ratio* (*'aql*).[41] Wenn der *muftī* ein vollständiger *muftī* sei (*al-muftī al-muṭlaq*), so sei er unabhängig und solle von keinem anderen Gelehrten etwas übernehmen (*taqlīd*).[42]

---

36 *Zain ad-Din al-'Āmilī aš-Šahīd aṯ-Ṯānī*, Munyat al-murīd fī ādāb al-mufīd wa-l-mustafīd. Tehrān 1889, im Folgenden zitiert als *MM*.

37 Der Text wurde 1981 von Muḥammad Bāqir Ḥuǧǧatī ins Persische übersetzt unter dem Titel *ādāb-i ta'līm wa-ta'allum dar Islām* (Tehrān 1989). Im Folgenden wird er zitiert unter *AT*. Der arabische Text diente al-Ḥuǧǧatī wohl als Orientierungsgrundlage, jedoch sind an einigen Stellen eigene Interpretationen erkennbar. Im Folgenden wird der arabische Urtext 'Āmilīs zugrunde gelegt und auf Einfügungen Ḥuǧǧatīs, dann, wenn sie von terminologischer bzw. geistesgeschichtlicher Relevanz zu sein scheinen, eingegangen.

38 *MM*: 53; *AT*: 450; *Moussavi*, Authority, 31-32.

39 *MM*: 53; *AT*: 450: Interessanterweise handelt 'Āmilī die Frage nur unter dem Terminus des *iftā'* ab, währen Ḥuǧǧatī in der persischen Wiedergabe des Textes *fatwā* und *ḥukm* nebeneinander setzt und gleichstellt. So schreibt er beispielsweise: „*iftā'*, d.h. das Ausstellen von Urteilen und *fatwās*" (*iftā', ya'nī ṣādir kardan-i ḥukm wa-fatwā*). Im arabischen Original des 'Āmilī findet sich jedoch nur der Terminus *fatwā*, s. *AT*: 450. Dies deutet auf eine besonders enge Bindung beider Begriffe bei Ḥuǧǧatī hin.

40 *MM*: 53; *AT*: 450.

41 *MM*: 55; *AT*: 462.

42 *MM*: 55; *AT*: 463.

Iftā' wird zu den hinreichenden Bedingungen gerechnet, d.h. nur im Fall des Fehlens qualifizierter Personen müsse der *muftī* sich zur Verfügung stellen.[43] Themen wie die körperliche und geistige Verfassung des *muftīs* kommen zur Sprache, also innere Ruhe etc.,[44] und die Form, in der die *fatwā* gegeben werden soll, wird diskutiert. Dabei sei sowohl die schriftliche als auch die mündliche Form möglich, sie müsse aber klar und verständlich sein.[45] Schließlich diskutiert 'Āmilī die Problematik einer mehrfach begutachteten Frage. Dabei könne der zweite *muftī* auch dann, wenn der erste *muftī* einen niederen Rang einnehme als er selbst, dessen *fatwā* übernehmen, sollte er sie für richtig halten. Andernfalls könne er dessen Antwort durchstreichen und seine eigene Antwort daneben schreiben, ja, er könne sogar diese *fatwā* vernichten und seine eigene Meinung als gültig kundtun.[46] Weiterhin könne er sich übrigens in einer solchen Situation auch weigern, die eigene Meinung kundzutun, müsse jedoch dem Fragenden erklären, dass die *fatwā* des ersten *muftī* falsch sei.[47] Bezeichnenderweise kann der *muftī* seine Meinung ändern und wenn der Empfänger des ersten Rechtsgutachtens davon Kenntnis erhält, kann er nach der zweiten Meinung handeln.[48] In einem eigenen Abschnitt wird - im Rahmen der Erörterung des *iftā'* - die Frage diskutiert, ob *taqlīd* gegenüber einem Toten erlaubt sei. Dabei gebe es, so 'Āmilī, eine Meinungsverschiedenheit. Nach 'Āmilī ist die Erlaubnis die bessere Meinung.[49]

Nach Murtadā Anṣārī (st. 1864), dem wohl herausragendsten imamitischen Juristen in der modernen Zeit, hat ein gut qualifizierter Jurist (*al-ḥākim*) [50] drei Aufgaben: 1) *iftā'*, also Rechtsmeinungen abzufassen; 2) *al-ḥukūma,* also Rechtsfragen zu beurteilen und 3) *wilāya-at-taṣarruf*, d.h. über Güter und Leben

---

43 *MM*: 55; *AT:* 465.

44 *MM*: 55; *AT*: 466.

45 *MM:* 56; *AT:* 470-471.

46 Vgl. *Schneider*, Šaftī, 254.

47 *MM: 58; AT:* 487.

48 *MM:* 55, *AT:* 467.

49 *MM:* 59; *AT*: 494-495.

50 Nach Anṣārīs Definition ist der *ḥākim,* der Jurist, der alle notwendigen Qualifikationen hat, um eine Rechtsmeinung zu äußern (*al-faqīh al-ǧāmi' li-šarā'iṭ al-fatwā*) zugleich auch derjenige, der *wilāyat at-taṣarruf* (Verfügungsgewalt über Güter, die anderen gehören) hat: so *Sachedina*, The Just Ruler in Shi'ite Islam, Oxford 1988, 211; vgl. auch *Gleave*, Two classical Shī'ī theories of qaḍā', in: Hawting, Mojaddedi, Samely (Hrsg.), Studies in Islamic and Middle Eastern Texts and Traditions in Memory of Norman Calder, Oxford 2000, 105-120, hierzu 114: demnach soll nach dem Juristen Sabzavārī der Richter ein *faqīh ǧāmi' li-šarā'iṭ al-iftā'* sein, während für Kāshānī die Formulierung *faqīḥ ǧāmi' lil- šarā'iṭ* lautet (ohne den Genitiv von *al-iftā'*).

zu verfügen.[51] Anṣārī definiert *iftā'* als die Funktion der Ausstellung von Rechtsgutachten in denjenigen Fragen, in denen der Laie (*al-'āmmī*) Rechtleitung benötigt, um seine Pflichten, die ihm von der *šarī'a* auferlegt sind, ausführen zu können.[52]

3.2 Praxis des *iftā'*

Die Praxisrelevanz der Institution des *iftā'* läßt sich unter drei Aspekten zusammenfassen. Zum einen spielten Rechtsgutachten als Anleitung in moralisch-ethischen Fragen der Alltagswelt der Muslime eine wichtige Rolle, darüber hinaus hatten sie, zweitens, eine informative aber unverbindliche Rolle im jurisdiktionellen Bereich, sprich im Kontext der Gerichtsbarkeit und schließlich ist ihnen eine politische Dimension inhärent. Da die Institution des *iftā'* hier im staatlich-institutionellen Kontext zur Disposition steht, soll der erste Bereich der allgemein moralisch-ethischen Lebenshilfe-Funktion der Rechtsgutachten hier nicht weiter Berücksichtigung finden.

3.2.1 *Iftā'* in Rechtsprechung und Gerichtswesen im Iran des 19. Jh.s

Augenfälliges Merkmal des Gerichtssystems im Iran des 19. Jh. ist die Dualität von säkularer und geistlicher Rechtsprechung. Die oft in der Sekundärliteratur behauptete Kompetenzeinteilung, der zufolge *šar'*-Gerichte für Familien- und Erbrecht und die staatliche Gerichtsbarkeit (sog. *'urf*-Gerichtsbarkeit) für Strafgerichtsbarkeit und Vergehen gegen den Staat zuständig waren, ist wohl der eingeschränkten Perspektive der Quellen (vor allem der europäischen Reiseberichte) geschuldet und lässt sich so in dem daraufhin ausgewerteten dokumentarischen Material in dieser Stringenz nicht nachvollziehen. Faktisch gab es offenbar massive Kompetenzüberschneidungen bzw. es ist eventuell von einer fehlenden Kompetenzfestlegung auszugehen. Auf der Grundlage der Analyse von Bittschriften an den Schah aus den Jahren 1883 bis 1886[53] ließ sich

---

[51] *Sachedina*, Ruler, 211-225.

[52] *Sachedina*, Ruler , 211.

[53] Zum Material vgl. *Schneider*, State, Society and Power Relations - a Study in the late 14th/19th Century Petitioning System of Iran (erscheint demnächst). Dokumentarisches Material für den Bereich der Rechtsprechung des Iran im 19. Jh. ist rar bzw. bisher nicht aufgefunden. Die Aufarbeitung des umfangreichen Archivmaterials steht erst am Anfang. Die folgenden Ausführungen beziehen sich denn auch nur auf die Analyse der angegebenen Petitionen. Gerichtsprotokolle und Urteilstexte stehen zur Auswertung nicht zur Verfügung. Jedoch ist nicht auszuschließen, dass im Rahmen der momentanen

eine Beliebigkeit in der Wahl der Instanzen – ob geistliche oder staatliche Gerichtsbarkeit – ablesen, vor allem aber eine Tendenz der Petenten, vor Einreichen einer Bittschrift an den Schah Rechtsurteile unterschiedlicher Instanzen und beliebig vieler Vertreter der geistlichen ebenso wie der weltlichen Gerichtsbarkeit zu akkumulieren. Jedes Urteil konnte offenbar angefochten und aufgehoben werden.[54] Der Vollzug der Urteile lag meist, aber nicht ausschließlich[55] in der Hand der Staatsorgane und wurde durch Korruption und Unfähigkeit häufig völlig verhindert. Aus dem Fehlen eines Instanzenzuges, dem Fehlen der Verlässlichkeit des Vollzuges von Urteilen, und der mangelnden Kontrolle staatlicher und auch religiöser Rechtsprechungsorgane resultierte eine für das 19. Jh. im Iran charakteristische, von einheimischen wie auch europäischen Beobachtern beklagte Situation der Rechtsunsicherheit.

Während im Bereich des sunnitischen Gerichtswesens *muftīs* als Berater der Richter eine Rolle spielten und *fatwās* von den Prozessparteien als Unterstützung ihres Anspruchs eingereicht werden konnten – was jedoch den Richter nicht zu ihrer Berücksichtigung verpflichtete - , scheint sich auf der Grundlage des Dokumentenmaterials für Iran Ende des 19. Jh. ein anderes Bild abzuzeichnen. Dies bestätigt eine Analyse der oben genannten Petitionen, die in den Jahren 1883-1885 an Nāṣir ad-Dīn Schah gerichtet wurden, von denen ca. 45% Rechtsfälle (zivilrechtliche wie auch strafrechtliche Fälle) betrafen.[56] Analysiert man die rechtsrelevanten Petitionen, so ist im Zusammenhang sowohl mit der religiösen als auch mit der weltlichen Gerichtsbarkeit immer von Urteilen (*ḥukm*, pl. *aḥkām)* nie von *fatwās* die Rede. Petenten, die sich an den Schah wandten und bereits vorher die *'urf-* oder *šar'*-Gerichtsbarkeit in Anspruch genommen hatten, verwiesen immer auf ihre Urteile, die sie in den Händen hielten, die jedoch aus den unterschiedlichsten Gründen (u.a. mangels Geld, um die staatlichen Beamten zu bestechen), nicht vollstreckt werden konnten. Rechtsgutachten haben, soweit das aus dem spärlich vorhandenen

---

Bemühungen der iranischen Archivare hier in nächster Zeit interessantes und relevantes Material zutage gefördert werden wird. S.a. *Schneider*, Religious and State Jurisdiction in Naṣir al-Din Shah's Time", in: Proceedings of the Conference of Religion and Society in Qajar Iran (erscheint demnächst).

54 Zur Problematik der Aufhebung eines Urteils im islamischen Recht vgl. *Schneider*, Bild, 225-227; s.a. *Schneider*, Šaftī, 257-258. Die Frage ist eng verknüpft mit der oben besprochenen Problematik der *muṭāba'a,* wonach dem Urteil bzw. der *fatwā* eines höherrangigen *muğtahid* Folge zu leisten ist.

55 *Schneider*, Šaftī, 265-266: Šaftī verließ sich nicht auf die staatliche Vollstreckung, sondern scheint die Bestrafung notfalls auch selbst und eigenhändig vollzogen zu haben.

56 *Schneider*, State.

Material ersichtlich ist, offenbar weder in der Rechtsprechung der staatlichen noch der religiösen Organe eine Rolle gespielt.

In der erwähnten Sammlung von Petitionen wird eine *fatwā* nur an einer einzigen Stelle erwähnt. Dies ist in einer Petition aus Gīlān (vermutlich vom März 1883) der Fall, die von drei Petenten eingereicht wurde, die ihren ererbten Besitz gegen Ansprüche eines Klägers verteidigen mussten. Der Gouverneur hatte in diesem Fall die Durchführung eines Prozesses angeordnet und der Richter der *šar'*-Gerichtsbarkeit (*ḥākim-i šar'*) hatte eine *fatwā* zugunsten der Beklagten –der Petenten – erlassen. Die Formulierung im Dokument lautet : „...der *ḥākim-i šar'* hat zu unseren Gunsten eine *fatwā* gegeben, das *šar'*-Urteil ist in unserer Hand."[57] Bei dem *šar'*-Urteil kann es sich nach dem Zusammenhang kaum um ein weiteres Urteil handeln, so dass für diese Stelle die synonyme Verwendung der beiden Begriffe *fatwā* und *ḥukm* zu konstatieren wäre. Keinesfalls ist ein Rechtsgutachten eines außenstehenden Juristen gemeint, denn *ḥākim-i šar'* bezeichnet einen *šar'*-Richter.[58]Es ist natürlich einzukalkulieren, dass die Petenten keine juristisch korrekte Terminologie verwendeten.[59] Dennoch zeigt die Gleichsetzung der beiden Begriffe und das Fehlen des Terminus *fatwā* in den anderen die Rechtsprechung betreffenden Petitionen, dass im Rahmen der Jurisdiktion Rechtsgutachten keine große Rolle gespielt haben dürften.

Eine mögliche Erklärung dafür liegt in der oben beschriebenen Struktur der konkurrierenden geistlichen bzw. weltlichen Rechtsprechung im Iran des 19. Jh. Während z.B. im Osmanischen Reich der Beklagte oder Kläger eine *fatwā* als unverbindliche Rechtsmeinung eines Juristen einreichen konnte, die für den staatlich besoldeten Richter eine Hilfestellung sein konnte, aber nicht bindend war, galt vor dem Hintergrund der oben geschilderten Situation der Rechtsprechung im Iran und der spezifischen geistesgeschichtlichen Entwicklung des 19. Jh., dass jedem *muǧtahid* als Vertreter des Verborgenen Imams (und nicht notwendigerweise als staatlicher Amtsperson) die Qualifikation zum *iǧtihād* und somit zur Urteilsfällung ebenso inhärent war wie das Recht der Ausstellung von Rechtsgutachten. Durch ihre Qualifikation seitens des Imams

---

57 Folio 144 B: "والي حكم به مرافعه نمود و حاكم شرع به حقيت ما فتوي داده حكم شرعي در دست است".

58 *Sachedina*, Ruler, 128: demnach ist *ḥākim aš-šar'* ein Jurist, der qualifiziert ist, um rechtliche Angelegenheiten der Muslime zu entscheiden. Er ist derjenige, der in der Zeit der Abwesenheit des 12. Imams die *wilāyat-i ḥukm* und *al-qaḍā'* hat, ibid., 129. In den Urkunden ist eindeutig der Richter an einem religiösen Gericht, im Gegensatz zum Beamten an einem *'urf*- also staatlichen Gericht, gemeint.

59 Bei den Dokumenten handelt es sich um die Kanzleiabschriften der eingereichten Petitionen, die in der vorliegenden Form dem Schah präsentiert wurden.

legitimierte Juristen besaßen also eine umfangreiche Kompetenz, zu der unter anderem die Berechtigung zum *iftā'* aber auch zur Urteilsfindung gehörte. Bei der Sachwaltung der Rechtsprechung bezogen sich dementsprechend die *muǧtahids* nicht auf eine wie auch immer geartete staatliche Ernennung, sondern auf die – im 19. Jh. ausgeweitete – Stellvertretung des Verborgenen Imams, dessen Aufgabe die Bewahrung von Recht und Gerechtigkeit unter den Menschen war. Da auch im imamitischen Kontext an ein Rechtsgutachten weniger formale Anforderungen zu stellen sind, wird erklärlich, dass die Prozessparteien, die sich zum Prozess vor einem *muǧtahid* eingefunden hatten, natürlich ein Urteil einforderten und erhielten, welches dann allerdings von einem *muǧtahid* höherer Qualifikationsstufe aufgehoben werden konnte. Sicher hat man *fatwās* vor allem in Fragen der persönlichen Lebensführung eingeholt, aber auf einem *ḥukm*, einem Urteil bestanden, wenn man ein gültiges Rechtsurteil für einen Rechtsanspruch benötigte.

Eine große teilweise brisante Rolle spielten *fatwās* im 19. Jh. vor allem im politischen Bereich.

3.2.2 *Fatwās* in der Politik

Eine ansteigende Zahl an *fatwās* im 19. und 20. Jh. setzt sich mit verschiedenen politischen und religiösen Fragen auseinander. Im Osmanischen Reich ist *iftā'* institutionalisiert und in der Person des *šaiḫ al-islām* präsent. Der *šaiḫ al-islām* war offiziell ernannt und seine Rechtsgutachten dienten u.a. wohl auch der Legitimation der Politik des Sultans.[60] Die Situation im Iran war entgegengesetzt: Obwohl spätestens Nāṣir ad-Dīn Šāh (1848-1896) eine Einbindung der *šarīʻa*-Gerichtsbarkeit in die staatlichen Strukturen und eine Unterordnung unter staatliche Gerichtsinstanzen betrieb und zugleich die Elite der *'ulamā'* dadurch in ihren jurisdiktionellen Machtbefugnissen einschränken wollte, waren die schiitischen Geistlichen u.a. durch gewisse ökonomische Privilegien in einer machtvollen und staatsunabhängigen Position. Die *fatwās* reflektierten in diesem Kontext die politischen, sozialen, aber auch ökonomischen und religionspolitischen Interessen der Geistlichkeit und sind nicht selten offen staatskritisch. Im Rahmen der politisch relevanten *fatwās* sind folgende Untergruppierungen zu unterscheiden:

1. *Fatwās* von außenpolitischer Relevanz. Hierzu gehören besonders Rechtsgutachten für die Ausrufung eines heiligen Krieges (*ǧihād*). Die

---

60 *Repp*, Art. „Shaykh al-Islām: In the Ottoman Empire", in: EI² 9, 400-402.

Ausrufung eines heiligen Krieges war eine derjenigen Prärogativen des Verborgenen Imams, welche sich die Gelehrten im Laufe des 19. Jh. im Rahmen ihres Anspruchs auf die „allgemeine Stellvertretung“ aneigneten. Rechtsgutachten zum Heiligen Krieg aus dem 19. Jh. wurden in einem Buch mit dem Titel *Risāla-yi ğihādīya* gesammelt. Als ein Exempel sei das Rechtsgutachten, welches zum zweiten russisch-iranischen Krieg führte, genannt:

In den Jahren nach dem ersten russisch-iranischen Krieg (1804-1813) formierte sich eine immer schärfere Front von Gelehrten gegen den zunehmenden europäischen Einfluss. Eine wenig glückliche Rolle spielte in diesem Zusammenhang der Oberkommandierende des Kaukasus, General Ermolov, der sich als Provokateur und arroganter Vertreter der russischen Weltmacht in dieser Zeit hervortat. Ständige russische Übergriffe an der Kaukasus-Grenze, Ermolovs brutale Strafexpeditionen und seine Misswirtschaft trieben nicht nur Muslime, sondern sogar georgische Christen ins Exil in den Iran. In dieser Atmosphäre agitierte Saiyid Muḥammad Iṣfahānī, ein prominenter *muğtahid* in Karbalā', für *ğihād*. Im Juni 1826 wurde von den Gelehrten eine *fatwā* erlassen, die den Widerstand gegen den *ğihād* mit Russland als ein Zeichen des Unglaubens brandmarkte.[61] Für den iranischen Kontext typisch ist die Ausstellung dieser *fatwā* auf die Initiative der *muğtahids* selbst hin und nicht im Rahmen eines staatlichen bzw. politischen Interesses. Der Schah scheint vielmehr zu diesem Zeitpunkt einem Krieg eher kritisch gegenüber gestanden zu haben, beugte sich aber dann dem Druck des religiösen Establishments. Später soll er sich bei einem europäischen Beobachter bitter beklagt haben, er habe diesen Krieg mit Russland nicht gewollt, jedoch hätten die Mullāhs ihn ihm aufgezwungen.[62] In diesem Zusammenhang ist nicht zu vergessen, dass die Elite der Gelehrten von jeher – unter anderem durch die Kontrolle der Ausbildung und durch vielfache ökonomische und soziale Verflechtungen – einen starken Rückhalt in der Bevölkerung hatte und sich als Fürsprecher gegen die Unterdrückung durch staatliche Organe und den Ausverkauf des Landes an ausländische Mächte profilierte. Ihre soziale und politische Machtposition war beachtlich. Der Chronist Hidāyat formuliert: „Es kam so weit, dass die Anordnungen (*aḥkām*) der *'ulamā'* über den Befehlen (*awāmir*) des Herrschers standen.“[63] Der Krieg (1826-1828) endete allerdings mit einer für Iran katastrophalen Niederlage. Im

---

[61] *Riḍā Qulī Ḫān Hidāyat*, Rauḍat aṣ-ṣafā-yi Nāṣirī, 10 Bde. Tehrān 1960-61, (im weiteren Text abgekürzt mit RSN), RSN 9, 646; *Kazemzade*, „Iranian Relations with Russia and the Soviet Union”, to 1921, in: Cambridge History of Iran, 7, 314-349, hier 336; *Algar*, Religion, 88-89.

[62] *Wolff*, Researches and Missionary Labours among the Jews, Mohammadans, and Other Sects. London 1835, 45; *Kazemzade*, Relations, 336.

[63] RSN 9, 647; *Algar*, Religion and State in Iran 1785-1906, Berkeley 1969, 90.

Vertrag von Turkmānčai vom 22. Februar 1828 musste Iran weitere Gebietsverluste eingestehen und die ungeheure Summe von zwei Millionen Rubeln als Reparationskosten bezahlen.[64]

2. Auch im Rahmen der innenpolitischen Situation dienten *fatwās* den Gelehrten als Instrument zur Sicherung der eigenen Machtposition gegenüber dem Staat, aber durchaus auch gegenüber den ausländischen Mächten, gegenüber denen der Schah nach Meinung der *'ulamā'* zu sehr zu Zugeständnissen bereit war. An der Ermordung des russischen Gesandten, Poeten und Dramatikers A.S. Griboedov lässt sich beispielhaft bereits im Jahr 1829 die spätere Koalition aus Geistlichkeit und aufgewiegelter Volksmasse erkennen, die sich dann in der Tabak-Revolte und in der Verfassungsrevolution wiederfinden sollte. Griboedov als russischer Gesandter nach Teheran. Zum Verhängnis wurde ihm seine Politik, nicht nur kaukasische Kriegsgefangene, die in ihre Heimat zurückkehren wollten, aktiv zu unterstützen, sondern auch die Rückkehr derjenigen zu betreiben, die dies nicht wollten. Er gewährte einem gewissen Mīrzā Ya'qūb Markanian, der am Hofe Fatḥ 'Alī Šāhs diente, Schutz in der Botschaft, ebenso Frauen aus dem Harem des früheren Premierministers Allāhyār Ḫān Āṣif ad-Daula. In dieser Situation, befördert durch das ungeschickte Verhalten Griboedovs, verbreitete sich in Teheran das Gerücht, Mīrzā Ya'qūb habe dem Islam abgeschworen und die Frauen würden gezwungen, dasselbe zu tun. Der prominente Teheraner *muǧtahid* Mīrzā Masīḥ goss Öl in das Feuer öffentlicher Empörung indem er darauf hinwies, dass nach islamischem Recht auf Apostasie die Todesstrafe stünde.[65] Während die persische Regierung mehr oder weniger untätig blieb, spitzte sich die Situation zu. Die Gelehrten unter Anführung von Mīrzā Masīḥ schickten eine Delegation zur Botschaft, um die Freilassung der Frauen zu fordern. Als dem nicht entsprochen wurde, erließ Mīrzā Masīḥ eine *fatwā*, wonach die Befreiung der Frauen aus der Hand der Ungläubigen rechtens sei,[66] und setzte damit das Signal für die Erstürmung der Botschaft durch einen aufgebrachten Mob. Dabei kam Griboedov ums Leben.[67]

Von ähnlicher innen- wie auch außenpolitischer Brisanz waren *fatwās,* die sich mit dem wirtschaftlichen Einfluss der Europäer auseinander setzten. Als Beispiel sei hier nur auf die berühmteste dieser *fatwās* hingewiesen, die vor dem Hintergrund eines drohenden englischen Tabakmonopols die so genannte

---

64 *Kazemzadeh*, Relations, 338.
65 *Kazemzadeh*, Relations, 339.
66 RSN 9, 708; *Watson*, A History of Persia from the Beginning of the Nineteenth Century to the Year 1858, London 1866, 250; *Algar*, Religion, 97.
67 *Kelly*, Diplomacy and Murder in Tehran, London 2002, 187-194.

Tabak-Revolte (1891-1892) ins Rollen brachte. Auf der Grundlage einer *fatwā*, welche Mīrzā Ḥasan Šīrāzī (st. 1914) zugeschrieben wurde, einem in Sāmarrā' im Irak residierenden *muǧtahid*,[68] wurde der Verkauf und Genuss von Tabak praktisch sofort völlig boykottiert. Diesem Boykott folgten die Menschen aller Schichten, sowohl in der Hauptstadt als auch in der Provinz. Beobachter berichteten erstaunt, dass sogar die Frauen des Schah und seine Diener sich geweigert hätten zu rauchen. Niemand durfte sich auf der Straße beim Verkauf von Tabak blicken lassen.[69] Der Schah musste seine bittere Niederlage eingestehen und sah sich schließlich gezwungen, das Monopol zurückzunehmen. Durch die darauffolgenden Ausgleichsforderungen der Engländer verschuldete sich der iranische Staat hoch. Die Kampagne gegen das Tabak-Monopol wird im Allgemeinen als erstes Beispiel einer Mobilisierung der Massen unter Führung der religiösen Elite gewertet und als Vorläufer für die Verfassungsrevolution von 1905-1911 gesehen.

In den geschilderten außenpolitischen und innenpolitischen Konstellationen spielten mithin *fatwās* eine zentrale - staatskritische - Rolle. Sie dienten häufig den Gelehrten als Instrument im Rahmen der Konfrontation mit dem Staat. Das schließt nicht aus, dass *fatwās* nicht auch auf staatliche Nachfrage hin gegeben werden konnten. Jedoch standen sie an den Knotenpunkten der Geschichte Irans im 19. Jh. und strukturierten somit die politische, wirtschaftliche und soziale Geschichte. Von entscheidender Bedeutung dabei war die wirtschaftliche und religiöse Verankerung der Gelehrtenelite in der Bevölkerung, deren politische und wirtschaftliche Forderungen sowie deren Kritik am Staat die *fatwās* häufig transportierten.

3. Eine gesellschaftliche, speziell religionspolitische Brisanz besaßen *fatwās,* welche den *takfīr* („Für-ungläubig-Erklären") oder doch den *tafsīq* („Für-sündig-Erklären") über Muslime verhängten. Zumindest im ersten Fall, bei Rechtsgutachten, welche den *takfīr* verhängten, war die beabsichtigte Wirkung immerhin einem Apostasie-Urteil vergleichbar, welches im islamischen Recht die Todesstrafe nach sich zieht. Ob dieselbe dann auch zur Ausführung kam, von wem und wie sie vollstreckt wurde, scheint abhängig vom sozialen und politischen Prestige des *muftī* gewesen zu sein, der eine entsprechende *fatwā* erließ, und von der gesellschaftlichen Akzeptanz bzw. Bereitschaft, entsprechend gegen die betreffende Person vorzugehen.[70] Im Fall des *tafsīq*

68 Es ist nicht klar, ob er tatsächlich die originale *fatwā* ausstellte, s. Keddie, Religion and Rebellion in Iran: The Tobacco Protest of 1891-92, London 1966, 96.

69 *Keddie*, Religion, 96.

70 *Halm,* Schia, 139, Halm übersetzt mit „Exkommunikation".

dürften die Konsequenzen weniger dramatisch gewesen sein, da *fāsiq* (sündig) als Gegensatz zu *'adl* (unbescholten) wohl nur als Disqualifizierungsmerkmal für das Richteramt zu werten ist, also einem Berufsverbot gleichgekommen wäre.[71]

Fatwās, welche bestimmte Personen zu Ungläubigen erklärten, waren gleichwohl ein beliebtes und häufig benutztes Instrument in der Auseinandersetzung zwischen den verschiedenen religionspolitischen Strömungen bzw. im Versuch, unliebsame Kollegen aus dem Weg zu räumen. Diese *fatwās* konnten in zufälliger Koinzidenz mit den Interessen des Staates z.B. gegen die Bewegung der Bābīs und später Bahā'ī gegeben werden, oder sie dienten der Sicherung der eigenen Position im Rahmen des religiösen Diskurses in der eignen Klasse: dann z.B., wenn Gelehrte, die der Richtung der Uṣūlīs anhingen, *fatwās* gegen die Aḫbārīs gaben.[72]

Als ein Beispiel kann eine *fatwā* vom Jahr 1818 von Šaiḫ Mūsā Naǧafī und anderen *muǧtahids* angeführt werden, welche Mīrzā Muḥammad Amīn Aḫbārī verurteilten, der, wie sein Name bereits sagt, Anhänger der Aḫbārīs und somit Gegner der vorherrschenden *iǧtihād*-Schule war und sich explizit mit seiner Kritik gegen viele *muǧtahids* gewandt hatte. In seiner *fatwā* erklärte Šaiḫ Mūsā Naǧafī seine Exekution zu einer religiösen Verpflichtung und wer immer sein Blut vergieße, dem sei der Eintritt ins Paradies gewiss. Die *fatwā* wurde von allen anderen prominenten Uṣūlīs der heiligen schiitischen Stätten im Irak unterzeichnet. Diese *fatwā* hatte eine Lynchjustiz an Aḫbārī durch den derart aufgewiegelten Mob zur Folge.[73]

Fatwās reflektieren auch die Auseinandersetzung der schiitischen Geistlichkeit mit den Bābīs, wobei in diesem Fall eine Interessensübereinstimmung mit der staatlichen Seite bestand. Eine interessante, wenn auch für den iranischen Kontext untypische *fatwā* wurde gegen einen frühen Bābī Mullā 'Alī Bisṭāmī 1844/45,[74] ausgestellt. Ihm wurde die Verbreitung einer subversiven Schrift des Bāb vorgeworfen und in einer gemeinsamen sunnitisch-schiitischen *fatwā* aus Bagdad wurde er der Apostasie beschuldigt und von der Hohen Pforte in Istanbul zu Zwangsarbeit in den Werften verurteilt, die er offenbar nicht

---

71 Vgl. *Schneider*, Šaftī, 266-269.

72 *Amanat*, Resurrection and Renewal: The Making of the Babi Movement in Iran. 1844-1850. Ithaca, London 1989, 43, 77.

73 *Amanat*, Resurrection, 46.

74 *Momen*, „TheTrial of Mullā 'Alī Basṭāmī: A combined sunnī-shī'ī fatwā against the Bāb", in: Journal of the British Institute of Persian Studies (20.1982), 113-143, hierzu 115 und 143.

überlebte.[75] Die *fatwā* ist im Kontext einer Gerichtsverhandlung zu sehen. Die sunnitischen und schiitischen Gelehrten waren offiziell mit der Erstellung des Gutachtens beauftragt worden. Auch bei dem im Iran stattfindende Prozess gegen den Bāb selbst 1846 und 1850 waren *fatwās* die Argumentationsgrundlage für die Verurteilung.[76]

4 *Iftā'* im 20. Jh. und in der Islamischen Republik

Vor dem Hintergrund der spezifischen politischen Konstellation des 19. Jh. und die durch eine starke Position der Gelehrten in Wirtschaft, Politik und Gesellschaft konfrontative und staatskritische Haltung der Gelehrten hatten Rechtsgutachten im außen- und innenpolitischen Bereich als politisches Korrektiv zur staatlichen Politik eine wichtige Rolle gespielt und strukturierten die politische Geschichte des Landes. Dagegen zeigten die politischen Umwälzungen zu Beginn des 20. Jh., die Verfassungsrevolution (1906 -1911) sowie die Ablösung der als auslandshörig und korrupt geltenden Qāǧārendynastie durch Riḍā Šāh Pahlawī (ab 1926) eine abnehmende Relevanz der Rechtsgutachten, einhergehend mit Riḍā Šāhs Maßnahmen zu einer Einschränkung der wirtschaftlichen, politischen und jurisdiktionellen Macht der Gelehrtenelite.

Der *iftā'* erhielt erst wieder durch Rūḥallāh Ḫumainī (st.1989) eine größere Bedeutung. Ḫumainī konnte nicht nur die Anhänger des gestorbenen Burūǧirdī (st. 1961), eines quietistischen *marǧa'-i taqlīd* der späten Pahlawī-Ära, an sich binden, er profilierte sich auch dezidiert als Vertreter des Islam gegenüber der seiner Meinung nach korrupten, verwestlichten und areligiösen Pahlawī-Herrschaft. Ḫumainī hat in seiner Laufbahn als *faqīh* vor allem in den Zeiten seiner Verbannung, aber auch nach seiner erfolgreichen Rückkehr und dem Sturz der Pahlawī-Dynastie Rechtsgutachten aller Art ausgestellt. Als der Šāh im Jahr 1967 ein neues Familiegesetz erließ, welches in Bezug auf die Rechte der Frauen in der gesamten islamischen Welt als außerordentlich fortschrittlich angesehen wurde, erklärte Ḫumainī es für ungültig weil der *šarī'a* widersprechend. Sein Ziel sei die Zerstörung der muslimischen Familie. Die Scheidung von Frauen auf Gerichtsurteil hin sei ungültig, die Frauen seien noch als verheiratete Frauen zu betrachten. Wer sie (nach dem neuen Recht) heirate,

---

75 *Momen*, „Trial", 140.

76 *Amanat*, Resurrection, 257-58, 391.

sei ein Ehebrecher.[77] Damit schuf er nicht nur eine rechtlich problematische Situation, indem er im Iran gültiges Recht auf der Grundlage der *šarī'a* unterlief, er stellte sich auch in die alte Tradition der staatskritischen Rechtsgutachter des 19. Jh..

Ḫumainī und die Islamische Republik

Iftā' in der Islamischen Republik ist wieder unter den drei Aspekten der privaten ethisch-moralischen Lebensführung, der Rechtsprechung bzw. des Gerichtssystems und der staatlich-institutionellen Ausprägung zu diskutieren.

Rechtsgutachten zu privaten ethisch-moralischen Fragen einer konzeptionell islamischen Lebensführung stellten sich vor allem in der neuen Situation der Islamischen Republik und wurden von Ḫumainī (st. 1989) beantwortet. Die Sammlung dieser *fatwās* ist gedruckt unter dem Titel *Istiftā'* und umfasst 2500 Stück.[78] Diese Sammlung enthält, geordnet nach Rechtsgebieten, kurze Anfragen und sowohl handschriftlich als auch gedruckt die kurzen Antworten Ḫumainīs. Die *fatwās* tragen keinerlei Datierung.[79]

Im jurisdiktionellen Bereich wurden Richter in der Übergangsphase dazu aufgerufen, sich im Falle des Widerspruchs der existierenden Rechtsprechung zur *šarī'a* auf juristische Quellen und gültige *fatwās* zu stützen, bis das Parlament die entsprechenden islamisch legitimierten Gesetze erlassen habe.[80] Damit ist die spezifische Situation der Rechtsprechung zu Beginn der Islamischen Republik umrissen: der Aufbau einer islamischen Rechtsprechung war geplant, aber noch nicht vollzogen. Für die Dauer dieser Übergangszeit wurde ein Rückgriff auf Rechtsgutachten für akzeptabel erachtet, der sich dann aber bei Vorhandensein einer rein islamischen Rechtsprechung zumindest der Theorie nach, erübrigen sollte.[81]

---

77 *Ḫumainī*, Islam and Revolution: Writings and Declarations of Imam Khomeini, übers. v. H. Algar, Berkeley 1981, 441-442.

78 *Ḫumainī*, Istiftā'āt, zwei Bände in einem. Tehrān 1994.

79 In einem anderen Werk mit dem Titel *Risālat tauḍīh al-masā'il* (o.A.) gibt Ḫumainī nur kurze Erklärungen, es sind nicht die entsprechenden Fragen angeführt. Eventuell handelt es sich um Antworten auf hypothetische Fragen

80 *Schirazi*, The Constitution of Iran, London, New York 1997, 163.

81 *Fatwās* spielen offenbar dennoch bis heute eine Rolle in der Rechtsprechung, vgl. dazu den Fall eines rückfälligen Alkoholtrinkers, welcher auf der Grundlage u.a. von *fatwās* zum Tode verurteilt wurde, Januar 2003, s. http://www.iran-emrooz.de/khabar/khabar811021.html.

Die politische Ebene des *iftā'* in der Islamischen Republik ist nicht weniger interessant. Die verfassungsrechtliche Verankerung der übergeordneten Position des religiösen Führers im nachrevolutionären Iran, durch welche faktisch die Gewaltenteilung der Legislative, Exekutive und Jurisdiktion obsolet wurde, verlieh dem *iftā'* unter staatsrechtlichem Aspekt eine neue Dimension. In der Verfassung von 1979 ist die Fähigkeit zum *iftā'* als Voraussetzung für den religiösen Führer – der auch ein *marǧa'-i taqlīd* sein muss - in Artikel 109 verankert.[82]

Bedeutete dies auch, dass Ḫumainī als *marǧa'-i taqlīd* und charismatischer religiöser Führer den Anspruch erhob, die einzig legitime Instanz zum *iftā'* zu sein? Die Frage ist in der Verfassung nicht klar beantwortet. In der Situation einer Auseinandersetzung und gegenseitigen Blockade zwischen Parlament und dem Wächterrat als derjenigen Instanz, welche die Anwendung islamischen Rechts in der Islamischen Republik zu kontrollieren hat, legitimierte eine *fatwā* Ḫumainīs nachträglich einen umstrittenen Gesetzesentwurf.[83] Schirazi schreibt dazu

> The *fatvas* issued by Khomeini that can be counted a direct intervention in the process of legislation are to numerous to be listed here. We should note, however, that they were recognized as laws, and even after his death were enforced as such ...However, in order to give them the formal character of laws, the *fatvas* were worked over in parliament before being passed on to the courts."[84]

Die besondere politische Brisanz der von Ḫumainī erlassenen *fatwās* auch im internationalen Rahmen lässt sich vor allem an dem Rechtsgutachten Ḫumainīs gegen den anglo-indischen Schriftsteller Salman Rushdi und sein Buch, die *Satanischen Verse,* demonstrieren. Ḫumainī erließ die *fatwā*, in welcher der Schriftsteller und alle an der Verbreitung des Buches beteiligten Personen zum Tode verurteilt werden, am 14. Februar 1989.[85] Krämer hat dem medien-

---

82 *Tellenbach,* Untersuchungen zur Verfassung der Islamischen Republik Iran vom 15. November 1979. Berlin 1985, 330. Auch in der geänderten Verfassung von 1989 ist dies enthalten, s. *Tellenbach,* Zur Änderung der Verfassung der Islamischen Republik Iran vom 28. Juli 1989, in: Oriens (31.1990), 45-66, hier 52.

83 *Schirazi*, Constitution, 211-13.

84 *Schirazi*, Constitution, 68.

85 *Mozaffari*, Fatwa, 45.

trächtigen Thema, welches in den westlichen Ländern selbstredend große Beachtung erfuhr, einen Artikel in der Süddeutschen Zeitung gewidmet, in welchem sie in der Überschrift islamrechtlich zutreffend einen generellen Zusammenhang zwischen einer *fatwā* und einem Todesurteil leugnet, nur um am Ende des Artikels eingestehen zu müssen, dass es sich in diesem Fall eben doch um ein Todesurteil im *fatwā*- Gewand handelt.[86]

Die Übersetzung der *fatwā* lautet:

> 25.11.1367
> Botschaft über die Verbreitung des ketzerischen Buches „Satanische Verse".
> Im Namen Gottes; Wir kommen von Gott und kehren zu ihm zurück.
> Zur Kenntnis der eifrigen Muslime auf der ganzen Welt gebe ich bekannt, dass der Verfasser des Buches „Satanische Verse", welches gegen den Islam, den Propheten und den Koran verfasst, gedruckt und verbreitet wurde, ebenso wie diejenigen Verleger, die Kenntnis von seinem Inhalt hatten, zum Tode verurteilt werden. Ich bitte die eifrigen Muslime, sie, wo immer sie sie finden, schnellstens zu töten, damit keiner es wagen würde, die Heiligtümer der Muslime verächtlich zu machen. Jeder, der dabei getötet wird, soll ein Märtyrer sein, so Gott will. Sollte weiterhin jemand Zugang zum Autor haben, aber sich selbst nicht zur Vollstreckung des Todesurteils in der Lage sehen, so soll er ihn anderen Leuten anzeigen, damit er die Strafe für seine Taten erhalte.
> Friede sei mit Euch und das Erbarmen Gottes und sein Segen
> Rūḥallāh al-Mūsavī al-Ḫumainī[87]

Die *fatwā* brandmarkt Rushdis Vergehen als Beleidigung des Propheten, was Rushdi zum Apostaten macht. Sie gehört nach diesem Text eindeutig in die Kategorie der *takfīr-fatwās*, die aus dem 19. Jh. sattsam bekannt sind. Sie ist rechtlich, institutionell und auch politisch völlig mit dem schiitischen Recht und auch der Praxis des *iftā'* kompatibel. Kurz nach der Veröffentlichung der *fatwā*

---

86 *Krämer*, Der große Irrtum, in: Süddeutsche Zeitung vom 26./27.4. 1995.

87 *Mozaffari*, Fatwā, 45.

wurde von einer nicht staatlichen Organisation die Summe von einer Million Dollar für die Tötung Rushdis ausgesetzt.[88] Spätere Versuche der iranischen Regierung, sich von der *fatwā* zu distanzieren, gingen nie soweit, eine Rücknahme derselben zu verkünden.[89]

Der eigenwilligen Interpretation der *fatwā* durch Muzaffari, wonach der Text nicht als *fatwā* zu werten sei, sondern erst durch Orientalisten in diesen Rang erhoben worden sei, liegt wohl in Verkennung der politischen Realität das Wunschdenken zugrunde, dem Todesurteil die rechtliche Verbindlichkeit abzusprechen.[90]

Für die Zeit von Ḫumainīs religiöser Führerschaft kann man somit von einer Institutionalisierung des *iftā'* im Rahmen des Amtes des religiösen Führers und offenbar de facto als übergeordnete legislative Instanz sprechen.

Nach-Ḫumainī -Zeit

Ḫāmina'ī, der Ḫumainī im Amt des religiösen Führers nachfolgte, fehlte Ḫumainīs Charisma wie auch, jedenfalls zunächst, der Rang als *marǧa'-i taqlīd*. Auch nach der Verfassungsänderung von 1989 blieb jedoch die Anforderung an den religiösen Führer bestehen, er müsse die Befähigung zur Erteilung von Rechtsgutachten haben.[91] Ein *šūrā-yi iftā'*, ein *fatwā*-Rat wurde gegründet, welcher eine kollektive Körperschaft unter der Leitung des *rahbar* darstellt. In einer solchen kollektiven Körperschaft wählen die Mitglieder einen unter sich aus, der die entsprechende Anfrage zu bearbeiten hat. Die ausgewählte Person konsultiert Experten auf dem entsprechenden Rechtsfeld. Dann legt das Ratsmitglied seinen Entwurf dem Rat vor. Die Mitglieder des Rates diskutieren ihn, bringen eventuell Korrekturen an. Auf dieser Grundlage stellt dann

---

88 *Mozaffari*, Fatwā, 47.

89 Vgl. z.B. den Bericht in BBC vom 23.9.1998 „Fatwa cannot be revoked“ und vom 4.101998: „Iran MPs back Rushdie fatwa“, in: http://news.bbc.co.uk. In dem letztgenannten Bericht heißt es, dass 150 von 270 Parlamentsmitgliedern sich in einem offenen Brief dafür ausgesprochen hätten, dass die *fatwā* unwiderruflich sei.

90 *Mozaffari*, Fatwa, 47-51.

91 Auch Ḫāmina'ī hat aber eine entsprechende *fatwā* Publikation vorgelegt mit dem Titel *Istifta'āt*. Insgesamt sind Rechtsgutachten online zu erfragen, z.B. unter den Adressen einzelner Gelehrter: z.B. www.sistani.org/html/fre (die Internetseite des Āyatallāh Sīstanī) etc. Zur Verfassungsänderung s. *Tellenbach*, Änderung, 52 und Artikel 109 in der Verfassung.

Ḫāmina'ī seine *fatwā* aus.[92] Auch wenn man von einer nicht verfassungsmäßigen, sondern nur faktischen Superiorität von Ḫumainīs *iftā'* ausgeht, so ist mit Ḫumainīs Tod und Ḫāmina'īs Nachfolge eine qualitative Veränderung des *iftā'* erkennbar. Während zu Lebzeiten eine *fatwā* Ḫumainīs praktisch unumstößliche Gültigkeit besaß und sogar nach seinem Tod beispielsweise die Rushdi-*fatwā* nicht aufgehoben wurde, agiert heute eine kollektive Körperschaft, zahlreiche Gelehrte werden in den Befragungsprozess einbezogen.

5 Schlussbetrachtung

Eingangs waren drei im Vergleich zum sunnitischen Kontext spezifische Auffälligkeiten des schiitischen *iftā'* genannt worden: neben den spärlichen terminologischen Spuren in der schiitischen Rechtsliteratur und der offenbar geringen Relevanz des *iftā'* in der Gerichtspraxis war im verfassungsrechtlichen Kontext des 19. – 21.Jh. die fehlende institutionelle Ausprägung des *iftā'* im Iran zu beobachten gewesen (mit der Ausnahme von Ḫumainīs Führerschaft). Dennoch oder gerade deshalb haben *fatwās* im 19. Jh. und wieder im späten 20. und 21 Jh. eine wichtige Rolle in der politischen Kultur Irans gespielt.

Die Diskrepanz zur sunnitischen Erscheinungsform lässt sich aus spezifischen geistesgeschichtlich-theologischen wie auch politisch-strukturellen Paradigmen erklären, die sich in einem miteinander verzahnten, reziproken Prozess entwickelten.

Obwohl *iftā'* insofern eine spezifisch schiitische Bedeutung besaß, als es offenbar von Anbeginn im schiitischen Kontext ausgeübt wurde und seit der Zeit der Verborgenheit des Imams im 10. Jh. als Prärogative des sich formierenden Gelehrtenstandes klar in den diesseitigen weltlichen Kontext eingebunden war, wurde die Institution im Verlauf der folgenden geistesgeschichtlichen ebenso wie politischen Entwicklung klar dem *iǧtihād* untergeordnet. Die Konsequenz auf der Ebene der rechtswissenschaftlichen Konzepte war eine mangelnde terminologische Abgrenzung vom Begriff des *iǧtihād* und eine weitgehende definitorische Unschärfe, aus welcher man nur schließen kann, dass der *iftā'* dem *iǧtihād* inhärent, der *muftī* in Personalunion mit dem *muǧtahid* zu sehen ist.

---

[92] Vgl. „Fiqh - Offering Solutions to New Problems", www.africafederation.org/fedsamachar/sep98_fiqh.htm.

Die auf theoretisch-rechtswissenschaftlicher Ebene erfolgende Formulierung des Konzepts des *iğtihāds* als Untermauerung der politischen Position der *'ulamā'* sowie der Siegeszug der Uṣūlīs über die Aḫbārīs zu Beginn der Qāǧārenzeit spielte eine entscheidende Rolle für die weitere Entwicklung des *iftā'*. Denn aus der Huldigung an das Prinzip des *iğtihād*, der Forderung der Gelehrtenelite nach der „allgemeinen Stellvertretung" (des Imams) und einer spezifischen politischen Konstellation im Rahmen der Herrschaft einer nur bedingt religiös legitimierten Dynastie (Qāǧāren), die es auch nicht verstand, die gesellschaftlich und politisch mächtige Gruppe der Gelehrten in befriedigender Weise in das Staatswesen zu integrieren, resultierte eine politisch-staatsrechtliche Situation, welche im Gegensatz zu der Situation im zeitgleichen sunnitischen Osmanischen Reich stand. Die selbstbewusste Elite der Gelehrten beanspruchte im Rahmen der vom Imam erhaltenen Prärogativen die vollständige Kontrolle der Jurisdiktion. Die mangelnde Relevanz des *iftā'* im jurisdiktionellen Bereich erklärt sich aus diesem Anspruch, denn auch untergeordnete *muğtahids* gaben Urteile (*aḥkām*), welche als verbindlich angesehen wurden (auch wenn sie es in der Praxis nicht waren). *Fatwās* haben dann wohl in Rechtsfällen, in die zwei Parteien involviert waren, keine Rolle gespielt: hier forderte man Urteile.

Nicht nur auf jurisdiktionellem Gebiet profilierte sich die immer machtvollere Elite der *'ulamā'* als unabhängige und staatskritische Instanz. Auch und gerade im politischen Bereich waren *fatwās* ein beliebtes Instrument um die zahlreichen Kritikpunkte am Staat, die Vorwürfe der Korruption, des Ausverkaufes des Landes an die europäischen Mächte, um Nepotismus und Bereicherung der politischen Klasse der Qāǧārendynastie anzuprangern und durch die religiöse Legitimierung des *iftā'* die Korrektur politischen Fehlverhaltens einzufordern. Nicht immer waren die *'ulamā'* erfolgreich: der auf ihre Initiative hin geführte zweite russisch-persische Krieg führte zu einem Desaster, jedoch scheint sich die religiöse Elite nicht in der Pflicht gefühlt zu haben, diese Konsequenzen auch zu tragen. Politisch brisante *fatwās*, welche äußerst selten, und dann auch nur durch eine zufällige Koinzidenz in Übereinstimmung mit den Interessen der Dynastie ergingen (Beispiel: *fatwās* gegen die Bābīs), dienten der Profilierungssucht der religiösen Elite und der Sicherung ihrer wirtschaftlichen, religiösen und politischen Machtposition (vgl. zahlreiche *takfīr-fatwās*). Nach dem Versuch der Pahlawī-Dynastie, der Klasse der *'ulamā'* die wirtschaftliche und politische Machtbasis zu entziehen, erfuhr der *iftā'* im späten 20. und beginnenden 21. Jh., sprich in der Islamischen Republik, eine Renaissance. Die Rolle des *iftā'* wurde durch die verfassungsrechtliche Verankerung der übergeordneten Position des Rechtsgelehrten geprägt. Zu Zeiten einer charismatischen Führungspersönlichkeit wie Ḫumainī scheint die konkurrierende und staatsoppositionelle *iftā'*-Gewalt weithin außer Kraft gesetzt gewesen zu sein. Ḫumainī konnte offenbar relativ ungehindert als oberster *muǧtahid* und *muftī* fungieren. Er repräsentierte in seiner Person die übergeordnete Institution des *iftā'*. Erst mit der Etablierung des *iftā'*-Rates nach dem Tod Ḫumainīs, faktisch einer Kollektivierung des *iftā'*-Prozesses allerdings immer noch unter der Leitung des religiösen Führers, hat sich die Situation geändert: Rechtsgutachten werden von unterschiedlichen Gelehrten eingefordert und fließen in den *iftā'*-Rat ein.

Der heute im Iran stattfindende hochbrisante Diskurs um *wilāyat-i faqīh* [93] und um die Berechtigung der beherrschenden Position eines einzelnen staatslenkenden Juristen wirft mit erneuter Intensität die Frage nach der politischen und sozialen Bedeutung und Rolle einzelner – staatsunabhängiger und sogar staatskritischer – Juristenmeinungen auf.

---

93 Vgl. dazu *Arjomand*, „Civil Society and the Rule of Law in the Constitutional Politics of Iran under Khatami", in: Social Research (67.2000), 1-19.

MODERNES POLITISCHES IFTĀ' AM BEISPIEL VON ÄGYPTISCHEN FATWAS ZU FRIEDENSVERTRÄGEN MIT ISRAEL

Gordon Hadler, M.A., Offenbach

1. Einleitung

1.1. Quellen und Thesenformulierung

Rechtsgutachten (*fatāwā*, Sg. *fatwā*)[1] stellen in der islamischen Jurisprudenz ein wichtiges Bindeglied zwischen der Rechtstheorie und ihrer praktischen Anwendung dar. Die Praxis der Erteilung solcher Gutachten entwickelte sich in der frühislamischen Zeit, schon Muḥammad soll Fatwas zu strittigen Fragen des alltäglichen Lebens der ersten Muslime erteilt haben. Die faszinierende Vielfalt von Themen, mit denen sich die Muftis, die Autoren dieser Textgattung, beschäftigten und noch immer beschäftigen, reicht von Aussagen zum Personenstands- und Erbrecht über den Bereich der religiösen Vorschriften im Islam (*'ibādāt*) bis hin zur Beurteilung politischer Sachverhalte. Gerade in letzterem Bereich wurden Fatwas immer wieder eingesetzt, um politische Handlungen zu legitimieren oder zu verurteilen.

Diesem Aufsatz liegt meine Magisterarbeit zugrunde, die ich im Jahr 2000 an der Friedrich-Alexander-Universität Erlangen abgeschlossen habe.[2] In ihr habe ich vier Rechtsgutachten aus Ägypten untersucht, die sich mit der Frage beschäftigen, ob ein Friedensvertrag mit den Juden bzw. mit dem Staat Israel zulässig ist oder nicht. Zwei der Rechtsgutachten stammen aus dem Jahr 1956, die beiden anderen aus dem Jahr 1979. Erteilt wurden sie von zwei in Ägypten maßgeblichen Institutionen, der Fatwa-Kommission der Azhar-Universität in Kairo und dem am Ende des 19. Jahrhunderts geschaffenen Büro des Staatsmuftis, dem Dār al-Iftā', das ebenfalls in Kairo ansässig ist.

Es handelt sich dabei um folgende vier Rechtsgutachten:[3]

---

1 Im Folgenden wird der deutsche Plural „Fatwas" verwendet.

2 *Hadler*, Religiöse Legitimation staatlichen Handelns. Ägyptische Fatāwā zu den (Friedens-) Verträgen der Jahre 1956 und 1979, unveröff. Magisterarbeit, Erlangen 2000 (Kontakt: gordonthadler@yahoo.com). Der hier vorliegende Aufsatz ist eine Ausarbeitung der Vortragsnotizen für den Jahreskongress der GAIR 2002 in Erlangen.

3 Bis auf das unter Fn 6 genannte und von Sabine Hartert übersetzte Fatwa lagen alle Fatwas zu Beginn meiner Arbeit nur im arabischen Original vor und wurden meines

1. Das von der Fatwa-Kommission der Azhar am 1. Januar 1956 unter der Überschrift *„Aṣ-ṣulḥ maʿa Isrā'īl wa 't-taʿāwun wa 'l-taḥāluf maʿa duwal al-istiʿmār"* herausgegebene Fatwa, das im selben Jahr im *Maǧalla al-Azhar* veröffentlicht wurde.[4]

2. Das von Mufti Ḥasan Ma'mūn erstellte und auf den 8. Januar 1956 datierte Fatwā unter der Überschrift *„Aṣ-ṣulḥ maʿa al-Yahūd fī Filasṭīn ... wa al-muʿāhadāt maʿa ad-duwal al-istiʿmārīya al-muʿādīya li-l-ʿarab wa-l-muslimīn al-mu'aiyada li-l-Yahūd fī ʿudwānihim"*, das in der Reihe *al-Fatāwā al-Islāmīya* des Dār al-Iftā' veröffentlicht wurde.[5]

3. Das von der Fatwa-Kommission der Azhar am 9. Mai 1979 erstellte und am 10. Mai 1979 veröffentlichte Fatwa unter der Überschrift *„Usus ṣulḥ Miṣr maʿa Isrā'īl min aš-šarīʿa al-islāmīya"*, dessen deutsche Übersetzung Sabine Hartert anfertigte und dessen Original lediglich in Form einer Kopie vorliegt.[6]

4. Das von Mufti Ǧādd al-Ḥaqq ʿAlī Ǧādd al-Ḥaqq erstellte und auf den 26. November 1979 datierte Fatwa unter der Überschrift *„Ittifāqīya as-salām baina Miṣr wa Isrā'īl wa aṯaruhā"*, das in der Reihe *al-Fatāwā al-Islāmīya* des Dār al-Iftā' veröffentlicht wurde.[7]

Nach der Übersetzung der Fatwas konnte eine erste Auswertung des Inhalts vorgenommen werden. Interessant waren besonders die Argumentationsmuster, mit denen ein Friede mit Israel 1956 abgelehnt und 1979 gutgeheißen, bzw. für rechtens erklärt wurde. Neben der Beurteilung der Zulässigkeit von Friedensverträgen gehen drei der vier Rechtsgutachten (1, 2 und 4) daneben noch auf verschiedene andere Fragen ein, so dass man aus ihnen neben Erkenntnissen über die Anwendung des „islamischen Völkerrechts" in jüngster Zeit auf ihre

---

Wissens von mir zum ersten Mal ins Deutsche übersetzt. Diese Übersetzungen und die arabischen Originaltexte befinden sich im Anhang der Magisterarbeit.

4 Al-Azhar/ Laǧna al-fatwā, Aṣ-ṣulḥ maʿa Isrā'īl wa-t-taʿāwun wa-t-taḥāluf maʿa duwal al-istiʿmār, Maǧalla al-Azhar 27vi (1375 d.H./ 1956), 682-686.

5 *Ḥasan Ma'mūn,* Aṣ-ṣulḥ maʿa al-Yahūd fī Filasṭīn ... wa-l-muʿāhadāt maʿa ad-duwal al-istiʿmārīya al-muʿādīya li 'l-ʿarab wa 'l-muslimīn al-mu'aiyada li 'l-yahūd fī ʿudwānihim, Dār al-Iftā', al-Fatāwā al-Islāmīya, Wizārat al-Awqāf. Bd. 7, al-Qāhira 1980-1993, 2643-2647.

6 Al-Azhar/ Laǧna al-fatwā, Usus ṣulḥ Miṣr maʿa Isrā'īl min aš-šarīʿa al-islāmīya. Abschrift des Originals; dieser Text und die Magisterarbeit von Sabine Hartert wurden mir von Prof. Stefan Wild (Bonn) dankenswerterweise zur Verfügung gestellt.

7 *Ǧādd al-Ḥaqq ʿAlī Ǧādd al-Ḥaqq*, Ittifāqīyat as-salām baina Miṣr wa Isrā'īl wa aṯaruhā. in: *Dār al-Iftā'*, al-Fatāwā al-Islāmīya, Wizārat al-Awqāf, Bd. 10. al-Qāhira 1980-1993, 3621-3636.

Einbettung in und die gleichzeitige Reflexion der Begleitumstände ihrer Erteilung schließen kann. Des Weiteren spielt der Zeitpunkt des Erscheinens der Fatwas eine wichtige Rolle.

Aus diesen Betrachtungen ergaben sich schließlich vier Thesen:

1. Die Rechtsgutachten von 1956 stellen eine Reflexion der innen- und außenpolitischen Situation Ägyptens zum Jahreswechsel 1955/56 und eine Legitimation staatlichen Handelns im Voraus dar, was dem eigentlichen Sinn von Fatwas widerspricht und nur politisch damit zu begründen ist, dass Gamal Abdel Nasser sich spätestens ab dem Sommer 1955 auf eine wie auch immer geartete militärische Konfrontation mit Israel vorbereitete.

2. Die Rechtsgutachten von 1979 stellen ebenfalls eine Reflexion der innen- und außenpolitischen Situation Ägyptens zu diesem Zeitpunkt dar. Aufgrund der vorher geschaffenen politischen Fakten stellen sie eindeutig eine Legitimation im Nachhinein dar, mit der von religiöser Seite versucht wird, den im arabischen Lager umstrittenen Frieden von Camp David zu unterstützen.

3. Im Vergleich der vier Rechtsgutachten lassen sich folgende Rückschlüsse auf das Verhältnis *ʿulamā'* - Staat ziehen: Obwohl in ihren Grundaussagen jeweils gleich, erkennt man deutlich die Unterschiede zwischen den die Fatwas erteilenden Institutionen. Das Dār al-Iftā' befindet sich „näher“ an der Linie des Staates und unterstützt diesen durch seine weniger dogmatischen Argumentationen.

4. Mit den hier vorliegenden Fatwas werden ihre Autoren zu politischen Akteuren. Drei der vier Rechtsgutachten sind deshalb Beispiele für politische Fatwas bzw. politische Statements in Form von Rechtsgutachten, die m.E. anders als „gewöhnliche“ Fatwas definiert, in einem eigenen Genre zusammengefasst und nach besonderen Kriterien bearbeitet werden müssen.

1.2. Rechtliche Grundlagen: islamisches Völkerrecht, ǧihād und vertraglich geregelte Nicht-Kriegszustände

Da es in den vier bearbeiteten Rechtsgutachten um das Verhältnis zu Israel aus der Sicht eines arabischen und überwiegend islamischen Staates ging, ist es wichtig, einige Ausführungen zu einem bestimmten Bereich des islamischen Rechts zu machen, denn aus diesem Bereich stammen die argumentativen Grundlinien der Fatwas.

Es handelt sich dabei um den Bereich dessen, was heute in der Literatur unter dem Begriff „islamisches Völkerrecht" firmiert und dessen Elemente, Begriffe und Sinnzusammenhänge sich in allen vier Rechtsgutachten wiederfinden.

Hans Kruse definiert islamisches Völkerrecht als die völkerrechtlichen, d.h. zwischenstaatlichen Regeln der in der Theorie territorial wie politisch geeinten *umma* (Gemeinschaft der Gläubigen) gegenüber den nichtmuslimischen Ländern außerhalb dieses Staates. Dieses islamische Völkerrecht basiert auf den *siyar*, die als „Gesamtheit der Vorschriften des *fiqh* für das Verhalten gegenüber den Ungläubigen" definiert sind. Wie später noch zu sehen sein wird, ist der Rechtsstatus der Ungläubigen in den sehr detaillierten Regelungen der *siyar* nicht einheitlich, sondern hängt von der Rechtsbeziehung zwischen ihnen und dem islamischen Staat ab. Quellen der *siyar* sind ebenso wie für das islamische Recht allgemein primär Koran und *sunna* und die ihnen nachgeschalteten Rechtsinstitute des *iǧmāʿ* und des *qiyās*. Dazu kommen als zweitrangige Quellen die Rechtspraktiken der ersten vier Kalifen, in deren Herrschaftszeit große Teile der Eroberungen (und damit neue Fragen der Außenbeziehungen) der Muslime fallen.[8]

Im Bereich der Außenbeziehungen des Islam stellt das Konzept des *ǧihād* ebenfalls eine wichtige Komponente dar. Dieses allgemein sicherlich bekannte Konzept soll kurz im Sinne einer Zuspitzung auf das hier Wesentliche dargestellt werden.[9]

Die Bedeutung der arabischen Wurzel *ǧahada* geht bekannterweise weit über den engen Bereich des „Heiligen Krieges" hinaus. Dessen ungeachtet ist für den weiteren Verlauf *ǧihād* mit „Heiligem Krieg gegen Ungläubige" gleichzusetzen, denn in diesem Sinne wird der Begriff in den untersuchten Rechtsgutachten verwendet.

Ein zentrales und weitreichendes Merkmal des *ǧihād* ist seine fortgesetzte Dauer. Nach der Theorie dauert der Heilige Krieg solange an, bis die universelle Herrschaft des Islam implementiert ist. Daraus folgt, dass die Außenbeziehungen des Islam nach dem Verständnis und Denken der *fuqahā'* nur unter dem *ǧihād*-Aspekt zu sehen sind, d.h. der permanente Krieg auf dem Wege Gottes ist – wie es die Hanafiten formulieren – der Normalzustand des Verhältnisses der *umma* gegenüber den Ungläubigen.

---

8 Vgl. *Kruse,* Islamische Völkerrechtslehre. Der Staatsvertrag bei den Hanefiten des 5./6. Jahrhunderts d.H. (11./12. Jahrhundert n.Chr.). Dissertation Göttingen 1953, hier v.a. 1-15.

9 Vgl. hierzu z.B. *Tyan*, D̲jihād, EI^2 Bd. II, 538-540, sowie *Kruse*, 52 und 55.

Ist der Heilige Krieg der Normalzustand der Außenbeziehungen des Islamgebietes, so ist der Friede nach der Theorie nicht mehr als ein Provisorium, das allein durch „aktuelle Umstände" gerechtfertigt wird. Deswegen sind in diesem Bereich abgeschlossene Verträge prinzipiell nur für eine bestimmte Dauer möglich.

Als „aktuelle Umstände" definieren die islamischen Gelehrten Vorbereitungen zum Heiligen Krieg, militärische Übungen und Waffenstillstände (*muwādaʿa*), die der Erhöhung der Schlagkraft durch Kräftesammlung dienen. Dieser „Kampf im übertragenen Sinne" (*qitāl maʿnan*) ersetzt für seine Dauer den aktiven *ǧihād* gleichwertig.

Allerdings gibt es auch ein „modernes" Verständnis des *ǧihād*, das seinen Ursprung in der Mitte des 19. Jahrhunderts unter den Muslimen Indiens hatte und im 20. Jahrhundert vor allem von den Anhängern der Salafīya-Bewegung in Ägypten weiterentwickelt wurde. Es trägt der Tatsache Rechenschaft, dass es den muslimischen Machthabern im Laufe der Geschichte nur selten – und mit dem Eindringen der Kolonialmächte gar nicht mehr – möglich war, die „reine" Lehre des Heiligen Krieges auch in der Praxis umzusetzen. Man formulierte in diesen Kreisen bzgl. des Heiligen Krieges die These, dass das *ǧihād*-Prinzip an entscheidenden Stellen einer Neuinterpretationen unterzogen werden müsse. So wurde zunächst unter Berufung auf Sure 4, Vers 90 und 94 und Sure 8, Vers 61 festgestellt[10], dass die Beziehungen zwischen islamischen und nichtislamischen Staaten grundsätzlich friedlicher Natur seien und die Vorstellung vom „Krieg als Normalzustand" aufzugeben sei.

Innerhalb des oben eingeführten islamischen Völkerrechts auf Basis der *siyar* verengt sich der Fokus weiter auf den Bereich der „Friedensverträge mit Nichtmuslimen" (*muwādaʿa / ṣulḥ*), da dies die konkrete Diskussions- und Argumentationsgrundlage der Muftis darstellt, die in den vier Rechtsgutachten beurteilen, ob ein Friede mit Israel rechtens ist oder nicht.

---

10 4,90: „Wenn sie sich (nun) von euch fernhalten und nicht gegen euch kämpfen und euch ihre Bereitschaft erklären, sich (künftig) friedlich zu verhalten (und keinen Widerstand mehr zu leisten), gibt Gott euch keine Möglichkeit, gegen sie vorzugehen."; 4,94: „Ihr Gläubigen! Wenn ihr um Gottes Willen (auf einem Kriegszug) unterwegs seid, dann paßt genau auf und sagt nicht zu einem, der euch den Heilsgruß entboten hat: 'Du bist kein Gläubiger', wobei ihr (unter dem Vorwand, einen Ungläubigen vor euch zu haben und ihn bekämpfen zu müssen), den Glücksgütern des diesseitigen Lebens nachgeht!" sowie 8,61: „Und wenn sie (d.h. die Feinde) sich dem Frieden zuneigen, so neige (auch du) dich ihm zu (und laß vom Kampf ab)!"; vgl. *Paret*, Der Koran, Stuttgart 1985, 4. Aufl., 69, 70 und 130.

Die *muwāda'a* ist eine gegenseitige Sicherheitszusage der muslimischen Gemeinde und eines ungläubigen Staatswesens durch einen internationalen Vertrag und innerhalb des islamischen kanonischen Rechts das einzige Institut dieser Art. Die *muwāda'a* ist außerdem die einzige Form der Sicherheitszusage nach islamischem Recht (*amān*), die die Existenz eines ungläubigen Staates – zumindest für eine bestimmte Zeit – anerkennt und somit Völkerrecht setzende Kraft im Sinne eines „episodisch geltenden Völkerrechts" (Kruse) besitzt. Aus dem Koran lässt sich die generelle Erlaubnis für diese Verträge aus Sure 8, Vers 61 ableiten (s.o.). Eine weitere Legitimation solcher Sicherheitsverträge erkennen die islamischen Gelehrten im Vertrag von Ḥudaibīya. In diesem Vertrag, den Muḥammad mit den Mekkanern im Jahre 628 schloss, einigte man sich auf einen Waffenstillstand für die Dauer von zehn Jahren. Bedeutung erlangte der Vertrag vor allem deshalb, weil er als erster Vertrag mit den Ungläubigen Vorbildcharakter für alle folgenden Verträge dieser Art besaß und sie überhaupt erst ermöglichte.

Abschließend sei noch auf drei weitere Begriffe hingewiesen, die für das Verständnis der Fatwas von 1956 und 1979 von großer Bedeutung sind: *ṣulḥ*, *maṣlaḥa* sowie *ḍarūra*.[11]

Der Begriff *ṣulḥ* bezeichnet zunächst sehr allgemein die Idee, Frieden auf dem Verhandlungsweg zu stiften. Dabei ist es zunächst nicht wichtig, ob es sich um eine Auseinandersetzung unter Muslimen oder zwischen Muslimen und Nichtmuslimen handelt. In letzterem Fall wird *ṣulḥ* hergestellt durch die *muwāda'a* zwischen den gleichberechtigten Vertragspartnern. In diesem Sinne ist *ṣulḥ* als ein Oberbegriff zu verstehen, der einen Frieden meint, der auf dem Verhandlungsweg und nicht durch eine militärische Entscheidung, d.h. den Sieg einer und die Unterwerfung der anderen Seite, zustande kommt. Diese Definition deckt sich mit dem Gebrauch des Begriffes *ṣulḥ* vor allem in den beiden Rechtsgutachten von 1956.

Maṣlaḥa wird übersetzt mit „Interesse/Nutzen der Muslime". Generell fallen unter diesen Begriff alle Handlungen, Nichthandlungen und Zustände, die Schlechtes für die Gemeinschaft der Muslime abwehren und ihr zum Nutzen gereichen.

Die Notwendigkeit (*ḍarūra*) meint in einem engeren Sinne die Rechtfertigung einer nach islamischem Gesetz nicht erlaubten Tat, um einer größeren Gefahr zu

---

11 Vgl. hierzu *Khadduri*, Ṣulḥ, EI², Bd. IX, 845 f., *ders.*, Maṣlaḥa, EI², Bd. VI, 738 ff. sowie *Linant de Bellefond*, Ḍarūra, EI², Bd. II, 163 f.

entgehen und in einem weiteren und eher praktischen Sinne Erfordernisse des sozialen oder ökonomischen Lebens allgemein.

1.3. Institutionsgeschichtliche Rahmenbedingungen

Einige wenige Worte müssen an dieser Stelle über die Azhar-Fatwa-Kommission und das Dār al-Iftā' verloren werden, da beide Institutionen nicht jedem Leser geläufig sein dürften.[12]

Die Azhar-Fatwa-Kommission wurde am 11. August 1935 vom Rektor der Azhar Šaiḫ Muṣṭafā al-Marāġī gegründet. Warum die Kommission genau zu diesem Zeitpunkt ihre Arbeit aufnahm, wird unterschiedlich begründet. Sicherlich ist einer der Beweggründe ihrer Einrichtung im gestiegenen Bedürfnis der Ägypter und des islamischen Auslandes nach autoritativen Antworten auf die Fragen der Zeit zu sehen. Ziel der Azhar-Fatwa-Kommission war es deshalb von Anfang an, Fatwas für die breite Öffentlichkeit zu erteilen. Im Zuge der Reform der Azhar im Jahre 1961, bei der es zu einer Reorganisation der Hochschule durch die Schaffung von fünf administrativen Bereichen, der inhaltlichen Umgestaltung der Curricula und der Einrichtung neuer Fakultäten kam, unterlag auch die Kommission einer in der Literatur leider nicht näher spezifizierten Reorganisation.

Die Kommission umfasste zwölf Mitglieder (3 Hanafiten, 3 Šāfiʿiten, 3 Malikiten, 2 Hanbaliten und den Vorsitzenden der Kommission), die traditionell alle an der Azhar ausgebildet waren. Nach Berichten aus der Zeit zwischen 1960 und 1970 trat sie viermal in der Woche zusammen und erteilte nach mehrstündiger Diskussion bis zu zehn Fatwas. Es handelte sich dabei also durchweg um so genannte Kollektiv-Fatwas, bei denen mehrere Muftis gemeinsam ein Fatwa erteilen. Auch die beiden dieser Arbeit zugrunde liegenden Gutachten der Azhar-Fatwa-Kommission entsprechen diesem Muster. Die Azhar-Fatwa-Kommission besteht bis heute. Viele ihrer Fatwas werden in der Zeitschrift der Universität (*Maǧalla al-Azhar*) regelmäßig veröffentlicht.

Die Gründung des Dār al-Iftā' erfolgte am 21. November 1895. Nach Skovgaard-Petersen lassen sich verschiedene Phasen der Entwicklung bis 1980 unterscheiden, deren Darstellung aber hier zu weit führen würde. Die Gründung selbst wurde in engem Zusammenhang mit der Säkularisierung im Gerichts-

---

[12] Vgl. zu diesem Abschnitt *Skovgaard-Petersen*, Defining Islam for the Egyptian State. Muftis and Fatwas of the Dār al-Iftā, Leiden 1997, 150-155 und 100-198.

system Ägyptens im letzten Viertel des 19. Jahrhunderts gesehen. Allerdings wurde das Dār al-Iftā' nicht über Nacht institutionalisiert, sondern seine Gründung stellte eher das Ende eines Prozesses dar. Dieser Prozess bestand zum einen aus der im 19. Jahrhundert durch zentralistische Bestrebungen immer deutlicher hervorgehobenen Stellung der hanafitischen Muftis im Allgemeinen und des Muftis von Kairo im Besonderen und zum anderen aus der in dieser Zeit wachsenden Wichtigkeit des Staates, der seine Kontrolle über alle öffentlichen Bereiche und die Azhar zu erhöhen suchte, wobei der Bereich der Erteilung von Rechtsgutachten und die Legitimation des Staates durch selbige eine wichtige - da öffentliche - Rolle spielte. Der in der Folge als Staatsmufti bekannte Leiter des Dār al-Iftā', dessen Autorität nicht mehr von der Azhar, sondern vom Staat herrührte, war von Anfang an als Gegengewicht zu dieser vorher allein maßgeblichen Institution im religiösen Bereich konzipiert.

Einen erheblichen Anteil scheint auch die zur Zeit der Einrichtung des Dār al-Iftā' unter ihrem Protagonisten Muḥammad ʿAbduh einflussreiche Salafīya-Bewegung gehabt zu haben, von der bereits in 1.2 die Rede war.

Die letzte der oben erwähnten Phasen der Entwicklung des Dār al-Iftā' begann mit der Übernahme des Amtes des Staatsmuftis durch Ǧādd al-Ḥaqq ʿAlī Ǧādd al-Ḥaqq im Jahre 1978. Obwohl nur vier Jahre im Amt, läutete Ǧādd al-Ḥaqq die Renaissance der Institution durch seine dezidiert politische Amtsausübung, die Reorganisation des Dār al-Iftā', seine grundsätzlichen Überlegungen zum *iftā'* an sich und die systematische Edition der Fatwas in der 1980 beginnenden Reihe *al-Fatāwā al-Islāmīya* ein. An seiner Person und an der seines Nachfolgers Muḥammad Saiyid Ṭanṭāwī (1982-1996) wurde der große Einfluss der Persönlichkeit des Muftis deutlich. Unter beiden war das Dār al-Iftā' ein loyales „Werkzeug der Staatsraison" (Skovgaard-Petersen), welches unter Einsatz moderner Massenmedien die Legitimation des Staates und seine eigene Profilierung (bzw. die des Muftis) vorantrieb. Dass allerdings auch das Amt seinen Inhaber prägte, lässt sich daran erkennen, dass sowohl Ǧādd al-Ḥaqq als auch – jedoch im geringerem Maße – Ṭanṭāwī im Amt des *Šaiḫ al-Azhar*, das beide nach ihrer Zeit als Staatsmufti innehielten bzw. noch innehaben, teilweise nicht den Vorstellungen des Staates entsprechende Ansichten vertraten.

2. Vorstellung, Analyse und Vergleich der Rechtsgutachten von 1956

2.1. Das Rechtsgutachten der Azhar-Fatwa-Kommission vom 1. Januar 1956

Bei diesem Rechtsgutachten handelt es sich um ein Kollektiv-Fatwa, das laut *Mağalla al-Azhar* auf den 1. Januar 1956 datiert ist. An seiner Erteilung waren sechs Personen beteiligt, die in einem kurzen Vorspann namentlich und unter Aufzählung herausragender Titel genannt werden.

Inhaltlich strukturiert ist das Rechtsgutachten, indem es nacheinander Beurteilungen zu insgesamt vier Sachverhalten gibt:
- Beurteilung der *šarīʿa* bezüglich der Ratifizierung eines Friedens (*ṣulḥ*) mit Israel,
- Beurteilung der freundlichen Beziehungen und der Zusammenarbeit Ägyptens mit „imperialistischen Ländern", die Israel materiell und ideell unterstützen,
- Beurteilung der von den „imperialistischen Ländern" angebotenen Allianzen,
- Beurteilung der Aufgabe der Muslime bezüglich der Lage Palästinas.

Damit weicht das Gutachten von den Regeln des klassischen *iftā'* ab, nach denen in einem Fatwa nur zu jeweils einer Fragestellung geantwortet werden soll. Wir werden jedoch sehen, dass dies auch noch in zwei der drei anderen Gutachten der Fall ist.

Gleich zu Beginn des Fatwa werden die Muftis der Azhar sehr deutlich: ein Friede mit Israel kommt nicht in Frage. Durch die Wahl des arabischen Begriffs *ṣulḥ*, der einen Oberbegriff für Friedensschlüsse aller Art darstellt, machen die Gelehrten m.E. deutlich, dass sie zu dieser Zeit einen Frieden auf dem Verhandlungsweg kategorisch ablehnen. Direkte Friedensverhandlungen hätten zu dieser Zeit zudem als Anerkennung der Existenz eines jüdischen Staatswesens interpretiert werden können, ein Schritt, der für die arabische Welt damals außerhalb jeglicher Vorstellungswelten lag. Interessant ist in diesem Zusammenhang, dass die Gelehrten sich in ihrer Argumentation nicht nur auf die *šarīʿa*, sondern auch auf modernes, kodifiziertes Recht westlicher Prägung beziehen. Sie wollen damit zeigen, dass auch nach nicht genuin islamischen Maßstäben Israels Vorgehen zu missbilligen ist.

Eine Zusammenarbeit (*taʿāwun*) jeglicher Art mit „imperialistischen Ländern" – und damit sind 1956 neben den sich immer stärker im Nahen Osten etablierenden USA die ehemaligen Mandatsmächte Großbritannien und

Frankreich gemeint – lehnen die Muftis der Azhar ab, da Israel durch diese Zusammenarbeit in seiner Existenz unterstützt würde. Den Muslimen ist jede Handlung verboten, die den Feind stärken könnte. Darunter fällt sowohl die direkte als auch die indirekte oder geheime Unterstützung.

Aus demselben Grund sind auch die vom Ausland angebotenen Bündnisse (*aḥlāf*, Sg. *ḥilf*) abzulehnen. Solche Bündnisse werden insgesamt als schädlich für alle islamischen Länder und besonders für Palästina bewertet, da man in diesem Fall nur als Werkzeug zum Erreichen der Ziele der „imperialistischen Länder" dienen würde.

Historisch gesehen verbergen sich hinter diesen Bezügen auf Friedensverträge, Zusammenarbeit und Bündnisse Entwicklungen des Jahres 1955 und der Zeit davor: die unter den Namen „Plan Alpha" und „Plan Gamma" bekannt gewordenen Bemühungen der USA um eine dauerhafte Friedenslösung im Nahen Osten sowie die Aktivitäten Großbritanniens um ein Bündnissystem in derselben Region, der sogenannte „Bagdad-Pakt".[13]

Ende 1954 begannen die USA nach vorausgegangenen Konsultationen mit der Umsetzung des Plan Alpha. Dieser sah eine umfassende Befriedung des gesamten Nahen Ostens vor, was man mit folgenden Mitteln erreichen wollte: Abschluss eines Nichtangriffspaktes zwischen den Hauptakteuren Ägypten und Israel, Rückführung der über die auf die an Israel angrenzenden Territorien verstreuten palästinensischen Flüchtlinge sowie internationale Aufsicht über die heiligen Stätten in Jerusalem. Ägypten sollte im Gegenzug für territoriale Zugeständnisse Israels die See- und Landblockade aufheben und Unterstützung beim Bau des Assuan-Staudamms erhalten.

Die Verhandlungen zogen sich über das gesamte Jahr 1955 hin, wobei es zu keinen substantiellen Fortschritten kam. Neben der Unvereinbarkeit der territorialen Ansprüche Israels und Ägyptens sorgten die Bemühungen beider Länder zur Akquisition neuer Waffen und fortgesetzte Auseinandersetzungen an den Grenzen und in den grenznahen Gebieten für eine vergiftete Atmosphäre. Nachdem das Scheitern des Planes im Herbst 1955 absehbar wurde, schoben die Amerikaner um die Jahreswende 1955/56 hastig das Projekt „Plan Gamma" an. Inhaltlich ähnlich gestaltet wie sein Vorgänger, setzten die USA zusätzlich auf

---

13 Vgl. hierzu z.B. *Bar-On*, The Gates of Gaza. Israel's Road to Suez and Back, 1955-1957, London 1995; *Golani*, Israel in Search of a War. The Sinai Campaign, 1955-1956, Brighton 1998 oder *Oren*, Origins of the Second Arab-Israeli War. Egypt, Israel, and the Great Powers 1952-56, London 1992; als Vertreter einer anderen Meinung: *Tal*, Israel's Road to the 1956 War, IJMES 28 (1996), 59-81.

verstärkte diplomatische Bemühungen von Unterhändlern vor Ort. Nachdem Gamal Abdel Nasser sich weigerte, seinen Gegenüber David Ben-Gurion wegen fehlender Aussagen über die tatsächlichen territorialen Zugeständnisse zu treffen, die Israelis diese vor Verhandlungsbeginn jedoch ablehnten, steckte auch diese Initiative im Februar 1956 in einer Sackgasse.

Der von den Briten ins Feld geführte „Bagdad-Pakt" verfolgte eine andere Strategie. Nach dem Ende des Zweiten Weltkrieges und der Entwicklung des Ost-West-Konfliktes war neben der Befriedung der Region ein Verteidigungspakt im Nahen Osten eines der vordringlichen Ziele der Vereinigten Staaten und Großbritanniens. Durch einen solchen Pakt sollte ein Zugriff der UdSSR auf die Region vermieden und die Ölversorgung der westlichen Welt gesichert werden. Das Interesse der beiden Länder an Ägypten als strategisch wichtigem Land mit großem Einfluss in der Region kollidierte jedoch mit der Doktrin Nassers, keine militärischen Bündnissysteme unter der Beteiligung der als imperialistisch gebrandmarkten Länder USA und Großbritannien mitzutragen, weshalb sich beide Länder nach anderen Bündnispartnern in der Region umsahen. Im Irak Nūrī as-Saʿīds fanden sie diesen Partner.

Nasser versuchte deshalb in einer eiligst anberaumten arabischen Gipfelkonferenz am 22. Januar 1955 die arabischen Länder auf seine Seite zu bringen, nachdem die Türkei und Irak kurz zuvor offizielle Gespräche über ein Bündnis unter späterer Beteiligung Großbritanniens und weiterer Länder des Nahen Ostens aufgenommen hatten. Es gelang Nasser auf dieser Konferenz nicht, die Teilnehmer auf eine gemeinsame Position einzuschwören. Stattdessen trat das Bündnis zwischen der Türkei und dem Irak einen Monat später in Kraft; Anfang April folgte der Beitritt Großbritanniens zum nun als „Bagdad-Pakt" bekannten Bündnis, mit dem Nasser seine Prognose bestätigt sah, dass es sich nicht um ein Abkommen zwischen gleichwertigen Partnern handeln werde. Weitere Länder (Pakistan und der Iran) traten bis November 1955 ebenfalls bei, wodurch der Nahe Osten in zwei Lager gespalten wurde: das der Bündnispartner und das ihrer Gegner unter Führung Ägyptens.

Der ägyptische Staatspräsident strebte nach dem Scheitern seiner Initiative den Abschluss separater Verteidigungsabkommen an, was ihm im Oktober 1955 im Falle Syriens und Saudi-Arabiens auch gelang. Gleichzeitig begann ein zähes Ringen zwischen ihm und den Mitgliedern des Bagdad-Paktes um Jordanien, das um den Jahreswechsel 1955/56 in vollem Gange war und das Ägypten ein Jahr später für sich entscheiden sollte. Anfang Dezember führten die Verhandlungen einer britischen Delegation mit der Regierung Jordaniens zu deren Spaltung und Auflösung. Eine anscheinend über Nacht neu formierte Exekutive billigte den Beitritt zum Bagdad-Pakt, was zu von Ägypten unterstützten, fünf Tage andauernden Unruhen, dem Fall der Regierung und dem Scheitern des Beitritts führte.

Man erkennt m.E. deutlich, dass das in den Fatwa der Azhar-Kommission diskutierte Bündnis der Bagdad-Pakt ist. Gleiches lässt sich auch für das Rechtsgutachten des Dār al-Iftā' erkennen (s.u.). Dies wird durch die Parallelen zwischen den Argumentationen der Muftis und den Ereignissen bis Ende 1955 deutlich hervorgehoben. Die im Gutachten erläuterte Unzulässigkeit von Klientelbeziehungen nimmt Bezug auf die von Nasser erkannte Ungleichheit der Vertragspartner.

Aufgabe aller Muslime – und dieses Thema zieht sich durch den gesamten Text des Gutachtens – ist es daher, weiterhin geschlossen und entschlossen aufzutreten. Der defensive *ǧihād,* den die Palästinenser führen, ist von allen Muslimen zu unterstützen. Palästina wird als „heiliges islamisches Land" (*bilād islāmīya muqaddasa*) bezeichnet, und auch wenn nicht explizit davon gesprochen wird, dass Palästina als *dār al-islām* gilt, so geht dies aus dem Gesamtzusammenhang doch hinreichend hervor. Hierzu führen die Gelehrten neben verschiedenen Koranzitaten auch Beispiele aus der frühislamischen Geschichte an. Am Ende des Fatwas beziehen die *ʿulamā'* dezidiert politisch Stellung und betonen nochmals die Wichtigkeit der Abwehr der Aggression und den Zusammenhalt aller Muslime.

2.2. Das Rechtsgutachten des Dār l-Iftā' vom 8. Januar 1956

Autor dieses am 8. Januar 1956 veröffentlichten Fatwas ist der Hanafit Ḥasan Ma'mūn, der das Amt des Staatsmuftis von 1955 bis 1960 bekleidete und in dieser Zeit angeblich 11992 Fatwas erteilte, wobei deutlich gemacht werden muss, dass viele dieser Gutachten vom Stab des Dār al-Iftā' vorbereitet oder formuliert und dem Staatsmufti vielfach nur noch zur Unterzeichnung vorgelegt wurden.

Eine Zusammenfassung des Inhalts liefert das Rechtsgutachten mit einer Aufstellung in zehn Einzelpunkten am Anfang selbst. Diese Zusammenfassung war allerdings nicht Bestandteil des ursprünglichen Textes, sondern wurde bei der Edition in der Reihe *al-Fatāwā al-Islāmīya* eingefügt.

Die ersten vier Punkte widmen sich dem *ǧihād*, der hier als defensiver *ǧihād* verstanden wird. Dabei wird auf die Pflicht jedes einzelnen Muslims zu diesem ebenso wie auf die Pflicht jeder islamischen Regierung zur Vorbereitung auf diesen hingewiesen. Ferner stellt Ḥasan Ma'mūn fest, dass bezüglich Palästina bereits die zweite Stufe des defensiven *ǧihād* erreicht ist, in der neben der Bevölkerung des angegriffenen Landes auch alle anderen Muslime zur Abwehr des Feindes aufgerufen sind.

Die Punkte vier bis sieben beschäftigen sich mit der im Text relativ kurz gehaltenen Beurteilung der Zulässigkeit des Friedens mit Israel. Dabei steht an erster Stelle, dass ein Friede nur bei Rückgabe des gesamten besetzten Gebietes möglich ist. Des Weiteren wird das Kriterium des Nutzens für die Muslime zur Beurteilung der angebotenen Verträge eingeführt.

Ebenfalls dem Nutzen-Kriterium werden in Punkt acht die Verträge mit anderen, nichtmuslimischen Ländern unterworfen. Besonders wird dabei das Verbot des Abschlusses von Abkommen betont, mit denen ein Land, das einen islamischen Staat angreift, unterstützt und gestärkt wird.

Punkt neun bezieht sich auf eine bezüglich Palästina erkannte „besondere Situation", die im Folgenden noch ausführlich erläutert wird.
Den Abschluss der Zusammenfassung bildet die Erklärung der Zulässigkeit des Waffen- und Munitionsembargos, mit dem die arabischen Staaten Israel seit Gründung des Staates belegt hatten.

Inhaltlich fällt hier die präzise Aufteilung des Fatwa anhand der drei Themenblöcke *ǧihād* – Frieden – Bündnisse auf. Ma`mūn geht dabei nach der einleitenden Bemerkung, dass Palästina zum *dār al-islām* gehört, sehr systematisch vor, indem er jeweils den einleitenden theoretischen Erläuterungen den Bezug auf die aktuelle Situation in Palästina folgen lässt. Dieses Schema hält er während der Bearbeitung der drei großen Themenblöcke durch, während er sich am Ende etwas ausschließlicher der Situation in Palästina widmet.

Ḥasan Ma`mūn führt bei der Beurteilung der Zulässigkeit eines Friedensvertrages mit Israel und darüber hinaus der Zulässigkeit von Bündnissen und Verträgen mit nichtislamischen Ländern –wie oben erwähnt– das Konzept des Nutzens (*maṣlaḥa*) für die Muslime ein und erkennt nach einigen theoretischen Ausführungen hierzu, dass in Bezug auf die aktuelle Situation in beiden Bereichen kein Nutzen für die Muslime erkannt werden kann.

Im Lichte dieses Nutzens für die Muslime wird zunächst ein Friede mit Israel in seiner allgemeinen Form abgelehnt. Wie die Azhar-Fatwa-Kommission arbeitet auch der Staatsmufti mit dem Oberbegriff *ṣulḥ*. Unter der Prämisse, dass vom Feind besetzte Teile an ihre ursprünglichen Bewohner zurückgegeben werden, wird ein solcher Friede für zulässig (*ǧā'iz*) erklärt. Sollte jedoch lediglich der Status quo beibehalten werden und es zu keiner Rückgabe von besetztem Land kommen, so wird ein solcher Frieden als nichtig (*bāṭil*) erkannt. Diesen zweiten Fall erkennt Ma'mūn in der aktuellen Situation für gegeben.

Durch den strengen Bezug auf das Nutzen-Kriterium hält sich der Staatsmufti jedoch Optionen offen: Ma'mūn beurteilt hier – wie vor ihm die Muftis der Azhar – die um die Jahreswende trotz ablehnender Haltung Ägyptens und Israels immer noch im Raum stehenden Konzepte des von den Amerikanern und Briten ins Spiel gebrachten „Plan Alpha", und will sich bezüglich zukünftiger Vorschläge nicht festlegen, da dies den Verhandlungsspielraum Ägyptens einschränken könnte. Und eine solche Art von „Spielraumverengung" ist nicht seine Aufgabe.

Das Nutzen-Konzept überträgt der Staatsmufti dann auch auf Bündnisse und Verträge (*aḥlāf wa muʿāhadāt*) der Muslime mit nichtislamischen Ländern und bemerkt gleich zu Beginn, dass diese im aktuellen Fall nicht rechtens sind. Sie würden vielmehr Israel unterstützen und sogar stärken. Die Gefahr einer Spaltung der islamischen Länder, die schon die Azhar-Fatwa-Kommission beschwor, wird auch hier erkannt, weshalb ebenfalls dafür plädiert wird, zusammen gegen den gemeinsamen Feind aufzutreten und sich nicht von Einzelinteressen leiten zu lassen. Dass es diese durchaus gibt, deutet Ma'mūn an, wenn er davon spricht, dass die islamischen Länder „über das, was zwischen ihnen ist" übereinkommen sollen. Man erkennt leicht, dass hier der Bagdad-Pakt, der Machtkampf Nassers mit dem Regime Nūrī as-Saʿīds im Irak, die prowestliche Haltung Jordaniens oder die untereinander zerstrittenen Palästinenser angesprochen sind.

Am Ende des Fatwas beschäftigt sich Ma'mūn dann mit der oben erwähnten „besonderen Situation" in Bezug auf Palästina. Diese besteht darin, dass man mit Israel keinen Frieden geschlossen habe und von diesem auch noch kein Land zurückerhalten habe. Es wird argumentiert, dass die aktuelle Situation lediglich der einer *hudna*, also einem Waffenstillstand, entspreche, die von außen, nämlich durch die Vereinten Nationen, im Jahre 1949 Israel und Ägypten auferlegt worden sei. Es wird betont, dass die islamischen Länder sich dieser *hudna* nur solange unterordnen wollen, bis eine „gerechte Lösung" gefunden sei.

Den Juden wird vorgeworfen, diesen Waffenstillstand durch wiederholte Angriffe gebrochen zu haben. Damit dürften die Übergriffe auf das Gebiet des jeweils anderen Staates gemeint sein, derer sich Israel und Ägypten, bzw. Israel und Jordanien seit dem offiziellen Ende der Kampfhandlungen 1949 gegenseitig bezichtigten. Diese als „Infiltration und Vergeltung“ bekannt gewordenen Übergriffe waren seit 1955 zunehmend aggressiver geworden.[14]

2.3. Vergleich der beiden Fatwas von 1956

Vergleicht man nun die beiden Fatwas, die sich augenscheinlich mit demselben Thema befassen, fallen diverse Gemeinsamkeiten und Unterschiede auf.

Zunächst sind sich die Autoren beider Rechtsgutachten darüber einig, dass die Besetzung Palästinas durch die Juden und die Vertreibung seiner Bevölkerung, die ihren Besitz zurücklassen musste, einen unrechtmäßigen Akt darstellt. Die Unrechtmäßigkeit stützen beide Rechtsgutachten auf die Tatsache, dass Palästina einen Teil des *dār al-islām* darstellt, dessen vollständige Rückgabe als conditio sine qua non betrachtet wird. Zwar sehen beide Texte Palästina als einen untrennbaren Teil des *dār al-islām* an, aber man erkennt jedoch in ihnen auch die Auffassung, dass das Islamgebiet in sich durchaus in mehrere Staaten unterteilt ist, was seit dem 8. Jahrhundert zwar in der Praxis bekannt, jedoch weniger in der Theorie akzeptiert war.

Den Fall des defensiven *ǧihād* sehen beide Gutachten als eingetreten an. Hierbei lässt sich jedoch auch erkennen, dass Staatsmufti Ḥasan Ma'mūn sich noch ein wenig weiter in Richtung der modernen Sichtweise des *ǧihād* bewegt. Er führt das Konzept der *muwādaʿa* in seine Argumentation ein und macht so darauf aufmerksam, dass prinzipiell die Möglichkeit eines friedlichen Zusammenlebens besteht.

Beide Fatwas sind in zwei Hauptteile unterteilt. Der erste ist die Beurteilung eines Friedensschlusses mit Israel, der zweite die Frage der Zulässigkeit von Bündnissen und Verträgen mit „imperialistischen Ländern“. Hierbei ist auch das Vorgehen der Autoren das gleiche: die theoretisch-abstrakte Rechtslage wird auf den speziellen Einzelfall übertragen und daraufhin entschieden, ob Rechtskonformität vorliegt oder nicht.

---

[14] Vgl. *Morris*, Israel's Border Wars 1949-1956. Arab Infiltration, Israeli Retaliation, and the Countdown to the Suez War, Oxford 1993.

Bei der Beurteilung beider Fragen fällt auf, dass der Staatsmufti in weiten Strecken seiner Argumentation pragmatischer und konzilianter wirkt, wohingegen die Azhar-Fatwa-Kommission oft in eine Art Fundamentalopposition gerät. Dies erklärt sich aus den unterschiedlichen Aufgaben der beiden Institutionen: der Staatsmufti hat die Politik des Staates zu legitimieren, während die Azhar ihrer Rolle als in der gesamten islamischen Welt anerkannten Autorität in religiös-rechtlichen Fragen gerecht werden muss. Vor diesem Hintergrund ist nur zu verständlich, dass sich Ḥasan Ma`mūn in seiner Argumentation Türen offen hält, um auf neue politische Entwicklungen reagieren zu können.

Dies gelingt ihm durch die strenge Unterwerfung der Hauptfragen unter das Nutzen-Kriterium und den Verweis auf die *siyāsa*-Kompetenz[15], die er beim aktuellen Herrscher des Landes verortet sieht. Diese Kombination führt ihn in der aktuellen Lage natürlich zur Ablehnung eines Friedensvertrages mit Israel und der Bündnisse mit anderen Ländern. Da sich die Dinge aber schnell ändern können, ist es für ihn sinnvoll, den Nutzen der Muslime – und damit sind je nach Situation nur die Ägypter gemeint – zum wichtigsten Argument zu machen. Diese Argumentation machten sich auch die Autoren der Rechtsgutachten von 1979 zunutze.

3. Vorstellung, Analyse und Vergleich der Rechtsgutachten von 1979

3.1. Das Rechtsgutachten der Azhar-Fatwa-Kommission vom 10. Mai 1979

Wie auch 1956 handelt es sich hier um ein Kollektiv-Fatwa der Kommission, das am 9. Mai 1979 erteilt und einen Tag später veröffentlicht wurde.[16] Über die Zusammensetzung der Kommission bei der Erteilung ist jedoch nichts bekannt. Beurteilt wurde der am 26. März 1979 von Israel und Ägypten unterzeichnete Friedensvertrag, dem das Friedensabkommen von Camp David vorausging, das

---

15 Unter dieser *siyāsa*-Kompetenz (vgl. *Vogel*, Siyāsa, EI^2, Bd. IX, 693-696.) versteht man die Entscheidungsfreiheit des Machthabers in Bezug auf staatliche Angelegenheiten, solange er nicht gegen die *šarīʿa* verstößt oder diese nicht Stellung nimmt. Ursprünglich beim Imām verortet, ist diese Kompetenz heute de facto häufig auf den politischen Führer eines Landes übergegangen, wobei Art und Ausmaß dieses Übergangs in der islamischen Welt heftig diskutiert werden. Vgl. ausführlich zu diesem Thema: *Krämer*, Gottes Staat als Republik. Reflexionen zeitgenössischer Muslime zu Islam, Menschenrechten und Demokratie. Studien zu Ethnizität, Religion und Demokratie, Bd. 1, Baden-Baden 1999.

16 Das Fatwa wurde nach meinen Recherchen allerdings nie im *Mağalla al-Azhar* veröffentlicht.

am 18. September 1978 von Anwar al-Sadat und Menachem Begin vereinbart wurde. Beiden Abkommen ging eine Politik der Annäherung zwischen den Staaten voraus, die eng mit der Person Sadats verbunden ist. Nach der Niederlage im Sechs-Tage-Krieg 1967 und dem dort erlittenen Verlust des Sinai und der durch den Oktober-Krieg 1973 wieder erlangten gleichwertigen Verhandlungsposition[17] verfolgte Sadat dezidiert national-ägyptische Interessen. Damit verbunden war eine Loslösung des von Nasser verfolgten Panarabismus, der Beendigung der Zusammenarbeit mit der Sowjetunion und eine Zuwendung zu den USA sowie eine wirtschaftliche Öffnung (*Infitāḥ*) in Richtung der westlichen Welt.

Der Vertrag sah einen Separatfrieden zwischen Ägypten und Israel vor, verbunden mit einem Abzug der israelischen Truppen von der seit 1967 besetzten Sinai-Halbinsel und Rückgabe derselben an Ägypten. Ägypten klammerte dafür die Frage der Zukunft der Palästinenser aus und öffnete den Suez-Kanal wieder für Schiffe mit für Israel bestimmter Ladung.

Im Lager der arabischen Staaten wurde der Separatfrieden Ägyptens wegen des Ausklammerns jeglicher Fragen zum Status der Palästinenser als "Verrat" gebrandmarkt. Die Folge war die Ächtung und der Ausschluss Ägyptens aus der Arabischen Liga, der auf der Gipfelkonferenz der arabischen Staaten im November 1978 beschlossen wurde und dem 1979 der Ausschluss aus der Islamischen Konferenz folgte. Auch innerhalb Ägyptens machte sich – trotz verbreiteter Zustimmung zum Vorgehen Sadats – vehemente Kritik bemerkbar, die vor allem aus den islamisch-fundamentalistischen Kreisen geäußert wurde. Diese hatten als ein Ergebnis der von Sadat selbst initiierten „Islamisierung der ägyptischen Gesellschaft" seit 1970 wieder zunehmend an Einfluss gewonnen. Aus diesen extremistischen Kreisen stammten auch die Mitglieder der *Ǧihād al-Islāmī*-Gruppe, die Sadat während einer Militärparade am 6. Oktober 1981 ermordeten.[18]

---

[17] Im „Oktober-Krieg", je nach Quelle auch „Yom-Kippur-Krieg" oder „Ramadan-Krieg" genannt, gelang den ägyptischen Truppen die Eroberung des Ostufers des Suez-Kanals und die Errichtung eines Brückenkopfes auf dem Sinai. Nach einigen Tagen gelang den Israelis jedoch dasselbe auf der Westseite des Suez-Kanals. Zu diesem Zeitpunkt einigte man sich auf einen Waffenstillstand. Ägypten feiert diese Auseinandersetzung bis heute als Sieg.

[18] Vgl. zu den historischen Hintergründen z.B. *Gilbert,* The Arab-Israeli Conflict. Its History in Maps, London 1984, 4. Aufl.; *Hopwood,* Egypt: Politics and Society 1945-1990, London 1991, 3. Aufl. oder *Yapp,* The Near East since the First World War. A History to 1995, London 1996, 2. Aufl.

Das Fatwa weist ein Stilelement auf, das den Regeln des klassischen *iftā'* entspricht: die Muftis können zwei verschiedene rechtliche Ansichten zu einer Frage formulieren, müssen sich aber dann für eine der beiden entscheiden.

Die erste Ansicht, die die Gelehrten darstellen und für die sie sich am Ende auch entscheiden, besagt, dass ein Friede (*ṣulḥ*) zulässig ist, wenn der Imam nach Prüfung den Nutzen (*maṣlaḥa*) für die Muslime erkennt. Dabei berufen sich die *ʿulamāʾ* auf Sure 8,61 und 9,36.[19] Eine weitere Legitimation erkennen die Muftis im Vertrag von Ḥudaibīya, der als von Muḥammad abgeschlossener Waffenstillstand (*muwādaʿa*) Vorbildcharakter hat. Der *ǧihād* ist in dieser Zeit im übertragenen Sinne (s.o.) weiterzuführen. Über den für die Muslime erkennbaren Nutzen entscheidet der Imam ebenso wie über die Länge des Waffenstillstands. Die Muftis der Azhar haben nicht ausgeführt, auf wen diese Kompetenzen des Imam in der Neuzeit übergegangen sind.

Die zweite, von den Gelehrten in einem kurzen Satz dargestellte Ansicht besagt, dass ein Friede (*ṣulḥ*) nur zulässig sei, wenn eine zwingende Notwendigkeit (*ḍarūra*) vorläge. Sei dies nicht der Fall, so würden die Koranverse, die das *ǧihād*-Prinzip unterstützten, den die *muwādaʿa* legitimierenden Vers 8,61 abrogieren. In dieser Ansicht spielt das andere Kriterium der Legitimation neben der *ḍarūra*, nämlich der Nachweis des Nutzens für die Muslime, keine Rolle.

Ihre abschließende Entscheidung zugunsten der ersten Ansicht begründen die *ʿulamāʾ* zunächst mit dem Hinweis auf den Abschluss des Vertrages von Ḥudaibīya aus einer Position der Stärke heraus. Ferner argumentieren sie, dass die Methode der Begrenzung eines Koranverses durch einen anderen (*taḫṣīṣ*) der Abrogation (*nasḫ*) vorzuziehen sei.

Interessant ist an diesem Fatwa die Tatsache, dass die Kommission trotz der Brisanz, die in der Frage der Zulässigkeit eines Friedens mit Israel an sich liegt, durch die Darstellung zweier konträrer Beurteilungen erkennen lässt, dass es innerhalb der Kommission Meinungsverschiedenheiten gegeben haben muss, wofür auch spricht, dass das Fatwa offensichtlich nie im offiziellen Organ der Hochschule, dem *Maǧalla al-Azhar*, veröffentlicht wurde. Die Darstellung zweier verschiedener Ansichten kann zwei Gründe haben. Es könnte die Intention der Mehrheit der Kommissionsmitglieder gewesen sein, durch die Darstellung einer zweiten, konträren Ansicht, die jedoch letztendlich abgelehnt wird, ein großes Maß an Souveränität und Selbstsicherheit beweisen zu wollen.

[19] Sure 8,61 vgl. FN 10; 9,36: „Und kämpft allesamt (?) gegen die Heiden, so wie sie (ihrerseits) allesamt gegen euch kämpfen!" vgl. *Paret*, Koran, 134.

Gerade durch den direkten Vergleich mit der anderen Ansicht gewinnt erstere mehr Autorität, als sie es durch eine isolierte Darstellung vermocht hätte, zumal sie eine zusätzliche Bestätigung in einem zeitgleich veröffentlichten Kommuniqué der Azhar fand, in dem die zweite Ansicht gar nicht mehr zu Sprache kam. Andererseits kann es aber auch sein, dass die Darstellung beider Ansichten der kleinste gemeinsame Nenner war, auf den man sich wegen der erheblichen Differenzen einigen konnte, bzw. dass es sich um eine Konzession an die anders denkenden *ʿulamāʾ* handelte, da diese zweite Ansicht, nach der Vers 8, 61 durch Teile der Sure 9 abrogiert wird, auch außerhalb der Azhar viele Anhänger hatte. Diese zweite Erklärung erscheint durchaus plausibel, da es seit der Unterzeichnung des Abkommens im März und der Erteilung des Fatwas im Mai in Ägypten zu Unruhen und vehement geführten Auseinandersetzungen in intellektuellen und gelehrten Kreisen über die Zulässigkeit eines solchen Abkommens kam.

3.2. Das Rechtsgutachten des Dār al-Iftā' vom 26. November 1979

War das Gutachten der Azhar-Fatwa-Kommission vom Mai 1979 ein eindrucksvolles Beispiel für ein auf das Wesentliche beschränktes Fatwa, so ist das vom hanafitischen Staatsmufti Ǧādd al-Ḥaqq ʿAlī Ǧādd al-Ḥaqq am 26. November 1979 publizierte Fatwa zum selben Thema das direkte Gegenteil hierzu. Im arabischen Original 16 Seiten stark und mit langen einführenden Passagen zur Theorie von Frieden, Friedensabkommen und Krieg im Islam, versehen mit vielen Koranzitaten, verbindet der Autor mit der Beurteilung des Sachverhaltes lange Ausführungen zur Vorgeschichte der Abkommen mit Israel, die mit Huldigungen an die Adresse Sadats nicht sparen. Die letzten zwei Seiten des Textes bestehen fast ausschließlich aus einer harschen Kritik an den Gelehrten, die die Abkommen öffentlich nicht gutgeheißen hatten.

Auch Ǧādd al-Ḥaqq erklärt den Friedensvertrag mit Israel vor dem Hintergrund des Nutzens für die Muslime für zulässig. Ausgehend von Sure 8,61 erklärt er, dass Frieden sogar als originärer Zustand des Verhältnisses der Menschen untereinander zu definieren sei, wohingegen Krieg nur im Notfall geführt werden dürfe. Damit folgt er eindeutig dem modernen, durch die Salafiya-Bewegung verbreiteten Verständnis des *ǧihād*. Auch bei ihm wird der Vertrag von Ḥudaibīya als Vorbild für Friedensabkommen herangezogen. Zusätzlich betont er in einer längeren Passage über das islamische Vertragswesen, dass es die religiöse Pflicht der Muslime sei, Verträge einzuhalten, solange dies der Vertragspartner auch tue. Dieser Hinweis scheint direkt auf die Kritiker des

Friedensabkommens zu zielen und versucht, durch den dezidiert islamischen Bezug deren Argumenten den Wind aus den Segeln zu nehmen.

Interessant ist auch die Verwendung des *ḍarūra*-Konzeptes im Fatwa des Staatsmuftis: Ǧādd al-Ḥaqq argumentiert, dass es erlaubt sei, Abkommen, die „etwas Ungleichheit" für die Muslime beinhalteten, abzuschließen, wenn dadurch Schlimmeres (i.e. noch größerer Schaden) abgewehrt werden könne. Hier findet sich ein Bezug zum Ausklammern der palästinensischen Frage in den Abkommen. Aus der Sicht der ägyptischen Führung, deren Vorgehen Ǧādd al-Ḥaqq zu legitimieren hat, entspricht es tatsächlich dem kleineren Schaden, unter Missachtung der palästinensischen Interessen einen Separatfrieden mit Israel zu schließen, der Ägypten friedliche Beziehungen und die Rückgabe des Sinai garantiert. Die Alternative wäre das Scheitern eines Abkommens gewesen, und das hätte für Ägypten in der Tat den größeren Schaden bedeutet.

Ganz Staatsmufti, erklärt Ǧādd al-Ḥaqq, dass die Entscheidung über Nutzen und Dauer von Abkommen auf den Präsidenten übergegangen sei. Er prüft daraufhin das Verhalten von Sadat systematisch und stellt fest, dass dieser richtig gehandelt habe.

Kritisch betrachtet erteilt Ǧādd al-Ḥaqq mit seinen Ausführungen nicht ein Fatwa, sondern liefert eher ein politisches Statement in Form eines Fatwas, wobei er sich durch die langen Passagen, die mit der eigentlichen Fragestellung der Zulässigkeit des Abkommens mit Israel nur mittelbar etwas zu tun haben, von allen vier Autoren der hier vorliegenden Fatwas am weitesten vom klassischen *iftā'* entfernt. Allerdings weiß man von Ǧādd al-Ḥaqq, dass er häufig sehr lange Fatwas mit dezidiert politischen Inhalten veröffentlichte und dass er dabei auch ohne direkten Auftrag sog. „Initiativ-Fatwas" erteilte, wenn er es für nötig hielt.

Gerade letztere Aussage wirft die Frage auf, warum der Staatsmufti erst im November 1979 reagierte, zumal bei einem Thema, das in besonderer Weise nach der religiösen Legitimation des staatlichen Handelns verlangte. Warum ließ Ǧādd al-Ḥaqq sich solange Zeit, um dem durch in- und ausländische Kritik angegriffenen Staatspräsidenten zur Hilfe zu kommen?

Sieht man von der eher spekulativen Begründung ab, dass das Gutachten vielleicht im Zusammenhang mit dem ersten Jahrestag der Konferenz von Bagdad und der Formation der Ablehnungsfront der arabischen Staaten am 5. November 1979 erteilt wurde, so finden sich außer den oben erwähnten Ereignissen im März und April des Jahres keine weiteren Anhaltspunkte in der

Zeit zwischen Mai und November. Auch der Ausschluss aus der Arabischen Liga im November geschah nicht von heute auf morgen, sondern steht am Ende eines Prozesses, auf den der Staatsmufti auch früher hätte reagieren können. Zwar wurde die Kritik im In- und Ausland lauter und pointierter, was jedoch nichts an ihrer Grundaussage änderte, die bereits nach Sadats Reise nach Jerusalem formuliert worden war. Aufgrund des großen Raumes, den die Billigung von Sadats Vorgehen und vor allem die vehemente Verurteilung der Gegner des Abkommens am Ende des Gutachtens einnimmt, lässt sich lediglich vermuten, dass Ǧādd al-Ḥaqq Zeit brauchte, um auf die Reaktionen im In- und Ausland die entsprechenden Antworten zu finden, wozu er sich intensiv mit deren Argumentation beschäftigen musste.

3.3. Vergleich der beiden Rechtsgutachten von 1979

Die beiden Rechtsgutachten von 1979 weisen eine übereinstimmende Grundaussage auf: das Friedensabkommen mit Israel und der dazugehörige Vertrag sind nach der *šarīʿa* zulässig. Dabei folgen beide Institutionen einer modernen Betrachtungsweise des *ǧihād* und der Beziehungen zwischen muslimischen und nichtmuslimischen Ländern und erklären diese Beziehungen anhand des Koranverses 8,61 für grundsätzlich friedlich. Eine Abrogation dieses Verses durch Inhalte der Sure 9 wird in beiden Fällen ausgeschlossen. Der Waffenstillstand (*muwādaʿa*) gilt nach den Regeln der *siyar* als *ǧihād* im übertragenen Sinne. Unter Zuhilfenahme entsprechender Autoren gelingt es beiden Institutionen, die Dauer eines solchen Abkommens relativ undefiniert erscheinen zu lassen, womit der Abschluss des Friedensvertrages auf unbestimmte Zeit legitimiert wird.

Sowohl die Azhar-Fatwa-Kommission als auch Ǧādd al-Ḥaqq sind sehr zurückhaltend mit Äußerungen in Bezug auf die Frage, ob Palästina im Allgemeinen und Jerusalem im Speziellen als *dār al-ḥarb* oder als *dār al-islām* zu betrachten sind. Dies ist m.E. Ausdruck der politischen Großwetterlage der Zeit, in der niemand weiteres Öl ins Feuer gießen wollte. Jegliche eindeutige Äußerung zu dieser Frage hätte wahrscheinlich zu Reaktionen der Gegner des Vertrages geführt und eventuell einen Erklärungsnotstand provoziert.

Die Azhar-Fatwa-Kommission macht das Kriterium der Notwendigkeit (*ḍarūra*) zum Grundpfeiler ihrer zweiten Ansicht. Friedensverträge sind demnach im Fall der Notwendigkeit möglich, da der Koranvers 8,61 durch andere Verse abrogiert wird. Mit der Entscheidung der Azhar-Fatwa-Kommission für die andere Ansicht entfällt das Kriterium der *ḍarūra* jedoch völlig zugunsten des Nutzen-

Kriteriums, auf das die erste Beurteilung ausschließlich fußt. Ǧādd al-Ḥaqq wiederum lässt die Notwendigkeit direkt in seine Argumentation einfließen, indem er sie als Kriterium zum Abschluss von Verträgen anwendet, in denen ein Schaden für die Muslime liegt, die jedoch gleichzeitig einen größeren Schaden abwenden. Bei ihm wird also ein Teilaspekt seiner im Ganzen ebenso auf das Nutzen-Kriterium fußenden Argumentation durch die *ḍarūra* legitimiert.

Im Gegensatz zur Azhar-Fatwa-Kommission legt sich der Staatsmufti eindeutig fest in Bezug auf den Übergang der Kompetenz zur Beurteilung des Nutzens für die Muslime auf den Staatspräsidenten und bezieht damit in dieser bis in die heutige Zeit heftig diskutierten Frage deutlich Stellung. Die *ʿulamā'* der Azhar vermeiden hier einen Konflikt und benutzen einfach den Begriff „Imam" weiter. Ob auch dies ein Anzeichen für eventuelle Meinungsverschiedenheiten innerhalb des Gremiums ist oder ob öffentliche Diskussionen durch eine Festlegung vermieden werden sollten, kann hier nicht abschließend beurteilt werden.

Auch wenn beide Gutachten den Vertrag billigen, so hinterlässt das Fatwa der Azhar-Fatwa-Kommission durch die Darstellung der zweiten Beurteilung und unter Vermeidung jeglicher, über die Beantwortung der Frage hinausgehender Aussagen den Eindruck, weniger „staatskonform" als das Gutachten des Staatsmuftis zu sein.

Auch diese beiden Rechtsgutachten müssen abschließend vor den konkreten Ereignissen der Monate März bis November des Jahres 1979 betrachtet werden. Wie schon 1956 reflektieren sie den Stand der öffentlichen Diskussion, diesmal jedoch nicht im Abstand einer Woche, sondern etwas mehr als eines halben Jahres. War es im Mai anscheinend noch vordringlich darum gegangen, den Friedensvertrag an sich zu legitimieren, so musste im November auf die bereits klar formulierten Angriffe und die Umsetzung dieser in die Realität geantwortet werden. Hatte im Mai noch allein die Legitimation staatlichen Handelns im Vordergrund gestanden, so musste im November daneben auch die Legitimation der Gelehrten, die den Friedensvertrag unterstützten, erfolgen. Weitere Anhaltspunkte könnte nur eine Analyse der Zeit vom Herbst 1977 bis einschließlich November 1979 anhand weiterer Quellen (Zeitschriften, Bücher, Verlautbarungen, Flugblätter, etc.) aus Ägypten und dem arabischen Ausland erbringen.[20]

---

[20] Diese Analysen hätten jedoch den Rahmen einer Magisterarbeit deutlich gesprengt.

4. Vergleich der vier Rechtsgutachten von 1956 und 1979

Vergleicht man nun zum Abschluss der Analyse der vier Rechtsgutachten diese miteinander, so stellt man fest, dass zwar die Grundaussagen von 1956 und 1979 differieren, jedoch zumindest in drei von vier Fällen ähnliche Argumentationsschemata verwendet werden.

Die Grundaussage der beiden Fatwas von 1956 lautet, dass unter den gegebenen Umständen ein Friede mit Israel nicht möglich sei. 1979 halten die Muftis der Azhar-Fatwa-Kommission und der Staatsmufti einen solchen Frieden für zulässig, da sich die Umstände geändert haben. Diese Wende um 180 Grad ergibt sich, weil zu beiden Zeitpunkten der Abschluss eines solchen Friedensvertrages den Regeln der *siyar* und im besonderen der *muwādaʿa* unterworfen wird. Ausschlaggebendes und zugleich wichtigstes Kriterium ist dabei allein der Nutzen der Muslime, dessen Abschätzung ursprünglich die Aufgabe des Imams war. Dieser Nutzen wird in der Situation von 1956 als nicht erkennbar beschrieben, im Jahre 1979 dagegen ist er eindeutig vorhanden. Das Kriterium der *ḍarūra* dagegen spielt im Vergleich eine eher sekundäre Rolle.

Daraus folgt, dass auch moderne Sachverhalte, komplizierte bilaterale Vertragswerke und Fragen im Bezug auf die Beziehungen zwischen in Staaten organisierten Muslimen und Nichtmuslimen immer noch nach den klassischen Regeln der *siyar* beurteilt werden. Dabei unterliegt der Bereich des *ǧihād* der Adaption einer modernen, von der Salafīya-Bewegung geprägten Betrachtungsweise, so dass die Beziehungen als grundsätzlich friedlich erachtet werden. Abgesehen davon bleibt jedoch das Grundgerüst vor allem der *muwādaʿa* erhalten bis auf einige Anpassungen, die den veränderten Zeiten Tribut zollen.

Diese Anpassungen betreffen vor allem die Definition der Begriffe „Imam" und „Muslime" in den Gutachten. Zu beiden Zeitpunkten wird dabei anerkannt, dass das *dār al-islām* inzwischen in einzelne Nationalstaaten zu unterteilen ist, in denen es jeweils eine Staatsregierung und ein Staatsvolk gibt. Die Aufgaben des Imam fallen dabei in vielen Bereichen der Regierung des Einzelstaates zu, wobei es keine Rolle spielt, ob es sich dabei um eine Monarchie, eine Demokratie jeglicher Art oder um eine Diktatur handelt, solange die Entscheidungen im Rahmen der *siyāsa*-Kompetenz unter Beachtung der *šarīʿa* getroffen werden. Die Anerkennung des nationalstaatlichen Prinzips hat auch die Aufgabe des ursprünglichen *umma*-Konzepts zur Folge. Mit „Muslimen" sind an vielen Stellen der vier Fatwas, besonders jedoch 1979, einfach die Einwohner Ägyptens gemeint. Werden die Muslime jedoch z.B. zur Einheit und zum Kampf gegen den gemeinsamen Gegner aufgerufen, so sind damit die Angehörigen der „ideellen" *umma* gemeint. Es kommt also auf den jeweiligen Textzusammenhang innerhalb des Rechtsgutachtens an. Interessant ist allerdings, dass die Verfasser der vier Fatwas im Gegensatz zu ihren sonstigen, oft sehr detailliert ausgeführten Argumentationen bei diesen Begriffen sehr vage geblieben sind und die gerade erläuterten Begriffsveränderungen meist einfach unkommentiert gelassen haben.

Aus der Anwendung der *siyar* folgt aber auch: Das *ǧihād*-Prinzip mag durch den Beitrag der Salafīya auf seine defensive Auslegung zurückgedrängt sein, seine Bedeutung hat es dadurch keineswegs verloren. Alle vier Rechtsgutachten argumentieren weiterhin mit dem *ǧihād,* und sei es nur in der Feststellung, dass die *muwādaʿa* ein solcher „im übertragenen Sinne" sei. Außenpolitisch mag der *ǧihād,* wie Rudolph Peters bemerkt, von Regierungsseite her keine eigene Rolle mehr spielen, die *ʿulamā'* jedoch müssen weiterhin präzise Argumentationen anführen, um seine Suspension zu rechtfertigen.

5. Verifizierung der eingangs vorgestellten Thesen und Fazit

In den eingangs vorgestellten vier Thesen wurde formuliert, dass (1) die Fatwas von 1956 eine Legitimation staatlichen Handelns im Voraus darstellen, (2) die Fatwas von 1979 eine solche Legitimation im Nachhinein darstellen, (3) sich aus den Rechtsgutachten Rückschlüsse über die unterschiedliche „Nähe" der Institutionen zum ägyptischen Staat erkennen lassen und dass diese Gutachten – als Fazit – (4) einem Genre des politischen Fatwas zuzuordnen sind, dessen Definition und theoretische Grundlagen noch ausstehen.

Nach den Regeln des klassischen *iftā'* sollen Fatwas einem konkreten Anlass entspringen und nicht ungefragt erstellt werden. In Bezug auf die Rechtsgutachten von 1956 fällt es jedoch schwer, einen solchen konkreten Anlass zu finden, weswegen zur Verifizierung der ersten These nochmals kurz auf die historischen Zusammenhänge verwiesen werden muss.

Überprüft man – wie oben beschrieben – den Zeitraum 1955/56 auf zu den Hauptthemen der Fatwas passenden Ereignissen und Prozessen, wird man durch die Kulmination von Friedensbemühungen und deren Scheitern um die Jahreswende 1955/56 (Plan Alpha und Plan Gamma), die Bemühungen der eindeutig als imperialer Macht verstandenen Briten um den „Bagdad-Pakt", die Ende 1955 in ein Ringen um den Beitritt Jordaniens zu diesem einen Höhepunkt fanden sowie die zunehmenden Spannungen zwischen Ägypten und Israel im Verlauf des gesamten Jahres 1955 schnell fündig.

Spätestens seit der Bekanntgabe des ägyptischen Abkommens mit der Tschechoslowakei über die Lieferung sowjetischer Waffen war man sich in Israel darüber einig, dass eine offene Konfrontation mit Ägypten nur noch eine Frage der Zeit sein könne. Aus der Sicht Israels war daher ein baldiger Waffengang sogar von Vorteil, da man schätzte, dass Ägypten etwas mehr als ein halbes Jahr benötigen würde, um die neuen Waffen in seine Armee zu integrieren.

Man mag nun anführen, dass die Bereitschaft und der Wille Israels zum Krieg nicht ausreichten, um eine gleiche Haltung auch für Ägypten anzunehmen und so in den Fatwas eine Legitimation im Voraus zu erkennen. Nach meinem Verständnis der Ereignisse kann man jedoch davon ausgehen, dass auch Nasser bewusst war, dass eine Eskalation der Gewalt früher oder später unvermeidlich werden würde. Sich also neben einer Bestätigung der bisherigen Politik bezüglich der Ablehnung von Friedens- und Bündnisverträgen um eine einwandfreie religiöse Legitimation für eine als unvermeidbar angesehene, zukünftige militärische Auseinandersetzung zu bemühen, erscheint beim Stand der Dinge Ende 1955 durchaus als plausibel.

Zur Überprüfung der zweiten These muss man erkennen, dass es – im Gegensatz zum Jahr 1956 – 1979 die Politik war, die zuerst die Fakten schuf, denen die *'ulamā'* nur noch ex post religiöse Legitimation verschaffen konnten und vor allem wohl auch sollten. Die These ist damit bereits in ihren Grundzügen belegt, es sind eher die oben erwähnten Begleitumstände wie das Erscheinungsdatum oder die Unterschiede, die hier von Interesse sind.

Auch die Aussage der dritten These, nämlich dass das Dār al-Iftā' zu beiden Zeitpunkten eine größere argumentative Nähe zum ägyptischen Staat aufweist, ist im Wesentlichen bestätigt, was allerdings auch keine größere Überraschung darstellt. Beide Institutionen treten mit einem sehr unterschiedlichen Selbstverständnis an: trotz weitgehender Inkorporation in den ägyptischen Staat sehen sich die Gelehrten der Azhar weiterhin als Vertreter der ältesten und anerkanntesten Hochschule der islamischen Welt, wohingegen das Dār al-Iftā' vom ägyptischen Staat gegründet und von diesem institutionell wie ökonomisch völlig abhängig ist. Es versteht sich nicht als Vertreter aller Muslime sondern des ägyptischen Staates, dessen Handlungen bei Bedarf religiös zu legitimieren sind und dessen Verständnis des Islams durch die Arbeit des Dār al-Iftā' verbreitet werden soll.

Es wird damit deutlich, dass der ägyptische Staat prinzipiell zwei Arten von Legitimation seines Handelns erwirken kann. Die Legitimation durch das Dār al-Iftā' ist aufgrund des Selbstverständnisses und der Geschichte der Institution immer garantiert und – zumindest im Beispiel der hier untersuchten Rechtsgutachten – mit einer höheren Identifikation des Muftis für den Staat versehen. Genau durch dieses andere Selbstverständnis ist die Legitimation durch die Azhar, wie auch Beispiele der 90er Jahre zeigen, nicht gesichert, und die Universität hat einen geringeren Identifikationsgrad mit der Politik des Staates. Diesen beiden Nachteilen steht das über die Grenzen Ägyptens hinausreichende Prestige einer solchen Legitimation der Azhar gegenüber, die vor allem in der Außenpolitik von hohem Wert sein kann.

Damit ist man bei der letzten These und der Theorie des politischen Fatwas angelangt. Ich persönlich verstehe das Folgende allerdings als Ausblick auf einen Weg, da eine grundlegende Definition und Ausarbeitung einer solchen Theorie nicht im Rahmen einer Magisterarbeit in entsprechender Form entwickelt werden konnte.

Erste Ansätze für eine Beschäftigung der Forschung mit Fatwas in einem über die reine Erkenntnisgewinnung im Bereich des islamischen Rechts hinausgehenden Sinn gibt es schon länger: Birgit Krawietz hat bereits 1995 darauf hingewiesen, dass die Geschichte der politischen Instrumentalisierung von Fatwas noch geschrieben werden muss.[21] Auch Sami Aldeeb Abu-Sahlieh erkennt, dass Muftis und deren Fatwas neben der Beantwortung von Fragen auf den Ebenen Gott-Mensch (*ʿibādāt*) und Mensch-Mensch (*muʿāmalāt*) zusätzlich auch der Legitimation des Machthabers dienen können.[22]

Fatwas leisten dabei aufgrund ihrer im 20. Jahrhundert durch zahlreiche Medien veränderten Breiten- und Tiefenwirkung gute Dienste, derer sich die Machthaber bewusst bedienen. Dies geschieht z.B. mit den Pressekonferenzen des Dār al-Iftā' in Kairo, auf denen Fatwas zu gesellschaftlichen Fragen veröffentlicht werden, von denen bekannt ist, dass unter den islamischen Gelehrten Differenzen bezüglich ihrer Beurteilung bestehen.

Deshalb muss die Definition m.E. von der anderen Seite angegangen werden: es handelt sich bei politischen Fatwas um Rechtsgutachten, durch die eine zunächst rein politische Frage oder das hinter ihr stehende Anliegen des Machthabers in

---

21 Vgl. *Krawietz*, Der Mufti und sein Fatwa: Verfahrenstheorie und Verfahrenspraxis nach islamischem Recht, Welt des Orients 26 (1995), 161-180.

22 *Aldeeb Abu Sahlieh*, L'institution du mufti et de sa fatwa/ décision en islam, Praxis Juridique et Religion 7ii (1990), 125-148, hier 148.

eine rechtliche Frage bzw. deren Beurteilung übersetzt wird. Durch die Involvierung einer zum Machthaber loyalen, religiösen Autorität erfährt auch das Vorgehen desselben einen anderen und zugleich höheren Grad an Legitimation, oder, falls es schief geht, auch die Diskreditierung des Rechtsgelehrten.

Dabei geht es nicht mehr in erster Linie um die objektive Klärung und Beurteilung eines Sachverhaltes anhand von Koran und *sunna*, sondern um die Legitimation des politischen Handelns des Machthabers, die Legitimation oft bereits geschaffener Fakten oder allgemeiner die Verbreitung der spezifischen Version des Islams, die im Herrschaftsbereich dieses Machthabers dominieren soll. Nach dieser Definition sind politische Fatwas häufig also wenig mehr als das Verhalten des Staates legitimierende Statements, die in die Form eines islamischen Rechtsgutachtens gekleidet sind.

Politische Fatwas werden natürlich nicht nur von Machthabern zur Legitimation benützt. Auch ihre Gegner im In- und Ausland, also oppositionelle Gruppen oder mitunter auch ganze Staaten, versuchen ebenso ihr Vorgehen und ihr Verständnis des Islams durch entsprechende Rechtsgutachten legitimieren zu lassen. Dabei bedienen sie sich in gleicher Weise ihnen nahestehender Muftis und aller Medien, in denen sie die Möglichkeit haben, ihre Standpunkte publik zu machen.

Man mag nun einwenden, dass die Zahl der politischen Fatwas im Vergleich zu denen im Bereich des Personenstands- oder Erbrechts verschwindend gering ist, aber hier gilt es zu bedenken, dass durch die politischen, zeitgeschichtlichen und gesellschaftlichen Umstände und die handelnden Personen viele Themen ein politisches Fatwa nach dem oben genannten Definitionsansatz werden können, man denke hierbei z.B. an Fragen aus dem medizinischen Bereich wie die Beschneidung von Frauen in islamischen Ländern, deren Beurteilung auch eine politische Frage ist.

Kriterien zur Bearbeitung von Fatwas sind auch heute noch – wie Jakob Skovgaard-Petersen zeigt – wenig einheitlich, weshalb auch die möglichen Kriterien zur Bearbeitung politischer Fatwas hier nur angerissen werden konnten. Insgesamt kann davon ausgegangen werden, dass es nicht mehr darauf ankommt, ob diese Rechtsgutachten in Form und Inhalt mit den Regeln des klassischen *iftā'* übereinstimmen. Wichtig ist in diesem Zusammenhang allein, dass der Autor und/oder der Initiator des Fatwa dieses als ein solches versteht, denn die Kennzeichnung einer noch so subjektiven Aussage als Rechtsgutachten verleiht ihr eine besondere Autorität.

Des Weiteren muss sich das Augenmerk auf die Art der Argumentation und den Bezug auf das klassische Recht konzentrieren, da hierüber Rückschlüsse darauf möglich sind, in welchem Verhältnis die im Fatwa präsentierte Haltung zu anderen Auffassungen steht, also z.B. der des Staates, der Opposition oder anderer muslimischer Staaten. Dabei ist eine Einbettung in den politisch-historischen Hintergrund der Zeit ebenso unerlässlich wie die Beschäftigung mit der Person des Muftis oder der Gruppe von Muftis, die gemeinsam ein Fatwa erteilen. Neben biographischen Untersuchungen spielt hierbei auch die Institution, in der der Mufti oder die Gruppe von Muftis zur Zeit der Erteilung ihres Rechtsgutachtens arbeiten, und das Verhältnis dieser Institution zum Staat eine wichtige Rolle.

Allerdings ist die Möglichkeit, allgemeine Aussagen über das Genre der politischen Fatwas aus den untersuchten vier Rechtsgutachten abzuleiten, als begrenzt einzuschätzen, da es sich nur um Fatwas zweier ägyptischer Institutionen mit einem relativ kurzen zeitlichen Abstand handelt. Um gewissermaßen eine Theorie des politischen Fatwas zu entwickeln, ist eine wesentlich höhere und heterogene Fallzahl unerlässlich.

PRÄSIDENT MUSHARRAF UND DER INSTITUTIONELLE ISLAM – BRUCH, REFORM ODER KONTINUITÄT?

Dr. Dietrich Reetz, Berlin

Mit den Wahlen zu einem neuen Parlament in Pakistan im Oktober 2002 und dem Amtsantritt einer Zivilregierung im Dezember des Jahres ist die direkte Militärherrschaft zunächst formal zu Ende gegangen. Berücksichtigt man jedoch, dass Musharraf (geb. 1943) weiter Präsident bleibt und gleichzeitig Armeechef, dass er Verfassungsänderungen durchgesetzt hat, die ihm ein erhebliches Mitspracherecht an den Regierungsgeschäften einräumen und erlauben, die Regierung zu entlassen, wird deutlich, dass sich das Militär nicht aus der Politik zurückgezogen hat. Nach wie vor verfügt der Armeechef damit über die Richtlinienkompetenz. Er prägt so eine ganze Periode der pakistanischen Politik in einer für Pakistan außerordentlich schwierigen Zeit. Diese ist auch bestimmt durch ein widerspruchsvolles Verhältnis zum islamistischen Milieu in Pakistan, das seit längerem im Blickpunkt der internationalen Öffentlichkeit steht, besonders aber seit dem 11. September 2001 und dem anschließenden Anti-Terror-Krieg der USA und ihrer Verbündeten in Afghanistan.

Die islamischen Parteien und ihr Umfeld

Um die Umstände des Agierens der Militärregierung deutlich zu machen, ist es erforderlich, näher auf die islamischen Strukturen einzugehen. (Siehe auch Anlage) Institutioneller Islam meint hier den „islamischen Sektor", den organisierten Islam wie die islamischen Parteien, Organisationen, Bildungs- und Wohlfahrtseinrichtungen. Die Muslime bilden einen Bevölkerungsanteil von ca. 97 %.[1] Davon sind etwa 20-25 % Schiiten. Bei den aktivistischen Gruppen und Strukturen des Islams handelt es sich zumeist um puristische sunnitische Bewegungen und Parteien, die der hanafitischen Rechtsauffassung folgen, wie die große Mehrheit der Muslime in Südasien. Auch wenn die aktivistischen Gruppen im Lande und international die Schlagzeilen beherrschen, vertreten sie von der numerischen Anhängerschaft her eine eher kleine Gruppe der Bevölkerung.

---

[1] Vgl. U.S. Central Intelligence Agency: The World Factbook 2002. Washington, DC: online, auf <http://www.cia.gov/cia/publications/factbook/index.html>. Die Minderheiten sind im Wesentlichen Hindus, Christen und Aḥmadīs zu nahezu gleichen Teilen. Die Prozentanteile sind jedoch angesichts der Ungenauigkeit der Datenerhebungen umstritten. Iftikhar Malik geht beispielsweise von 8 Prozent Minderheiten aus. *Iftikhar H. Malik*, Religious Minorities in Pakistan. Minority Rights Group International. August 2002. S. 10, auf <http://www.minorityrights.org/OnlineReports/OnlineReport.asp?ID=24>.

Musharraf schätzte im Zusammenhang mit den Protestaktionen gegen die Beteiligung Pakistans an der Anti-Terror-Koalition, dass ihnen wahrscheinlich 10 bis 15 Prozent der Bevölkerung folgen. Diese Annahme erscheint realistisch. Der überwiegende Teil der Muslime folgt weitgefächerten Formen der Volksfrömmigkeit wie der Schrein- und Heiligenverehrung, die zum Teil stark durch den Sufismus geprägt sind. In einigen Regionen wie in Sindh und im südlichen Punjab sind auch Einflüsse des Hinduismus zu erkennen. Dieser Volksislam spielt in der islamistischen Politik eher eine untergeordnete Rolle. Allerdings bildeten gerade die Verwalter der Schreine, die *Pīr*, eine wichtige Antriebskraft für die Pakistanbewegung in der späten Kolonialzeit. Sie verfügen auch heute noch mitunter über großen lokalen Einfluss.

Aktivster Bestandteil des islamischen Sektors sind die islamistischen Parteien[2]. Sie entstanden überwiegend in der späten Kolonialzeit in der ersten Hälfte des zwanzigsten Jahrhunderts im engen Zusammenhang mit der antikolonialen Bewegung. Viele waren Teil des radikalen Flügels der Nationalbewegung und so durch eine stark antiwestliche und antibritische Haltung geprägt. Sie entstanden zumeist aus Vereinigungen von Religionsgelehrten (*ʿUlamā'*), die später auch aktive politische Funktionen bis hin zur Beteiligung an Wahlen wahrnahmen.[3] Die *ʿUlamā'* bilden auch heute noch die wichtigste Stütze dieser Parteien. In ihrer Person verknüpfen sie die islamistischen Parteien eng mit dem islamischen Bildungssektor, den *Madrasa*, die sich zu einer einflussreichen Form der religiösen Massenbildung entwickelt haben. Die *Madrasa* gewannen vor allem dadurch an Einfluss, dass sie in großer Zahl den Unterschichten Zugang zu formaler Bildung ermöglichen. Angesichts der eklatanten Misere im öffentlichen Bildungssektor stellen sie für viele Pakistaner oft die einzige Alternative dar. Zugleich wird durch den Verzicht auf moderne Unterrichtsfächer und das Festhalten an dem traditionellen theologischen Kanon aus dem 17. Jahrhundert (*dars-e niẓāmī*) eine zum Teil sehr weltfremde und realitätsferne Grundhaltung erzeugt. Allgemeinwissen wird nur in geringem Maße vermittelt.

Die bekanntesten islamistischen Parteien sind in dem Sechs-Parteien-Bündnis der Vereinigten Aktionsfront (*Muttaḥidā Majlis-e ʿAmal* – MMA) zusammenge-

---

2 „Islamischer Sektor" wird hier als strategischer Begriff gebraucht, der alle Formen des organisierten Islams meint und damit weit über die islamistischen Kräfte hinausgeht. „Islamismus" und abgeleitete Formen werden hier als Ausdruck von Politik und Ideologie im Namen des Islams verstanden, die ein reduktionistisches Islamverständnis zugrunde legen.

3 Ausführlicher siehe dazu *Reetz*, God's Kingdom on Earth: The Contestation of the Public Sphere by Islamic Groups in Colonial India (1900-1947), Habilitationsschrift (unveröff.), Berlin: Freie Universität, FB Politik- und Sozialwissenschaften, November 2001, 381 S.

schlossen. Die prominenteste Rolle spielt dort jedoch eine eher moderne Partei, die nur bedingt als Gelehrtenpartei zu betrachten ist, die Islamische Partei (*Jamāʿat-i Islāmī* – JI) unter Qazi Husain Ahmad (geb. 1938). Sie wurde 1941 von Maulānā Maudūdī begründet und steht in der Tradition der nahöstlichen Muslimbrüder. Sie vertritt einen Islam, der zwar puristisch geprägt ist, jedoch bewusst politisch agiert. Sie ist zum Teil um modernes Auftreten bemüht, was sich im Gebrauch des Englischen, des Internets und moderner Medientechniken widerspiegelt. Sie wendet sich an breite städtische Schichten und die technokratische Elite. Die Partei strebt ganz offen die politische Herrschaft an, die sie als Voraussetzung einer islamischen Erneuerung der Gesellschaft betrachtet. Den Weg dahin soll eine islamische Reformation der Elite ebnen. Qazi Husain ist der herausragende Taktiker der MMA und deren stellvertretender Vorsitzender. Seine Partei, die JI, verfügt jedoch über eine eher geringe Massenbasis. Die anderen fünf Parteien sind klassische Gelehrtenvereinigungen, die sich jedoch aktiv an der bürgerlichen Wahlpolitik beteiligen. Die beiden wichtigsten sind Flügel der Vereinigung der islamischen Rechtsgelehrten (*Jamʿīyat al-ʿUlamā'-i Islām* - JUI). Der größere wird von Fazlur Rehman (geb. 1951, JUI-F) geführt, zugleich Vorsitzender der MMA. Der kleinere Flügel wird von Samiul Haq (JUI-S) geleitet. Die JUI vertritt die puristische Denkschule der Deobandis, so benannt nach der 1863 im nordindischen Provinzstädtchen Deoband gegründeten Religionshochschule *Dār al-ʿulūm Deoband.* Das Netz der mit ihr affiliierten *Madrasa* überspannt nicht nur den südasiatischen Subkontinent, sondern reicht in alle islamischen und westlichen Länder, wo Muslime südasiatischen Ursprungs leben. Bei den JUI-Vertretern handelt es sich um eher traditionell gebildete Gelehrte, die gleichwohl inzwischen zahlreiche politische Erfahrungen, darunter als Mitglieder des Senats, der 2. Kammer des Parlaments, erworben haben. Die JUI-Fraktionen gelten als theologische und ideologische Paten der afghanischen *Ṭalibān.* Sie verfügten offenbar auch über enge Verbindungen zum *al-Qāʾida*-Netzwerk, zumindest in Afghanistan und Pakistan. Viele *Ṭalibān*-Führer absolvierten Deobandi *Madrasa* in Pakistan und ließen sich von JUI-Politikern beraten. Politisch sind die JUI-Fraktionen besonders fest in den Stammesstrukturen der Pakhtunen und Balutschen in den Provinzen *Northwest Frontier Province* und *Baluchistan* verwurzelt. Sie verbinden religiösen Purismus mit ausgeprägt sozialkritischen und antiwestlichen Haltungen. Ihre Gründungsväter profilierten sich in der Kolonialzeit als besonders konsequente antibritische Nationalisten und Parteigänger der eher links gerichteten Kongresspartei (*Indian National Congress* – INC).

Die Gelehrtenvereinigung Pakistans (*Jamʿīyat al-ʿUlamā'-i Pakistān* – JUP) vertritt die Denkschule der Barelwis, die sich so nach dem Entstehungsort Bareilly in Nordindien, unweit von Deoband, nennen, wo sie als formale Richtung von Ahmad Riza Khan (1856-1921) begründet wurden. Sie bildeten unter den Sunniten einen Gegenpol zu den Deobandis, da sie die Heiligenverehrung und den Gräberkult befürworteten, den die Deobandis strikt ablehnten. Sie gaben vor, die große Masse der einfachen, sufisch geprägten Sunniten zu vertreten, auch wenn sie nur eine eher kleine Elite von Schreinverwaltern und Sufi-Shaykhs erfassten. Die JUP hat sich in den letzten Jahrzehnten, vor allem unter ihrem jetzigen Führer Nūrānī, zunehmend politisiert und radikalisiert.

Auch die Gelehrtenvereinigung der *Ahl-i Ḥadīth* (Volkes der Tradition – AH) hat sich inzwischen zu einer politischen Partei entwickelt. Sie lehnt sämtliche Rechtsschulen ab und ist sehr stark durch die arabische *Wahhabīya* und *Ṣalafīya* beeinflusst, mit enger Anbindung an Saudi-Arabien. Obwohl eine relativ kleine Gruppe, hat sie jedoch seit den siebziger Jahren ein überdurchschnittliches Wachstum zu verzeichnen, vor allem in den Städten, aber auch in mehreren, kommerziell erfolgreichen ländlichen Gebieten. Auch sie verfügt über enge Verbindungen zu militanten Gruppen. Vor allem die *Lashkar-i Taiba* (Heilige Armee – LT) machte in Kaschmir und Afghanistan von sich reden.

In die MMA wurde auch eine schiitische Partei aufgenommen, die Bewegung für das islamische Recht nach Imām Jaʿffar (*Taḥrīk-e Jaʿffrīya-e Pakistān* – TJP). Sie entstand 1979 als Reaktion gegen die sunnitisch geprägte Islamisierung des öffentlichen Lebens und von Teilen des Rechtssystems unter Zia-ul-Haq (1924-1988).[4] Lange Zeit war sie auch daran beteiligt, die militanten Sektenauseinandersetzungen zu schüren. Seit ihrem Mitwirken in der MMA konnten die Ausschreitungen eingedämmt werden. Aber gerade die religiösen Milizen sunnitischer und schiitischer Prägung haben sich weitgehend verselbständigt und setzten ihre gegenseitigen terroristischen Anschläge fort.

Die sunnitischen Parteien haben in den letzten zehn Jahren zunehmend gemeinsam die Umsetzung radikaler sunnitischer Vorstellungen betrieben, deren Formierung auf die späte Kolonialzeit zurückgeht. Dieses Programm religiöser Intoleranz und Militanz hat inzwischen weite Teile des islamistischen Milieus in Pakistan erfasst. Dazu gehört die Sanktionierung des gewaltsamen *jihād* für lokale und nationale politische Zwecke. Hier ist die Entstehung und Ausbreitung der religiösen Milizen einzuordnen, militante Freiwilligen- oder Freischärlerverbände, die auch *Mujāhidīn* genannt werden. Kulturell und historisch gehen diese Verbände auf das frühe neunzehnte Jahrhundert zurück, als sie, vor allem in den Stammesgebieten, als Instrument lokaler politischer und religiöser Auseinander-

4 Damals als Bewegung zur Durchsetzung des Islamischen Rechts nach Imam Jaʿffar (*Taḥrīk-e Nifāz-e Fiqh-e Jaʿffrīya* – TNFJ) gegründet, tritt seit 1987 auch als politische Partei auf.

setzungen dienten. Sie erhielten in der antikolonialen Bewegung des frühen zwanzigsten Jahrhunderts eine neue Legitimation. Eine besondere Aufwertung erfuhren sie in der Zeit des Afghanistan-Krieges gegen die Sowjetunion (1979-89). Damals wurde ihre Infrastruktur durch den islamistisch gesonnenen Militärdiktator Zia-ul-Haq massiv ausgebaut, der gleichzeitig zahlreiche öffentliche Mittel in den *Madrasa*-Sektor umlenkte. Sie erhielten auch umfangreiche Hilfe aus dem Westen, vor allem aus den USA, für den Krieg gegen die Sowjetunion. In den neunziger Jahren richteten sich ihre Aktivitäten vor allem auf den Bürgerkrieg in Afghanistan, auf den Kaschmirkonflikt und gegen innere „Feinde" und „Abweichler". Zu letzteren zählten die radikalen Sunniten vor allem Anhänger der Reformsekte der *Aḥmadīya*, aber auch Schiiten, sowie, mit zum Teil politischem Hintergrund, Nicht-Muslime wie Christen, Juden und Hindus.

Die Hoffnungen der Islamisten

Als General Musharraf am 12. Oktober 1999 die Macht ergriff und die Regierung des gewählten Ministerpräsidenten der Pakistanischen Muslimliga (PML), Nawaz Sharif (geb. 1949), stürzte, begann für Pakistan die vierte Periode einer Militärdiktatur. Zuvor hatten bereits die Armeechefs Ayub Khan von 1958 bis 1962, Yahya Khan von 1969 bis 1971 und Zia-ul-Haq von 1977 bis 1985 das Land unter Kriegsrecht verwaltet. Musharraf hatte sich in den Augen der Islamisten vor allem im Verlaufe des Jahres 1999 als jemand empfohlen, der die Grundsätze der islamisch gefärbten Pakistan-Ideologie nachhaltig vertrat. Besonders in der Kaschmir-Frage hatte er eine unerwartet entschlossene Haltung eingenommen, die Beobachter auch als abenteuerlich werteten. Im Mai des Jahres war die pakistanische Armee mit Unterstützung weniger islamistischer Freischärler auf vorgelagerte Berggipfel im Kargil-Sektor hinter die Kontrolllinie im indisch verwalteten Kaschmir vorgedrungen. Diese Positionen wurden von der indischen Armee regelmäßig im Winter geräumt und im Frühjahr wieder besetzt. Dies schien aus technisch-taktischer Sicht ein perfekter Plan zu sein. Das Terrain würde es den indischen Streitkräften nur schwer möglich machen, die pakistanischen Kräfte wieder von den Bergpositionen zu vertreiben. Musharraf hatte offensichtlich aus Frustration darüber gehandelt, dass der „Aufstand" in Kaschmir gegen die indische Kontrolle über den Bundesstaat immer weniger öffentliche Aufmerksamkeit und Unterstützung fand. 1990 von überwiegend einheimischen Widerstandsgruppen begonnen, wurde dieser Kampf gegen die indische Kontrolle über den Bundesstaat seit 1994/95 zunehmend von ausländischen islamistischen Kämpfern kontrolliert, die aus Richtung Pakistan kamen.[5] Verstärkt richtete sich das Kampfgeschehen gegen die Zivilbevölkerung. Doch Musharraf verkannte die internationale Lage ebenso wie die politische Gemengelage im eigenen Land. Auch die massive militärische Gegenwehr der indischen Streitkräfte überstieg wie schon oft in der jüngsten Geschichte die Erwartungen der pakistanischen Seite. Besonders die USA übten nachhaltigen Druck aus, da sie den Ausbruch eines offenen Konfliktes zwischen den frischgekürten Nuklearmächten fürchteten, die gerade erst ein Jahr zuvor mit mehreren Sprengsätzen ihren Nuklearstatus offiziell bekräftigt hatten. Diesem Druck gab der pakistanische Ministerpräsident Nawaz Sharif nach und ordnete den Truppenrückzug an. In der Öffentlichkeit gab er jedoch der Armeeführung die Schuld an dem Debakel, da sie ihn angeblich nicht richtig informiert hatte. Das war offensichtlich der Anfang vom Ende der Nawaz-Sharif-Regierung.[6] Die Armeeführung hatte zwar heftige Verluste erlitten und besaß keine Alternative zum Rückzug. Aber sie verwand die öffentliche Bloßstellung nicht. Sie nahm auch übel, zum Rückzug gezwungen zu werden, ohne aus ihrer Sicht militärisch geschlagen worden zu sein.

Dieser Verlauf zeigte deutlich, wie sich hier, vor allem aus der Sicht islamistischer Kräfte, religiös-ideologische Erwartungen mit politischen Kalkulationen und Zwängen mischten. Jeder der Beteiligten nahm dabei sehr verengt nur seine Sicht der Dinge wahr.

Das traf im Prinzip auch auf den zweiten Wunsch auf der Agenda der islamistischen Parteien zu. Sie hofften, dass Musharraf eine Entwicklung rückgängig machte, die Nawaz Sharif noch unmittelbar vor seinem Sturz einleitete. Unter massivem Druck der USA, aber auch angesichts zunehmender innenpolitischer Spannungen hatte sich Nawaz angeschickt, den Spielraum der militanten islamistischen Gruppen zu beschränken. Erstmals erhob er Forderungen nach Schließung von Ausbildungslagern in Afghanistan.[7] Dabei meinte er allerdings hauptsächlich jene Gruppen, die in die verhängnisvollen sunnitisch-schiitischen

---

5 BBC News South Asia: Who are the Kashmir militants? 10 August 2000, auf <http://news.bbc.co.uk/hi/english/world/south_asia>; *ICG*: Kashmir: Confrontation and Miscalculation, 11. Juli 2002, auf der Webseite der *International Crisis Group*, <www.crisisweb.org>.

6 Vgl. Respect LoC [Line of Control in Kashmir], Clinton advises Nawaz Sharif. Hindustan Times, 5. Juni 1999; COAS [Chief of Pakistan's Army Staff] says Pakistan, US leaders may meet on Kashmir: Unilateral withdrawal from LoC ruled out. Dawn, 27. Juni 1999; India debunks Pak claim of deal on Kashmir. Times of India, 17. September 1999; Qazi accuses Nawaz of trying to remove COAS. News. 24. September 1999.

7 Afghan camps training terrorists: PM. News. 8. Oktober 1999.

Sektenauseinandersetzungen in Pakistan verwickelt waren. Deren Personal und Strukturen deckten sich jedoch zum großen Teil mit denen der *Mujāhidīn*-Aktivitäten im afghanischen Bürgerkrieg und in Kaschmir. Es wurde zudem spekuliert, dass sich Nawaz Sharif nach seinem Friedensgipfel mit dem indischen Ministerpräsidenten Vajpayee im Januar 1999 in Lahore darauf vorbereitete, mit Indien einen weitreichenden Kompromissschritt zur endgültigen Lösung der Kaschmirfrage zu gehen. Diese Absicht traf bei den Islamisten auf entschiedenen Widerstand und fand auch in der Armee keineswegs ungeteilte Zustimmung.

Auch der dritte Wunsch der Islamisten an das Militär machte die verwirrende Verquickung von religiöser Ideologie und Politik sichtbar. Die Islamisten erwarteten, dass die Militärführung ihren Wünschen nach einer institutionellen Reformation des pakistanischen Wahl- und Regierungssystems mehr Verständnis entgegenbringen würde als die Nawaz-Regierung. Vor allem hofften sie auf eine Änderung des Wahlsystems.[8] Das bisherige reine Mehrheitswahlrecht hatte es den islamistischen Parteien kaum ermöglicht, ihren Stimmenanteil in Abgeordnetenmandate umzusetzen. Musharraf hatte sich für eine Revision des Wahlrechts und die Einführung einer Form des Verhältniswahlrechts, evtl. in Verbindung mit dem Mehrheitswahlrecht eingesetzt. Doch ging es Musharraf nicht primär um die islamistischen Parteien. Er wollte vor allem die Machtbasis der beiden großen Parteien, Muslimliga und Pakistanische Volkspartei, schwächen, die seiner Überzeugung nach durch ihre korrupte Klientelwirtschaft in den neunziger Jahren Pakistan an den Rand des wirtschaftlichen und politischen Abgrunds manövriert hatten.

Die Enttäuschung über Musharrafs Wandel

Die Hoffnungen der Islamisten wurden im Verlaufe der direkten Militärherrschaft durch Musharraf mehrfach enttäuscht. Zugleich kam er ihnen in einem unsteten Zickzack-Kurs immer ein Stück entgegen. Nach seinem Amtsantritt zeigten sich die Islamisten vor allem entsetzt über die Selbstdarstellung von Musharraf, die weder traditionell islamisch noch modern islamistisch war. Für besondere Irritation sorgte, dass er seine Verehrung für den türkischen Staats-

[8] "JI's central secretary general, Syed Munawwar Hassan and provincial deputy amir Dr Muhammad Yaqub in their speeches demanded fresh delimitations, error-free computerised electoral lists and introduction of proportionate representation before holding free and fair elections in accordance with articles 62 and 63 of the Constitution." Qazi warns against prolonging army rule. News. 15. November 1999.

gründer Ata Türk zum Ausdruck brachte.[9] Das machte in Musharrafs Augen offenbar vor allem Sinn, weil er die starke institutionelle Rolle des Militärs in der Türkei und deren Oberaufsicht über Staat und Religion schätzte. Pakistans führende Generale hatten seit Zia-ul-Haq vergeblich versucht, dies endgültig in der Verfassung zu verankern. Musharraf war sich aber offensichtlich nicht oder nur sehr ungenau bewusst, dass Ata Türk Laizist war und bei einer strikten Trennung von Staat und Religion *de facto* das öffentliche Bekenntnis zur Religion verboten hatte. Das wiederum verstanden die Islamisten offenbar besser als er. Musharraf machte sich auch keine Freunde unter den Islamisten, als er sich bei einem Familienfoto mit seinen Schosshunden auf dem Arm fotografieren liess,[10] während Hunde von gläubigen Muslimen als unrein angesehen werden. Dies waren Symbole, die ihn der Welt als modernen und aufgeklärten islamischen Herrscher präsentieren sollten, aber die Reaktion im eigenen Land nicht bedachten. Doch auch bei den politischen Entscheidungen geriet er bald in die Kritik der Islamisten. Seine Personalien für die Regierung favorisierten mehrere fachlich versierte und in Nichtregierungsorganisationen (NROs) erprobte Aktivisten, die eher liberale Ansichten hatten.[11] Immer wieder richten sich Angriffe der Islamisten gegen die NROs, die als trojanisches Pferd des Westens, des Laizismus oder sogar Atheismus angesehen wurden. Verächtlich bezeichnete man die Verhältnisse als „NGO-Rāj"[12].

Auch die Wahlrechtsreform verlief nicht nach den Vorstellungen der Islamisten. Zwar wurde das Verhältniswahlrecht in einem ersten Schritt für die reservierten Sitze im Parlament eingeführt. Doch für die direkt gewählten Mandate wurde das einfache Mehrheitswahlrecht beibehalten.

Das provisorische Verfassungsgesetz, das Musharraf zur Legitimation seiner Herrschaft erließ, enthielt zunächst auch keinen ausdrücklichen Bezug auf die islamischen Grundsätze der pakistanischen Verfassung. Die Islamisten machten

---

9 "As a model, Kemal Ataturk did a great deal for Turkey. I have his biography. We will see what I can do for Pakistan," erklärte Musharraf in einem Interview mit dem türkischen Fernsehen. Dawn. 20. Oktober 1999; The Guardian. 19. Oktober 1999.

10 With a big grin, general reveals Clinton touch. The Guardian, 19. Oktober 1999.

11 Vgl. Cabinet inductions a good sign: [US Ambassador] Milam. News. 6. November 1999. Besonders scharfer Kritik seitens der Islamisten war immer wieder Innenminister ex-General Moinuddin Haider ausgesetzt, so als er sich im Juni 2000 für die Umwandlung Pakistans in einen säkularen und liberalen Staat einsetzte. New York Times. 10. Juni 2000.

12 *Rāj* (Urdu) – Herrschaft, *hier*: der „Non-Governmental Organisations" (NGOs), „Nichtregierungsorganisationen" (NROs), in Anlehnung an die britische Kolonialherrschaft: British *Rāj*. Vgl. dazu „Imposition of secularism wouldn't be tolerated: Qazi." JI Media News. 20. Mai 2000, auf der Webseite der JI <www.jamaat.org>.

insbesondere geltend, dass damit auch die Bestimmungen gegen die *Aḥmadīya*-Sekte infrage gestellt würden, was sie als Angriff auf ihr sunnitisch-radikales Projekt ansahen.

Ein zäher Stellungskampf

Angesichts dieses Wechselbades der Gefühle kam es bald zu einem zähen Stellungskrieg zwischen Musharraf und den führenden islamistischen Politikern, vor allem Qazi Husain und Fazlur Rehman. Dabei wurden die Unterschiede zwischen der Agenda der Islamisten und der Militärführung deutlich. Während die Militärs vor allem eine sicherheitspolitische und ökonomische Stabilisierung des Landes erreichen wollten, ohne die islamistischen Grundauffassungen des pakistanischen Nationalismus aufzugeben, ging es den islamistischen Politikern darum, ihr islamisches Gesellschaftskonzept durchzusetzen und angesichts fehlender Wahlunterstützung die Militärs als Vehikel dafür zu benutzen.

In den ersten Monaten seiner Amtszeit formulierte Musharraf mit Unterstützung seiner liberalen Kabinettskollegen ein Reformkonzept für Pakistan, das weitreichende Veränderungen vorsah, darunter auch viele, die die islamischen Gruppen tangieren würden. Er strebte nach einer Wirtschafts- und Steuerreform.[13] Er schlug Maßnahmen gegen den illegalen Waffenbesitz und die öffentliche Rekrutierung von Milizen vor. Die Ausbildung in den *Madrasa* sollte auf eine moderne Grundlage gestellt werden, so dass Absolventen auch Beschäftigungsmöglichkeiten im zivilen Leben finden würden.

Die Islamisten fühlten sich herausgefordert und begannen sich zu formieren. In Verbindung mit einem allgemeinen Streik am 19. Mai 2000 wurden von den *'Ulamā'* detaillierte Forderungen formuliert:

[1] Incorporation of all Islamic provisions of the 1973 Constitution in the PCO (*Provisional Constitution Order*);
[2] Withdrawal of the proposal of joint electorates;
[3] Ban on NGOs funded by Zionist and Christian organizations;
[4] Restoration of weekly holiday of Friday;
[5] Stoppage of action against seminaries and '*Jihādī*' organizations;
[6] Not to interfere with the settled constitutional matters;
[7] No procedural changes (to) be made … to the blasphemy law;

---

13 Vgl. u.a. Musharrafs Rede vom 15. Dezember 1999. Musharraf unfolds economic revival plan. News. 16. Dezember 1999.

[8] (To) oppose the proposal for 50 per cent women in the (local) union councils;
[9] The increasing interference of the West in the economy and other affairs of Pakistan ... the people would never tolerate;
[10] To accept the genuine demands of businessmen;
[11] [To] take practical steps to implement the Supreme Court's decision against *Ribā* [Wucherzins].[14]

Auf einer gemeinsamen Tagung der *ʿUlamā'* verschiedener Denkschulen Ende Juni 2000 in Mansūra bei Lahore, dem Hauptsitz der JI, wurde ein ähnlicher Katalog von 13 Forderungen aufgestellt:

[1] The participants called for the establishment of an interim government comprising such people who fulfil requirements of articles 62 and 63 of the constitution.
[2] The proposed government should hold elections and transfer power to the elected representatives.
[3] The government should declare Quran and Sunnat the supreme law of the country and laws repugnant to it would be struck down;
[4] The government will adhere to the Shariat and all its decisions will be challengeable before the Shariat Court;
[5] All Islamic provisions of the 1973 constitution should be incorporated in the PCO;
[6] Accountability should be carried out in a transparent manner at the earliest;
[7] Interference with the seminaries and their curricula should be stopped and religious education should be arranged in all state-run institutions;
[8] Interest-free economic system be introduced, as enjoined by the Supreme Court Shariat Appellate Bench;
[9] A bloc of the Islamic countries should be set up to frustrate the nefarious designs of the evil forces;
[10] A more courageous policy should be pursued to invigorate the freedom movement in Kashmir;
[11] Friday should be restored as weekly off; and
[12] System of joint electorates and district governments should be rescinded and
[13] Foreign-aided NGOs should be banned.[15]

---

[14] Ulema call for strike to press for demands. JI Media News. 8. Mai 2000, auf <http://www.jamaat.org>.

Während sie den Widerstand gegen eine liberale Wende in der öffentlichen Politik organisierten, nutzten sie den Umstand, dass das Militärregime davor zurückschreckte, öffentlich Position gegen islamistische Forderungen zu beziehen. Musharraf wollte die einflussreichen *Mullā* nicht herausfordern. Er konzentrierte sich auf die beiden großen Parteien, die er als Haupthindernis einer Gesundung der pakistanischen Politik ansah. Die islamische Rechte glaubte er, durch Kompromisse neutralisieren zu können, zumal Musharraf unveränderte viele ihrer Grundpositionen teilte, vor allem zu Kaschmir und zum islamischen Charakter des Staates Pakistan, was in seinen Augen jedoch eine Modernisierung nicht ausschloss.

Als wichtigste Felder der Auseinandersetzung zwischen Militärregierung und Islamisten schälten sich Verfassungs- und Rechtsfragen, die Stellung religiöser Minderheiten, die Reform der *Madrasa* sowie interreligiöse Gewalt und Öffentliche Ordnung heraus.

Islamischer Charakter der Verfassung, der Interimsregierung und des Rechtssystems

Das Verfassungsgesetz (PCO) wurde am 14. Oktober 1999, 2 Tage nach der Machtübernahme erlassen. Auf ausdrückliche Intervention der islamistischen Gruppen, wurde durch Verfassungsänderungsgesetz vom 15. Juli 2000 zusätzlich der Absatz 4 in den Paragraphen 2 aufgenommen, der den Stellenwert der islamischen Bestimmungen klären sollte:

> „Notwithstanding anything contained in the Proclamation of the 14th day of October, 1999 or this Order or any other law for the time being in force, all provisions of the Constitution of the Islamic Republic of Pakistan embodying Islamic injunctions including Article 2, 2A, 31, 203A to 203J, 227 to 231 and 260 (3) (a) and (b) shall continue to be in force and no provision as aforesaid shall remain in abeyance or be deemed to have remained in abeyance at any time."[16]

Samiul Haq von der JUI-S war zufrieden: „The General has assured me that Islamic identity of the country will not be changed, as he does not support secular-

[15] Ulema urge movement for Islamic government. JI Discussion Forum, auf <http://www.jamaat.org/cgi-local/forum.pl?read=7261>.

[16] Dawn (Karatschi). 16. Juli 2000, auf der Website : <http://www.dawn.com/2000/07/16/top2.htm>, vgl. auch die Website : <http://www.pakistani.org/pakistan/constitution/post_12oct99/pco1_1999.html>.

ism or any other thing. The General said he is an ardent believer in Islam and Pakistan will remain an Islamic Republic."[17]

Wie auch aus den Forderungskatalogen der Islamisten ersichtlich, hofften sie zu Beginn der Amtszeit von Musharraf noch, Teil einer provisorischen Regierung der nationalen Einheit aller „guten Menschen" entsprechend der islamischen Qualifikationen nach Artikel 62 und 63 der pakistanischen Verfassung zu werden.[18]
Dabei ging es ihnen offenbar besonders um die Bestimmungen nach Absatz (d) und (e) von Artikel 62, die verlangen, dass

> "(d) he is of good character and is not commonly known as one who violates Islamic Injunctions;
> (e) he has adequate knowledge of Islamic teachings and practices obligatory duties prescribed by Islam as well as abstains from major sins ;"[19]

Artikel 63 verweist auf Ausschlussgründe, von denen besonders Absatz (g) auf ideologische Grundsätze Bezug nimmt, der eine Person disqualifiziert, wenn

> „(g) he is propagating any opinion, or acting in any manner, prejudicial to the Ideology of Pakistan, or the sovereignty, integrity or security of Pakistan, or morality, or the maintenance of public order, or the integrity or independence of the judiciary of Pakistan, or which defames or brings into ridicule the judiciary or the Armed Forces of Pakistan;"[20]

Als Teil einer nationalen Übergangsregierung waren die Islamisten bereits unter Zia-ul-Haq an der Regierungsausübung beteiligt. Sie mussten bald erkennen, dass Musharraf sich stark genug fühlte, diese Forderung zu ignorieren.

Die Ambitionen des Generals gingen jedoch weiter. Er betrachtete das Mandat des Obersten Gerichts vom 12. Mai 2000, innerhalb von drei Jahren die Rückkehr zur zivilen Demokratie zu sichern und in diesem Rahmen auch (beschränkt) gesetzgeberisch tätig zu werden, als Freibrief, die Verfassung ebenfalls zu revidieren. Dazu erließ er die *Legal Framework Order* 2002 (LFO). Der Präsident liess sich seine Selbsternennung per Referendum (Mai 2002) für eine

---

17 News (Lahore). 18. Juli 2000.

18 Qazi urges rulers to accomplish 7-point agenda. JI Media News. 9. Mai 2000; Ulema urge movement for Islamic government. *Ibid.* 22. Juni 2000.

19 Zitiert hier nach <http://www.pakistanlawyer.net/constitution/part3_ch2.html> auf der Website <www.Pakistanlawyer.com>.

20 *Ibid.*

erste Amtszeit in die Verfassung schreiben. Ihm fielen jetzt auch neue Vollmachten gegenüber dem Ministerpräsidenten zu. Er konnte wieder die Regierung entlassen (Artikel 58 – 2).[21] Der Nationale Sicherheitsrat, in dem die Chefs der Teilstreitkräfte, der Präsident, der Ministerpräsident und der Oppositionsführer vertreten sind, wurde aufgewertet. Er konnte ohne Zustimmung des Ministerpräsidenten die Chefs der Teilstreitkräfte ernennen. Die politischen Parteien wurden zu internen Wahlen verpflichtet. Das Wahlalter wurde auf 18 Jahre gesenkt. Die Trennung der Wahlkreise nach Religionen wurde aufgehoben. Die Reservierung von Sitzen für Frauen und religiöse Minderheiten, darunter auch die Aḥmadīs, wurde beibehalten. Diese Sitze sollten nun nach dem Verhältniswahlrecht vergeben werden, wenn eine Partei mehr als 5 Prozent der Stimmen erhält.[22] Abgeordnete mussten über einen Hoch- oder Fachschulabschluss verfügen, wobei die religiösen Schulabschlüsse dem gleichgestellt wurden. Personen, die wegen krimineller oder „moralischer" Verfehlungen verurteilt wurden, oder öffentliche Kredite nicht zurückgezahlt hatten, wurden ausgeschlossen. Zahlreiche Bestimmungen und Gesetzesänderungen richteten sich zudem speziell gegen Benazir Bhutto (geb. 1953) und Nawaz Sharif. Dafür wurde auch die neuerlassene *Political Parties Order 2002* genutzt.[23] Beiden Politikern drohen bis heute z. T. politisch motivierte Gerichtsverfahren und Korruptionsvorwürfe, weshalb sie auch im Exil blieben. In Verbindung mit der neu eingeführten örtlichen Selbstverwaltung und den dort gewählten Distriktverwaltern (Sg. *Nāẓim*) glaubte Musharraf, die politische Klasse erneuern zu können. Dabei ging es ihm offensichtlich besonders um die Förderung von Politikern, die ihm und dem Militär persönlich ergeben waren. Dieses Verfahren hatte schon der Militärdiktator und Präsident Ayūb Khān (1907-1974) mit seinem System der „*basic democracies*" ausprobiert.

Die Islamisten griffen die LFO in mehreren Punkten an. Sie liefen Sturm gegen die Forderung nach einem Hoch- oder Fachschulabschluss für Abgeordnete – bis klargestellt wurde, dass Abschlüsse der höheren Religionsseminare für diesen Zweck anerkannt werden. Sie protestierten gegen die Wiedereinführung allgemeiner Wahlkreise (*joint electorates*). Diese Auseinandersetzung geht in die Geschichte des indisch-kolonialen Wahlrechts zurück. Die Islamisten hatten sich immer für nach Religionen getrennte Wahlkreise (*separate electorates*) ausgesprochen, bei denen sich Nichtmuslime an den Wahlen für die Kandidaten in

---

21 Zum Text der Legal Framework Order, siehe Dawn. 22. August 2002.

22 Die Fünfprozent-Barriere für die Frauen- und Minderheitensitze wurde noch nach den Wahlen in einer Modifikation der LFO wieder aufgehoben, offenbar aus Angst, das Regime würde sonst nicht genügend Loyalisten auf den reservierten Sitzen unterbringen können. Condition for women's seats withdrawn. Dawn. 18. Oktober 2002.

23 Dawn. 29. Juni 2002.

den allgemeinen Territorialwahlkreisen nicht beteiligen konnten, sondern nur für die reservierten Minderheitensitze stimmen durften. Liberale und säkulare Politiker forderten dagegen immer die Abschaffung der Religionstrennung für die Territorialwahlkreise. Musharraf stützte sich hier auf den Staatsgründer Muhammad Ali Jinnah (1876-1948), der schon 1947 in seiner berühmten Rede vor der verfassungsgebenden Versammlung gefordert hatte, nach der Gründung Pakistans nunmehr die Religionsunterschiede beiseite zu lassen:

> You are free; you are free to go to your temples, you are free to go to your mosques or to any other place of worship in this State of Pakistan. You may belong to any religion or caste or creed - that has nothing to do with the business of the State.[24]

Sie begrüßten zwar den ersten Schritt zur Einführung des Verhältniswahlrechts für die reservierten Sitze, kritisierten aber die Sperrklausel von 5 Prozent, an der sie zu scheitern fürchteten.
Massive Angriffe richteten sie gegen die Sanktionierung der Selbsternennung von Musharraf als Präsident per Referendum. Sie forderten, er solle sein Mandat vom neu gewählten Parlament bestätigen lassen. Als sie damit offenbar scheiterten, verlangten sie zumindest, er solle als ziviler Präsident seine militärischen Funktionen aufgeben. Von allen politischen Parteien entwickelten sie sich zum konsequentesten Gegner der LFO und deren Aufnahme in die Verfassung. Daran hielten sie auch nach den Wahlen fest. Das hinderte sie letztlich, Kompromissangebote anzunehmen und einer regimefreundlichen Koalitionsregierung beizutreten.
Der Hintergrund dieses Widerstandes war offenbar die Erkenntnis, dass das Militär als einzige Kraft über die Möglichkeit verfügte, den politischen Einfluss der Islamisten zu beschneiden, wenn es das beabsichtigte.

Eine weitere zentrale Forderung der *ʿUlamā'* bestand darin, die *Sharīʿa* für das gesamte Rechtswesen Pakistans verbindlich zu machen. *Qurʾān* und *Sunna* sollten zum obersten Gesetz Pakistans erhoben werden. Diese Forderungen gehen auf die späten achtziger Jahre zurück, nachdem unter Zia-ul-Haq zunächst einzelne islamische Rechtsbestimmungen kodifiziert wurden. Das von 2 *ʿUlamā'* 1990 im Senat eingebrachte *Sharīʿa*-Gesetz scheiterte an der Auflösung der Nationalversammlung durch den Präsidenten. Unter der ersten Nawaz-Sharif-Administration wurde 1991 eine Kompromissvariante des *Sharīʿa*-Gesetz angenommen und in Kraft gesetzt.[25] Es stellte eine Art Mantelgesetz dar, das durch

---

24 *Jinnah*, Speeches as Governor-General of Pakistan 1947-1948, Govt. of Pakistan, Islamabad 1976.

25 Shariat Act, 1991 (Act X of 1991).

die Bestimmung der umzusetzenden islamischen Rechtsnomen, die Überprüfung und Annahme von Gesetzen und die Überprüfung der Verfassung noch umzusetzen war. Politisch galt es als ein leeres Versprechen an die Islamisten, während Kritiker befürchteten, es öffne der weiteren Einschränkung von Bürgerrechten die Tür, obwohl es diesbezüglich einige Garantien enthielt. In seiner zweiten Amtszeit versuchte Nawaz Sharif, daraus weiteres politisches Kapital zu schlagen, um dem Druck der Islamisten zu begegnen. Er entwickelte aus dem *Sharīʿa*-Gesetz die 15. Verfassungsänderung. Damit sollte der Verfassung der Artikel 2B hinzugefügt werden, der die Regierung verpflichtet, die Islamisierung durchzusetzen:

> "Supremacy of the Quran and Sunnah
> (1) The Holy Quran and Sunnah of the Holy Prophet (peace be upon him) shall be the supreme law of Pakistan.
>
> > Explanation:- In the application of this clause to the personal law of any Muslim sect, the expression "Quran and Sunnah" shall mean the Quran and Sunnah as interpreted by that sect.
>
> (2) The Federal Government shall be under an obligation to take steps to enforce the Shariah, to establish salat, to administer zakat, to promote amr bil ma'roof and nahi anil munkar (to prescribe what is right and to forbid what is wrong), to eradicate corruption at all levels and to provide substantial socio-economic justice, in accordance with the principles of Islam, as laid down in the Holy Quran and Sunnah.
> (3) Nothing contained in this Article shall affect the personal law, religious freedom, traditions or customs of non-Muslims and their status as citizens.
> (4) The provisions of this Article shall have effect notwithstanding anything contained in the Constitution, any law or judgement of any Court."[26]

Nachdem dieses Verfassungsgesetz jedoch nach der Zustimmung in der Nationalversammlung im Senat die Zweidrittelmehrheit verfehlt hatte, konnte es nicht in Kraft treten. Die Militärregierung versuchte zunächst, den *ʿUlamāʾ* in dieser Frage weitgehend entgegenzukommen. Offenbar hoffte man, durch einen Kompromiss von den Islamisten Gegenleistungen zu erhalten, wie etwa eine stärkere Selbstkontrolle der religiösen Milizen und der *Madrasa*. Der Innen- und Religionsminister unterbreiteten mehrere detaillierte und weitreichende Vorschläge, wie das *Sharīʿa*-Gesetz auf dem Umweg über Verordnungen doch noch durchzusetzen wäre.[27] Besonders interessant war der Plan, eine separate Verwaltung

---

[26] Text siehe Dawn. 9. Oktober 1998.
[27] Shariat to be made supreme law: Moin. Dawn. 14. Januar 2001.

zur Islamisierung des öffentlichen Lebens zu schaffen. Sie sollte das islamische Verhalten aller Bürger in Bezug auf Beten, Kleidung, *Zakāt* zahlen usw. kontrollieren. Dazu war die Schaffung einer *Federal Hisbah Authoriy* und von *Provincial Hisbah Boards* mit Zweigstellen bis auf der untersten Stadtteilebene vorgesehen. Die Behörde käme einer Art religiöser Polizei gleich. Verfehlungen sollten mit einem Monat Gefängnis oder einer Geldstrafe bis zu 5.000 Rupien oder bis zu 39 Peitschenhieben oder anderer einfacher körperlicher Züchtigung oder sonstigen Strafen geahndet werden.[28] Diese Bemühungen um ein Islamisierungsgesetz führten zunächst zu keinem Ergebnis.

Zugleich versuchte Musharraf, gegenüber den Klerikern in die Offensive zu kommen. Er nutzte nationale Treffen von islamischen Gelehrten (*ʿUlamā'*) und Ordensführern (*Mashā'ikh*) zu zwei vielbeachteten Reden. Dort konfrontierte er die Religionselite mit seinen Vorstellungen eines modernen „progressiven" Islam, indem er bewusst an die Visionen der Gründungsväter Pakistans, des Politikers Jinnah und des Dichters und Philosophen Allama Iqbal (1877-1938), anknüpfte. Dabei versuchte er deutlich zu machen, dass es keinen Widerspruch zwischen Islam und Modernisierung geben müsse, dass sie eigentlich zusammengehörten. Auf der *Seerat Conference* am 5. Juni 2001 nahm Musharraf gegen religiösen Extremismus und für ein fortschrittliches Islambild Stellung. Er fand deutliche Worte über den Zustand Pakistans und des Islams im Lande:

> „If we compare the model Islamic society and the situation in Pakistan, we will realise that there is no tolerance in the society, justice and equity and no merit. We want to impose our ideas on others, and there is contradiction in our sayings and deeds which is causing damage to the country."[29]

In seiner Rede im Januar 2002 vor den Religionsführern distanzierte er sich vom Terrorismus und Extremismus:

> "Do we want Pakistan to become a theocratic state? Do we believe that religious education alone is enough for governance or do we want Pakistan to emerge as a progressive and dynamic Islamic welfare state? The verdict of the masses is in favour of a progressive Islamic state. This decision, based on the teaching of the Holy Prophet (Peace Be Upon Him) and in line with the teachings of Quaid-e-Azam and Allama Iqbal will put Pakistan on the path of progress and prosperity. Let us honestly analyse what

[28] Govt likely to promulgate ordinance for Islamisation. News. 16. Mai 2001.
[29] News. 7. Juni 2001.

the few religious extremists have attempted to do with Pakistan and Islam."[30]

Stellung der religiösen Minderheiten

Viele sunnitische Radikale benutzten seit längerem in Südasien die Verfolgung religiöser Minderheiten als Instrument der politischen Polarisierung und Profilierung. Einen besonderen Angriffspunkt stellte die Reformsekte der *Aḥmadīya* dar, die als Häretiker betrachtet wurden. Die Aḥmadīs leugneten angeblich den Propheten Muḥammad, da sich der Begründer der Sekte, Mirza Ghulam Ahmad (1839-1908), prophetische Eigenschaften zuschrieb. Die radikalen Sunniten argumentieren seit den zwanziger Jahren des zwanzigsten Jahrhunderts, dass diese Art von „Prophetenleugnung" Apostasie sei und darauf der Tod stehe.[31] Noch in den neunziger Jahren bestätigte das pakistanische Bundesgericht für Islamisches Recht (*Federal Shariat Court*) diese Auffassung, nach der auf die Missachtung des Propheten nur der Tod und nichts anderes stehen könne.[32] Der Versuch, diese Auffassung 1996 durch die Berufungsinstanz beim Obersten Gericht zu revidieren, misslang, auch wenn es ein Minderheitenvotum gegen die Beibehaltung des Strafbestandes gab.

Die Islamisten achteten daher bei ihren Forderungen an das Militärregime besonders darauf, die Ausgrenzung der *Aḥmadīya*-Sekte zu erhalten. Die von ihnen nachdrücklich eingeklagte Gültigkeit der Verfassungsartikel 260 (3) (a) und (b) zielte darauf, dass Aḥmadīs für die Verfassung unverändert als Nicht-Muslime zählten.[33] Damit war es kaum möglich, die entsprechenden Strafrechtsbestimmungen zu revidieren, die der Diskriminierung der *Aḥmadīya* dienten. Nachdem Zulfikar Ali Bhutto (1928-1979) auf Druck der islamistischen Opposition die Aḥmadīs 1974 offiziell zur nichtislamischen Sekte erklärte hatte, legitimierte Zia-ul-Haq ihre Verfolgung, indem er ihr Bekenntnis zum Islam zum Straf-

30 General Musharrafs Rede an die Nation am 12. Januar 2002. Asia Times Online. 18. Januar 2002, auf <http://www.atimes.com/ind-pak/DA18Df06.html>.

31 Der bekannte Deoband-Gelehrte Maulānā Shabbir Ahmad Uthmani (1885-1949), später Führer der pakistanischen Deobandi-Bewegung, veröffentlichte bereits 1924 ein entsprechendes theologisches Gutachten, auf das sich die Verfolger der Aḥmadīs seitdem immer wieder berufen: Ash-shihāb li-rajm al-khāṭif al-murtāb. Yānī mirzā'ioñ kē irtadād kā ṣabūt aur qatal-e murtadd kē sharī' dila'il. (Urdu) Karachi: Dāru'l-Ishā'at, 1974 (1924).

32 Cf. Amnesty International, *Five Ahmadi journalists charged with blasphemy*, Document No. ASA 33/03/94, auf <http://www.amnesty.org>.

33 Vgl. den Text der pakistanischen Verfassung im Netz auf: <http://www.pakistani.org/pakistan/constitution/>.

rechtsbestand machte. Die Kriegsrechtsanordnung XX von 1984 fügte dem pakistanischen Strafrecht die entsprechenden Paragraphen 298 (b) und (c) zu.

Daher nimmt es nicht Wunder, wenn es dem Militärregime auch nicht gelang, die vor allem international hart kritisierte Diskriminierung von Nicht-Muslimen durch das Blasphemie-Gesetz zu korrigieren. Darunter werden Verordnungen von 1982 und 1986 verstanden, die dem pakistanischen Strafrecht die Paragraphen 295 (b) und (c) zufügten, die Gotteslästerung und Prophetenleugnung hart sanktionierten, maximal bis zur Todesstrafe. Die Anwendung dieser Bestimmungen richtete sich gegen Christen, aber auch Aḥmadīs. Bis 1995 waren allein nach Paragraph 295 (c) über hundert Fälle gegen Aḥmadīs registriert worden.[34] Der pakistanische Innenminister unternahm einen Vorstoß, das Vorgehen nach Paragraph 295 (c) zu modifizieren. Eine Strafanzeige sollte künftig nicht mehr einfach durch jeden Polizisten aufgenommen werden können. Das hatte örtlicher Korruption und nachbarlichen Rachgelüsten Tür und Tor geöffnet.[35] Stattdessen sollte der *Deputy Commissioner* eine erste Untersuchung durchführen, bevor die Strafanzeige angenommen würde. Die islamistischen Parteien reagierten entsetzt und zugleich mit einer Drohung: die vorgeschlagenen Veränderungen „would make the law ineffective and create public unrest."[36] Vor allem die Bewegung zur Verteidigung Muḥammads als Siegel der Propheten (*Taḥaffuẓ-i Khatm-i Nabuwwat*), eine Deobandi-Organisation, die die Aḥmadīs mit militanten und ideologischen Mitteln bekämpft, übte entsprechenden Druck auf die anderen islamischen Gruppen und die Regierung aus. Diese Forderung, hier keine Veränderungen zuzulassen, war auch ein zentraler Punkt des öffentlichen Streiks vom 19. Mai 2000, der den islamistischen Forderungen gegenüber der Militärregierung Nachdruck verleihen sollte. (Siehe Fn. 14)

Selbst dort, wo die Militärregierung hart blieb, wie in der Frage der Wiederherstellung allgemeiner Wahlkreise ohne Religionstrennung, werden die Aḥmadīs

---

[34] *US Department of State*, Country Reports on Human Rights Practices for 1995, March 1996, zitiert nach der Webseite der US-Botschaft in Schweden, auf <http://www.usis.usemb.se/human/1995/southasia/pakistan.html>.

[35] "Personal rivals and the authorities have used these blasphemy laws, especially Section 295(c), to threaten, punish, or intimidate Aḥmadīs, Christians, and even orthodox Muslims. No person has been executed by the State under any of these provisions; however, some persons have been sentenced to death, and religious extremists have killed persons accused under the provisions. The blasphemy laws also have been used to ‚settle scores' unrelated to religious activity, such as intrafamily or property disputes." *Ibid.*, für 2001, auf <http://www.usis.usemb.se/human/2001/southasia/pakistan.html>.

[36] Ulema call for strike to press for demands, a.a.O. Die Meldung berichtet von der nationalen Konferenz der Bewegung zur Verteidigung Muḥammads als Siegel der Propheten (*Taḥaffuẓ-i Khatm-i Nabuwwat*) unter Vorsitz von JUP-Präsident Shāh Aḥmad Nūrānī.

weiter diskriminiert.[37] Ihre Namen werden auch künftig nicht in die allgemeinen Wählerlisten aufgenommen, sondern getrennt geführt. Des Weiteren müssen Kandidaten für die allgemeinen Sitze einen Eid ablegen, der u.a. von ihnen die Aussage verlangt, keine Aḥmadīs zu sein.

Reform und Registrierung der *Madrasa*

Von wesentlich weiterreichender Bedeutung für die islamistischen Kräfte war jedoch die Reform der *Madrasa*, die das Militärregime in Angriff nehmen wollte. In erster Linie ging Musharraf mit diesem Vorhaben auf Forderungen der Amerikaner ein, die der pakistanischen Führung konkrete Beweise für die militärische Ausbildung in einigen *Madrasa* vorgelegt hatten:

> „The United States repeatedly has asked Islamabad to end support to elements that conduct terrorist training in Afghanistan, to forbid travel of militants to and from camps in Afghanistan, to prevent militant groups from acquiring weapons, and to block financial and logistic support to camps in Afghanistan. In addition, the United States has urged Islamabad to close certain *Madrasas*, or 'religious' schools, that actually serve as conduits for terrorism."[38]

Nach offiziellen Schätzungen befanden sich ca. 35.000 Ausländer an islamischen Schulen oder Wohlfahrtsorganisationen in Pakistan. Von den Ausländern war etwa die Hälfte arabischen Ursprungs. Die anderen verteilten sich auf Zentralasien, Bangladesh, Burma, Südostasien und andere Ländern.[39] Jedoch war es wohl nur eine geringe Zahl von *Madrasa* in bestimmten Schlüsselregionen, in denen auch militärische Ausbildung betrieben wurde. Verschiedene *Madrasa*, vor allem aus der Deoband-Tradition, oder von radikalen Erweckungsbewegungen, „beschränkten" sich darauf, Studenten und Absolventen aufzurufen, sich den *Mujāhidīn* anzuschließen oder organisierten eine paramilitärische Ausbildung außerhalb ihrer Einrichtungen. Die meisten *Madrasa* konzentrierten sich weiterhin auf die Vermittlung religiöser Bildung, auch wenn sie dabei eine Grundhaltung vermittelten, die die Beteiligung am bewaffneten Kampf gegen „Ungläubige" in Afghanistan, Kaschmir oder innerhalb Pakistans in der Regel legitimierte.

---

37 *Rehman*, Joint electorate? Not quite, in Dawn, 17.09.02

38 *U.S. Department of State*, Patterns of Global Terrorism 1999. Washington, DC, 1. Mai 2000, auf <http://www.state.gov>.

39 *International Crisis Group (ICG)*, Pakistan: Madrasas, Extremism And The Military, 29. Juli 2002, S. 23.

Bisher wurden viele *Madrasa* nach dem Vereinsgesetz registriert, insbesondere um Steuerbefreiung zu erreichen und private Spenden zu ermöglichen. Die Zahl der *Madrasa* im Lande war massiv angestiegen. 1947 soll es in ganz Pakistan nur 147 *Madrasa* gegeben haben.[40] Im Jahre 2001 lagen dem pakistanischen Innenministerium Angaben über 5.900 religiöse Schulen vor.[41] Gegenwärtig wird von einer Gesamtzahl von etwa 10.000 *Madrasa* mit ca. 1,5 Mill. Studenten ausgegangen.[42] Damit hat sich die Zahl der *Madrasa* seit Beginn der Unabhängigkeit etwa um den Faktor 41 bis 68 vergrößert. Ungefähr im gleichen Zeitraum ist die Bevölkerung im heutigen Staatsgebiet von 33,7 Millionen (Volkszählung 1951)[43] auf 147,7 Millionen (Juni 2002 geschätzt)[44] gestiegen und hat sich damit um den Faktor 4,4 vergrößert. Dies erlaubt die Feststellung, dass der islamische Sektor in Pakistan mindestens 9- bis 15-mal schneller als die Bevölkerung gewachsen ist, seinen Einfluss also nicht nur absolut sondern auch relativ deutlich erhöht hat. Dazu trug erheblich die Anerkennung der Äquivalenz der Abschlüsse der *Madrasa* mit Schulen der Sekundarstufe und dem College ab 1982 bei.[45] Durch die Ausbreitung der *Madrasa*-Ausbildung war die Mitgliedschaft in islamistischen Organisationen zu einem Massenphänomen geworden. Besonders seit der Regierungszeit von Zia-ul-Haq wurden über die islamische Wohlfahrtssteuer *Zakāt*, die nunmehr durch den Staat zentral erhoben und durch dezentrale *Zakāt*-Ausschüsse verteilt wurde, zahlreiche öffentliche Mittel an die *Madrasa* umgeleitet.[46] Gleichzeitig gab es einen enormen Wildwuchs. Für viele *Madrasa*-Absolventen war die Gründung einer *Madrasa* oder einer neuen Moschee eine der wenigen Beschäftigungs- und Einkommensmöglichkeiten. Dies stellte den islamischen Sektor auf eine breite eigene, sich selbst reproduzierende Grundlage. Die vom Westen geförderten islamischen Widerstandsbewegungen in Afghanistan mobilisierten zusätzliches Geld für neue *Madrasa* vor allem im Grenzgürtel zu Iran und Afghanistan. Zugleich hatte sich an den Unterrichtsmethoden und –programmen nichts Entscheidendes geändert. Die Absolventen erwiesen sich in der Regel als wenig tauglich, Aufgaben im öffentlichen Dienst oder in der Wirtschaft zu übernehmen, da sie ein geringes Allgemeinwissen hat-

---

40 Herald (Karatschi), September 1992, S. 34.

41 Situation tense in religious heartland. News. 18. September 2001.

42 *ICG: Pakistan*; Madrasas … a.a.O., S. ii, auf der Webseite der ICG unter <http://www.intl-crisis-group.org/projects/asia/afghanistan_southasia/reports/A400717_29072002.pdf>.

43 *Government of Pakistan,* Pakistan Economic Survey 1982-83. Finance Division. Islamabad 1983, Statistical Annexure, S. 2.

44 *US Central Intelligence Agency,* The World Factbook 2002. Washington, DC: online, auf <http://www.cia.gov/cia/publications/factbook/index.html>.

45 *Malik, J.,* Islamization of the Ulama and their places of learning in Pakistan 1977-84. in: Asien, No. 25, Oktober 1987, Hamburg 1987, S. 47f.

46 Vgl. *Malik, J.*, Islamization …, a.a.O.

ten, während sie theologisch hoch spezialisiert und ideologisch stark polarisiert waren.

Musharraf und seine Berater glaubten, durch eine Reform der *Madrasa* deren Modernisierung zu erreichen. Die *Madrasa* sollten durch die Ausweitung der Registrierung dazu gezwungen werden. Als Zuckerbrot zur Peitsche wurden zusätzliche Mittel für die Ausstattung kooperationswilliger Einrichtungen mit Computern angeboten. Zugleich sollten verstärkt bestehende Rechtsbestimmungen gegen das Tragen von Waffen in Unterrichtseinrichtungen, gegen die Bildung „illegaler" Milizen usw. durchgesetzt werden. Die Regierung unterschätzte jedoch die ökonomischen Ausmaße eines solchen Programms ebenso wie den Widerstandswillen der Kleriker. Offenbar war das Regime auch selbst nur begrenzt an einer Reform der *Madrasa* interessiert. Das Projekt der Modernisierung der *Madrasa* knüpft an Empfehlungen des so genannten Halepota-Komitees von 1979 aus der Zeit von Zia-ul-Haq an. Dazu sollten 2001 „Modell-*Madrasa*" geschaffen werden, die einem neuen Gremium, dem Pakistan *Madrasa* Education Board (PMEB) untergeordnet wurden, für die zunächst 30 Mill. Rupien bereitgestellt wurden.[47] Insgesamt plante die Regierung, über die nächsten 3 Jahre 13,69 Mrd. Rupien dafür einzusetzen.[48] Ein neuer Modelllehrplan wurde erstellt, der für alle *Madrasa* verbindlich werden sollte. Die bestehenden *Madrasa*-Stiftungsräte (*wafāq*) sollten sich dem PMEB anschließen. Das neue *Madrasa*-Registrierungsgesetz[49] wurde im Juni 2002 vorgestellt. Auch wenn die Registrierung freiwillig blieb, sollten die nichtregistrierten *Madrasa* doch von öffentlichen Mitteln, darunter auch *Zakāt*-Fonds bis zur Registrierung ausgeschlossen werden. Des Weiteren müssten die Zuwendungen und Ausgaben offengelegt werden. An den religiösen Schulen sollten zusätzlich Naturwissenschaften (*general science*), Mathematik, *Pakistan Studies* (eine Kombination aus Geschichte und Landeskunde) und Englisch unterrichtet werden. Die Einschreibung ausländischer Studenten und die Einstellung ausländischer Lehrer müsste durch das Innenministerium vorab genehmigt werden (*no-objection certificate*). Ausländische Spenden sollten kontrolliert werden, ohne dass jedoch die Modalitäten dafür festgelegt wurden.[50] Aufgrund der unverminderten Einsprüche der Religionsgelehrten wurde die Verordnung vor den Wahlen jedoch nicht mehr in Kraft gesetzt.[51] Die MMA mobilisierte ihre Anhänger dagegen. Sie versprach,

47 *ICG: Pakistan,* Madrasa ..., a.a.O., S. 24.

48 News. 21. Juni 2002.

49 Dīnī Madāris (Voluntary Registration and Regulation) Ordinance 2002. Vgl. Dawn. 20. Juni 2002.

50 News. 21. Juni 2002.

51 Regulating religious schools left to next govt. News. 10. Oktober 2002. Vgl. die entsprechende Forderung der MMA von Anfang Oktober 2002. News. 6. Oktober 2002.

“dem Säkularismus den Weg zu verlegen und zu verhindern, dass das Land in eine Kolonie Amerikas verwandelt wird.“[52] Die Reform der *Madrasa* wird als Versuch gewertet, im Auftrag der USA Pakistan seinen islamischen Charakter zu nehmen.

Beobachter betrachteten die Aussichten, durch die Verordnung etwas an der *Madrasa*-Ausbildung zu ändern, ohnehin skeptisch. Die meisten *Madrasa* stützen sich hauptsächlich auf die reichlich fließenden privaten Spenden, so dass sie von Regierungsmitteln oder öffentlichen *Zakāt*-Geldern nicht wirklich abhängig sind. Solange die Registrierung freiwillig ist und die Anerkennung der Äquivalenz der religiösen Abschlüsse erhalten bleibt, signalisiert die Regierung auch keine besondere Entschlossenheit, hier aktiv zu werden.

Sektenkrieg, illegale Waffen und öffentliche Ordnung

Das Militärregime sah den zunehmenden Zerfall der öffentlichen Ordnung in Pakistan und die Ausbreitung einer so genannten „Kalaschnikowkultur“[53] im Gefolge des Afghanistankrieges mit der Verbreitung von Waffen, Drogen und Gewalt zunehmend als Faktor an, der die Sicherheit, ja sogar die Existenz Pakistans als Ganzes bedrohte. Daher unternahm es einige Schritte, die auch die islamistischen Kräfte betrafen. Sie richteten sich zunächst vor allem gegen sunnitische und schiitische Milizen, die sich seit Mitte der achtziger Jahre einen zunehmend blutigen Sektenkampf lieferten, der in einigen Orten, vor allem in Karatschi, Lahore und einigen Städten des südlichen Punjab bürgerkriegsähnliche Züge annahm. Bemühungen Pakistans, schon unter der Regierung von Nawaz Sharif, von der afghanischen *Ṭalibān*-Regierung eine Auslieferung der Organisatoren dieser Sektenmilizen zu erreichen blieben erfolglos. Daher wurden die sunnitische Extremistenmiliz *Lashkar-i Jhangwī* (LJ) und das schiitische Pendant *Sipāh-i-Moḥammadī* (SM – Armee des Propheten) am 14. August 2001 verboten.[54] Die Militärregierung hatte zeitweise die Verabschiedung einer separaten Verordnung gegen die Sektenunruhen (*Anti-Sectarian Ordinance*) erwo-

[52] News. 1. Juli 2002.

[53] Diese wurde sehr zutreffend beschrieben in: *Joseph,* Pakistan fights to end 'Kalashnikov culture. The Washington Times. 20. August 2002, auf <http://www.washtimes.com/world/20020820-27615356.htm>.

[54] TJP, SSP warned: Sipah-i-Muhammad and Lashkar-i-Jhangvi banned. Dawn. 15. August 2001.

gen.[55] Offensichtlich wurde sie jedoch nicht verabschiedet. Die LJ war eine Abspaltung der Armee der Gefährten Muḥammads (*Sipāh-e Saḥāba-e Pakistān* – SSP), die unter anderem von Azam Tariq geleitet wurde, der Brandreden gegen die Schia hielt. Die politisierten anti-schiitischen Diskurse im Kontext des südasiatischen Subkontinents gingen ebenfalls auf die zwanziger Jahre des Zwanzigsten Jahrhunderts zurück, als sich das Programm eines sunnitischen Radikalismus zu formieren begann. Schiitische politische und militante Organisationen bildeten sich als Antwort jedoch erst in den achtziger Jahren heraus. So entstand die TJP als öffentliche und politische Frontorganisation schiitischer Interessen. Die Islamisierungsbestrebungen dieser Zeit verschärften die Polarisierung zwischen Schiiten und Sunniten auch in Regionen, wo es eher um Fragen örtlicher Macht und Vorherrschaft ging. Das betraf besonders Gebiete im Punjab, wo alter schiitischer Landbesitz noch dominierte, sowie einige Stammesgebiete der Pakhtunen, von denen einzelne Stämme schiitischen Bekenntnissen folgten. Auch die islamische Revolution im Iran ermunterte die Schiiten, sich stärker öffentlich in Pakistan zu behaupten. Die militanten Gruppen griffen immer häufiger zu gezielten wechselseitigen Attentaten. Das Klima der Gewalt verschärfte sich durch den Afghanistankrieg. Dort standen Iran und Saudi-Arabien als Unterstützer in direkter Konkurrenz. Diese Konstellation wiederholte sich auch im Innern Pakistans.

Dem Verbot der LJ folgte bald das Verbot der SSP und auch der TJP, die sich ebenfalls an die militanten Aktionen beteiligten. Das Vorgehen der pakistanischen Sicherheitskräfte gegen die sunnitischen Extremisten war jedoch sehr zögerlich. Viele ihrer Führungskader betätigten sich auch in *Mujāhidīn-* oder *Jihādī*-Gruppen, die mit pakistanischer Unterstützung in Afghanistan und Kaschmir tätig waren. Der Bewegungsspielraum der Sektenmilizen wurde offenbar kaum ernsthaft eingeschränkt. Die Zahl der Anschläge und ihrer Opfer schien sich sogar noch zu erhöhen. Nach Amtsübernahme des Militärregimes wurden 2000 ca. 150[56] und 2001 bereits über 400 Opfer religiöser Gewalt zwischen den Sekten und gegen „Abweichler" gezählt.[57] Zwar machen einige Beobachter geltend, dass sich viele dieser Milizgruppen inzwischen örtlich privatisiert haben und außerhalb jeder Kontrolle agieren. Es stimmt aber nachdenklich, dass die LJ offenbar ihre Aktionsfähigkeit nicht verloren hat. Die SSP hat sogar Ende des

55 Cabinet may okay draft anti-sectarian law today. News. 11. April 2001; Anti-Sectarian Act finalised: Moin. News. 22. Mai 2001; Committee formed to handle sectarian cases. News. 24. August 2001.

56 *Malik*, Religious Minorities in Pakistan. a.a.O. S. 13.

57 Pakistani Shi'ites go on rampage over killings. Reuters AlertNet. 12. März 2002. Vgl. auch Sadaqat Jan: Sectarian Strife. Frontline (Madras). 12. April 2002.

Jahres 2002 öffentlich ihre 15. Jahresversammlung abhalten können.[58] Ihr Führer, Azam Tariq, konnte aus der Haft heraus für die letzten Parlamentswahlen als Unabhängiger kandidieren, und das erfolgreich. Auf dieser Konferenz verkündete er großspurig seine Unterstützung für die Jamali-Regierung. Die TJP ist trotz Verbots Mitglied des offiziellen religiösen Parteienbündnisses MMA geblieben, ihr Vorsitzender kandidierte für den Senat, das Oberhaus des Parlaments.[59]

Jihādī-Organisationen, die sich dem bewaffneten Kampf gegen „Ungläubige" verschreiben, haben in Südasien eine lange Tradition. Eine der bekanntesten Reinigungsbewegungen des Islams in Südasien unter Sayyid Ahmad Bareilly (1786-1831) verbreitete sich Anfang des 19. Jahrhunderts durch *Mujāhidīn.* Sie wurden von der britischen Kolonialmacht auch die indischen Wahhabiten genannt, was theologisch nicht ganz korrekt war, da sie weiterhin der sunnitisch-hanafitischen Rechtsauffassung folgten. Um den ersten Weltkrieg herum und während der anti-kolonialen Bewegung erlebten lokale Mujahidin-Aktivitäten, oft in Verbindung mit den Kriegen Großbritanniens gegen Afghanistan und besonders in den Pakhtunengebieten noch mal einen deutlichen Aufschwung. Dieser Traditionen folgen bewusst die modernen *Mujāhidīn*-Gruppen, die vor allem Ende der siebziger Jahre des zwanzigsten Jahrhunderts in Verbindung mit dem Bürgerkrieg in Afghanistan entstanden. Seit dem Abzug der Sowjetunion aus Afghanistan 1989 erweiterten sie ihr Aktionsfeld zunehmend auf Kaschmir und Indien, aber auch auf Zentralasien und die Provinz Xinjiang in China.[60]

In den neunziger Jahren setzte ein Wettrennen zwischen allen großen islamischen Parteien ein, sich militante Gruppen zuzulegen. Diese leisteten bei den üblichen großen Jahresversammlungen Ordnungsdienste, dienten als Stosstrupps in lokalen machtpolitischen Auseinandersetzungen und stellten Kontingente für die militärischen Aktivitäten in Afghanistan bzw. in Kaschmir. Die bekanntesten von ihnen sind die *Ḥarkatu'l-Mujāhidīn* (HUM), ehemals *Ḥarkatu'l-Anṣār* (HUA), die ursprünglich aus der SSP als Abspaltung hervorgingen und sich theologisch als radikale Deobandi-Organisation verstehen. Aus der HUM ging als weitere und inzwischen sehr aktive Abspaltung die *Jaish-e-Muḥammadī* (JM) hervor. Des Weiteren gehören dazu die *Hizbu'l-Mujāhidīn* (HM), die der JI nahe steht und hauptsächlich in Kaschmir agiert, und die erwähnte *Lashkar-i Taiba*, die dem Netzwerk der *Ahl-i Ḥadīth* verbunden ist. Die Barelwis verfügen über mehrere, vor allem lokale Gruppen, z.B. die *Jalālī Force* (JF) in Bhikhī Sharīf, Punjab.

---

58 News. 28. Dezember 2002.

59 Independent MPAs to play vital role: Senate elections. Dawn. 19. Januar 2003.

60 Ausführlicher siehe *Reetz,* Islamic Activism in Central Asia and the Pakistan Factor. in: Journal of South Asian and Middle Eastern Studies, Vol. XXIII, No. 1, Fall 1999, S. 1-37.

Gegen das Tragen von Waffen in der Öffentlichkeit, darunter auch in Moscheen und *Madrasa*, sowie gegen die militärische Ausbildung dort wurde mit der *Anti-Weaponisation Ordinance 2001* vom 15. Februar 2001 angegangen.[61] Verschiedenen Hinweisen zufolge behinderte jedoch der pakistanische Geheimdienst ISI dieses Programm, da er negative Auswirkungen auf die *Jihādī*-Organisationen befürchtete.[62] Auch die bisherige Praxis der unkontrollierten öffentlichen Spendensammlungen für die *Jihādī*-Gruppen sollte kontrolliert werden.[63] Das Einsammeln illegaler Waffen erwies sich als zäher Kampf gegen lokale Klanstrukturen, umso mehr, als in einigen Regionen Pakistans, wie der Nordwestgrenzprovinz und Balutschistan, das Tragen von Waffen immer noch als Teil der Mannesehre angesehen wird. Vor dem 11. September 2001 blieben die meisten *Jihādī*-Gruppen im Wesentlichen von direkten Maßnahmen des Regimes verschont.

Die islamistischen Parteien reagierten auf die sich abzeichnenden Beschränkungen sehr aktiv. Zum einen gründeten sie wiederholt Gremien, die die Sektenauseinandersetzungen beilegen sollten. Ein deutlicher Fortschritt wurde in dieser Richtung erst mit der Gründung der MMA erzielt, als sich die sunnitischen Parteien mit einer schiitischen Partei auf einer gemeinsamen Plattform trafen, wie zu hören war, nicht ohne deutlichen Druck seitens des Militärs und Geheimdienstes.

Massive Proteste richteten sich gegen Beschränkungen der *Jihādī*-Gruppen. Hier nahmen sie eine offensive Haltung ein. Bei diesen Gruppen handele es sich um Freiheitskämpfer. Wer sie behindert, sei kein Muslim und mache sich der Apostasie schuldig. Wenn man sich jetzt von ihnen abwende, sei das Verrat auf Druck von Amerika, nachdem man sie erst gefördert habe. Die *Jamāʿat-i Islāmī* strengte deshalb ein Verfahren gegen den liberal orientierten Innenminister Moin wegen Verletzung von „Verfassungsprinzipien" an. Der Islam sei die Staatsreligion Pakistans, die Verfassung verlange von allen Muslimen über die *„Objectives Resolution"*, ein Leben im Geiste des Islams entsprechend *Qurʾān* und *Sunna* zu führen, die jeden Muslim verpflichten, sich am *Jihād* zu beteiligen.[64]

Die *Jihādī*-Gruppen sind jedoch unvermindert damit befasst, sich neue Mitglieder zu beschaffen. Dabei erregte bisher in der Öffentlichkeit erstaunlicherweise relativ wenig Aufmerksamkeit, in welchem Umfang sie ihre Rekrutierungskam-

61 S. Fn.30.
62 Herald (Karatschi). Dezember 2001, S. 21.
63 Govt to check income of Jihadi outfits. Dawn. 20. Februar 2001.
64 Jamaat-i-Islami files writ against Moin. Dawn. 16. Februar 2001.

pagne in Schulen und Colleges hineintragen.[65] Dort wird stark ideologisch gefärbtes Informationsmaterial verteilt, das die Jugendlichen auffordert, sich dem *Jihād* zur Bekämpfung Andersdenkender anzuschließen.

Auch die Rolle der Koordinierungsgremien wurde bisher wenig beleuchtet. Im März 1995 wurde der Nationale Rat zur Versöhnung (*Millī Yākjēhtī Council*) gegründet, dem alle religiösen Gelehrtenparteien, einige Sektenorganisationen und Milizen angehörten. Er hatte die Aufgabe, in den schiitisch-sunnitischen Sektenkämpfen zu vermitteln. Die Anliegen der Kleriker im afghanischen Bürgerkrieg vertraten Gremien wie der *Afghān Jihād Council*[66](gegründet 1990) oder der *Pakistan-Afghanistan Defence Council*[67], die ein gemeinsames Forum für die religiösen Parteien und die *Jihādī*-Gruppen bildeten. Erst im Januar 2002 wurde festgestellt, dass Vertreter des pakistanischen Geheimdienstes ISI sich nunmehr aus dem *Afghān Jihād Council* zurückgezogen hätten – vier Monate nach dem 11. September 2001 und deutlich nach dem Sturz der *Ṭalibān* in Afghanistan durch die Anti-Terrorkoalition.[68]

Islamische Wirtschaft und Wucherzinsverbot

Auch im ökonomischen Bereich nutzten die islamistischen Parteien Schwierigkeiten der bestehenden Lage, um den Druck auf das Militärregime zu verstärken und außerparlamentarische Zugeständnisse zu verlangen. Sie unterstützten streikende Händler und Gewerbetreibende, die sich im Mai - Juni 2000 gegen die Verbesserung der Steuererfassung und zaghafte Schritte einer Steuerreform stellten. Ironischerweise hatte das Militärregime den Islamisten dieses Instrument selbst in die Hand gegeben, da Finanzminister Shaukat Aziz den JI-Führer Qazi Hussain bat, zwischen den Händlern und der Regierung zu vermitteln. Da er jedoch von der Regierung kein offizielles Mandat erhielt, lehnte er letztlich die Vermittlung ab, konnte aber den Einfluss der Islamisten unter den Händlern erheblich stärken.[69] Kurze Zeit später ermunterten die Islamisten die Händler selbst zu dem Streik.

Auch in der Frage der Durchsetzung des Zinsverbotes gingen die Islamisten in die Offensive. Die Regierung Musharraf wurde hier mit den Auswirkungen von

---

65 Dawn. 17. Februar 2001.
66 News. 21. September 2001.
67 Nation. 18. September 2001.
68 Pakistan Cutting Ties With Militants. New York Times, 20. Februar 2002.
69 Vgl.: Qazi urges end to row with traders over tax survey. JI Media News. 9. Juni 2000, auf <http://www.jamaat.org>.

Initiativen und Gerichtsverfahren konfrontiert, die bis in die Amtszeit von General Zia-ul-Haq zurückreichten. Dabei ging es um die Einführung eines zinsfreien islamischen Wirtschaftssystems in Pakistan. Im Mittelpunkt stand die Vereinbarkeit verschiedener Geldgeschäfte mit der *sharīʿa.* Es wurde versucht, die Gewinn- und Verlustteilung zwischen Kreditgeber und –nehmer als eine Hauptform der islamgerechten Finanzwirtschaft zu etablieren.[70] Die unter Zia 1985 eingeführten Praktiken wurden jedoch vom Obersten *Sharīʿa*-Gericht in einem Urteil vom 14. November 1991 abgelehnt, da sie nicht mit dem Islam übereinstimmen würden. Per Auflage des Obersten *Sharīʿa*-Gerichtes vom 23. 12. 1999 sollte dann bis zum 30. Juni 2001 ein solches zinsfreies System eingeführt werden. Der Religionsminister Mahmood Ahmad Ghazi versuchte zunächst, regierungsseitig Bedingungen zu schaffen, um die Verordnung durchzusetzen. So wurden eine Kommission und eine *Taskforce* zur Durchsetzung des Urteils gebildet.[71] Sie hatten die Aufgabe, eine Verordnung zum Verbot des Zinsnehmens im Finanzwesen (*Anti-Ribā Ordinance*) vorzubereiten, die jedoch immer wieder überarbeitet wurde. Ghazi forderte die islamischen Gelehrten auf, der Regierung verstärkt Unterstützung bei der Umsetzung des Urteils zu geben. Die praktischen Schwierigkeiten waren offensichtlich. Vertreter der Wirtschaft und des Bankwesens befürchteten, dass sich für Pakistans Stellung in der internationalen Finanzwirtschaft erhebliche Schwierigkeiten ergeben würden, wenn die Regierung dem Urteil folgt. Die Regierung entschloss sich zum prozessualen Lavieren. Dabei versuchte sie möglichst zu vermeiden, selbst in die Öffentlichkeit zu gehen. In einem Revisionsverfahren erreichte die private UBL-Bank eine Hinausschiebung des Termins auf den 30. Juni 2002. Die Argumente gegen eine Verschiebung der Einführung und gegen eine Verwässerung der vorgeschlagenen *Anti-Ribā Ordinance* kamen hauptsächlich von den Anwälten der JI.[72] Mit der maximalistischen Forderung, das gesamte Wirtschaftssystem komplett auf *sharīʿa*-kompatible Finanzprodukte umzustellen, brachten die *ʿUlamāʾ* die Regierung in erhebliche Schwierigkeiten. Die *ʿUlamāʾ* drohten, wiederum eine öffentliche Protestbewegung zu starten, um das Zinsverbot durchzusetzen.[73]

Aus Sicht der Regierung zeichneten sich im Herbst 2001 drei Optionen ab. Der Gouverneur der Staatsbank schlug vor, *sharīʿa*-kompatible Finanzprodukte entweder in einer separaten vollwertigen kommerziellen islamischen Bank oder über islamische Bankschalter der bestehenden Bankfilialen oder über separate

[70] Zur Geschichte des islamischen Bankwesens in Pakistan siehe den Jahresbericht der Pakistanischen Staatsbank für 2002, Kapitel 10: Islamization of Financial System in Pakistan, auf <http://www.sbp.org.pk/reportFY02/chap10.pdf>.

[71] News. 9. Oktober 2000.

[72] JI seeks review of SC order in Riba case. JI Media News. 5. September 2001.

[73] News Ulema warn of agitation if Riba not ended. News. 23. Mai 2001.

islamische Bankfilialen der bestehenden Banken anzubieten. Sollten die Bürger Pakistans ihre Transaktionen auf diese Finanzprodukte umstellen, würde das zinsgebundene Finanzsystem von selbst verschwinden.[74] In dieser Richtung argumentiert die Regierung bis heute: erst müsse die Gesellschaft umgestaltet werden und die Menschen bereit sein, das islamische Finanzsystem zu akzeptieren. Dann müssten die entsprechenden Rechtsnormen geschaffen werden. Solange dürfe dazu kein Urteil gefällt werden.[75] Offenbar war das Motiv der Regierung, sich nunmehr verstärkt gegen die geplante Zinsverordnung zu engagieren, vor allem darin begründet, Schwierigkeiten für die Rückzahlung der vielen Schulden zu vermeiden, die zahlreiche Politiker und Mitglieder der Elite bei den staatlichen Banken durch Patronage der früheren Zivilregierungen angehäuft hatten. Das Oberste Gericht hat seither mehrfach die Verordnung an das Oberste *Sharīʿa*-Gericht zurück überwiesen, das sich jedoch weigert, sein Urteil zu modifizieren.[76]

Die Folgen des 11. Septembers 2001: Krieg dem Terror

Der terroristische Überfall auf New York und Washington stellte auch für das pakistanische Militärregime im Umgang mit dem Islamismus und der islamischen Militanz eine Zäsur dar. Die Tatsache, dass der Angriff offenbar durch militante Islamisten ausgeführt wurde, die unmittelbar mit Netzwerken verbunden waren, die sich auf afghanischem und pakistanischem Territorium entfaltet hatten, rückte Pakistan ins Visier der amerikanischen Vergeltungs- und Abwehrstrategie. General Musharraf erkannte die möglichen militärischen Konsequenzen einer solchen Entwicklung sofort. Er zögerte daher nur kurz, als ihm von US-Außenminister Colin Powell in ultimativer Form die Alternative aufgezeigt wurde, sich entweder an die Seite einer internationalen Anti-Terrorkoalition oder gegen die USA zu stellen.

General Musharraf kalkulierte riskant aber durchaus präzise, dass er den öffentlichen Widerstand der islamistischen Rechten im Zaum halten könne. Die Islamisten organisierten im Gefolge zwar eindrucksvolle und angespannte Massendemonstrationen gegen den Anti-Terror-Krieg in Afghanistan und die politische

---

74 Three options under consideration to start process of Islamic banking: State Bank of Pakistan governor defends moratorium on NDFC withdrawals. News. September 2001, auf der Webseite des *Institute of Islamic Banking and Insurance* (London), auf <http://www.islamic-banking.com/news/pakistan/archive/options_0901.php>.

75 SC reserves verdict in riba case. Pakistan News Service (PNS). 23. Juni 2002, auf der Internet-Webseite <http://paknews.com/>.

76 News Verdict on Riba comprehensive and complete, FSC. News. 25. Oktober 2002.

Kehrtwende von General Musharraf. Aber sie bildeten keine echte Bedrohung der Herrschaft des Regimes und konnten auch auf diese Weise keinen Kurswechsel erzwingen.

Auf Drängen der USA, die offenbar im Einzelnen dem General präzise Vorgaben machten, sah sich Musharraf zu Maßnahmen veranlasst, die den politischen Spielraum der Islamisten, vor allem in sicherheitsrelevanten Fragen, einschränkten sollten. So stellte er eine Reihe von Generälen in der Militärführung kalt, die für ihre proislamistischen Auffassungen bekannt waren, darunter den Chef des Geheimdienstes ISI, Generalleutnant Mehmood Ahmad. Desgleichen veränderte er die Befehlskette für die Nuklearstreitkräfte so, dass pro-islamistische Generale auch hier ausgeschlossen wurden, auch wenn Musharraf das in der Öffentlichkeit dementierte.[77]

Nachdem sich die Koalition islamistischer Parteien auf der Straße gegen den General in der Afghanistan-Frage nicht durchsetzen konnte, fühlte sich Musharraf ermutigt, in die Offensive zu gehen. In seiner vielbeachteten Rede vor religiösen Würdenträgern vom 12. Januar 2002 kündigte er weitere Maßnahmen gegen islamistische Militanz an.[78] Erneut rief er dazu auf, Pakistan zu einem Muster eines modernen und fortgeschrittenen islamischen Staates zu machen. Er verbot weitere radikale islamistische Organisationen, verfügte auch Einschränkungen für das Sammeln öffentlicher Spenden für diese Organisationen.

Doch war diese Rede und die darin vorgeschlagenen Maßnahmen offenbar mehr von taktischen Zwängen und strategischen Überlegungen der Machterhaltung und der Auseinandersetzung mit Indien diktiert, als von der Absicht, den Einfluss der islamistischen Kräfte auf die Politik zu begrenzen. Am 13. Dezember 2001 fand ein Terrorüberfall auf das indische Parlament statt. Indien machte dafür islamistische Terrorgruppen verantwortlich, besonders die LT und die JM. Diese agierten vor allem in Kaschmir und wurden nach Meinung vieler Beobachter von Pakistan zumindest geduldet, wenn nicht unterstützt. Vor dem Hintergrund des offensiven Vorgehens der USA gegen terroristische Strukturen drohte Indien damit, vermeidliche Ausbildungslager dieser Organisationen und andere Institutionen auf pakistanischem Boden anzugreifen. Es begann ein gewaltiger Militäraufmarsch von über einer Million Mann mit nuklearer Dimension. Die USA sahen in dieser Eskalation einen gefährlichen Störfaktor für ihren Anti-Terrorkrieg in Afghanistan. Wenig später kam es in Afghanistan zu einer

77 *Davis*, Pakistan's Taliban Troubles, in: Jane's Defence Weekly, 1. Dezember 1999; Pakistan Moves Nuclear Weapons, Musharraf Says Arsenal Is Now Secure. Washington Post. 11. November 2001, auf <www.washingtonpost.com>.

78 Vgl. Fn. 30.

massiven Schlacht um die Höhlen von Tora Bora. Zumindest wurde dadurch bestätigt, dass es den übriggebliebenen Strukturen der *Ṭalibān* und den ausländischen Kämpfern gelungen war, sich teilweise in Afghanistan und im Grenzgürtel zu Pakistan umzugruppieren und in unwegsame Stammesgebiete zurückzuziehen.

Aber auch innere Zwänge machten deutlich, dass der Einfluss der militanten Gruppen noch lange nicht gebrochen war. Trotz vielfältiger Sicherheitsmaßnahmen behielten sie einen gewissen Spielraum zum Agieren. Das zeigten besonders die Vorgänge um die Entführung des Korrespondenten des „Wall Street Journal", Daniel Pearl. Er wurde im Januar 2002 entführt und auf brutale Weise vor laufender Kamera enthauptet. Angeblich sollte ein Zeichen des Widerstandes gegen die USA und Israel (Pearl war Jude) gesetzt werden. Als die ersten Verdächtigen in diesem Fall verhaftet wurden, ergaben sich auch Querverbindungen zu ehemaligen Geheimdienstoffizieren. Sie sollen zu denen gehört haben, die in einer Säuberungsaktion nach dem Beitritt Pakistans zur Anti-Terrorkoalition entlassen wurden. Es hieß, Pakistan bereitete es erhebliche Schwierigkeiten, die Kontrolle über die ausgeuferten Geheimdienststrukturen des ISI wiederzugewinnen. Teile des ISI hatten sich im Geflecht islamistischer Strukturen, des illegalen Waffen- und Drogenhandels verselbständigt. Doch auch unter den Militanten, die lange Zeit – und vor allem in Afghanistan und Kaschmir – sehr koordiniert gehandelt hatten, bildeten sich Renegatengruppen. Für diese verständigte sich die Gewaltanwendung weitgehend zu einer Art bewaffnetem Bandenkrieg. Einzelne versuchten auch, Musharraf direkt zu treffen und zu beseitigen. Andere setzen Terrorakte gegen symbolische Ziele fort, indem sie Ausländer, Christen, und Ahmadis,[79] in Kaschmir wieder auch zivile und religiöse Ziele, wie Hindu-Tempel, angriffen.[80]

Dennoch schien sich die Lage Pakistans im Innern und Äußern zu stabilisieren. Das Land war Teil einer internationalen Gemeinschaftsaktion, hatte seine Be-

---

79 Nach dem 11. September 2001 wurden folgende größere Anschläge in Pakistan auf westliche und „prowestliche" Ziele registriert: 2002: 17. März: 2 US-Bürger sind unter den Opfern eines Anschlages auf die Protestant International Church in Islamabad; 8. Mai: 11 französische Ingenieure, die am Agosta-U-Bootprojekt arbeiten, sind unter den Opfern eines Selbstmordattentates in Karatschi; 14. Juni: 12 Pakistaner werden Opfer eines Selbstmordanschlages auf das US-Konsulat in Karatschi; 13. Juli: 7 Deutsche sind unter den Verletzten eines Handgranatenanschlages auf Touristen an einer archäologischen Ausgrabungsstätte; am 28. Oktober 2001, am 5. und 9. August, 25. September und 5. Oktober 2002 wurden Anschläge auf christliche Einrichtungen in Bahawlapur, Murree, Taxila, Karatschi und Bannu verübt. Herald, Dezember 2002, S. 46-37.

80 Siehe Überfall auf den Raghunath-Tempel in Jammu am 24. November 2002. An outrage in Jammu. Frontline (Madras), Vol. 19, No. 25, 20. Dezember 2002.

ziehungen zu den USA und der westlichen Welt insgesamt verbessern können. Wirtschaftliche Reformmaßnahmen zeigten erste Erfolge. Die Währungsreserven Pakistans stiegen wieder an, das Wirtschaftswachstum nahm zu.

Musharrafs Streben nach der Macht: die Islamisten kommen wieder

In dieser Situation sah Musharraf die Gelegenheit gekommen, das Militär und sich selbst in der pakistanischen Politik fester zu installieren. Damit lag er ganz in der Tradition der früheren pakistanischen Militärmachthaber, die alle mit dem Versprechen angetreten waren, nur einen Übergang zu einer zivilen Regierung vollziehen zu wollen, um später doch eine eigene neue Ordnung ins Leben zu rufen.

Musharraf argumentierte, ohne den fortgesetzten Einfluss seiner Person als Armeechef wäre eine erfolgreiche Durchsetzung der verschiedenen Reformmaßnahmen nicht gesichert. Die existentielle Krise Pakistans, die er bei seinem Amtsantritt feststellte, schien ihm weitere Gründe für eine fortgesetzte Machtausübung zu geben. Pakistan glaubte auch nicht ohne Grund, die USA würden einen fortgesetzten Verbleib von Musharraf an der Macht begrüßen, um den Erfolg des Anti-Terrorkrieges nicht zu gefährden. Das Militär zeigte sich fest entschlossen, die Kontrolle auch über die zivile Macht nicht aus der Hand zu geben.

Gleichzeitig spitzte sich die Lage gegenüber Indien wieder zu. Daran war nicht nur der Terroranschlag vom 13. Dezember 2001 Schuld. Der Bürgerkrieg im indischen Kaschmir, angeheizt durch neue Terroranschläge wie auch durch Übergriffe der indischen Sicherheitskräfte, ging unvermindert weiter. Die inneren und äußeren Ambitionen des Militärs in der Person von Musharraf untergruben die Legitimität und Wirksamkeit des Reformkurses von Musharraf. In Vorbereitung auf die Wahlen im Oktober 2002 betrieb das Regime eine weit gefächerte strukturelle Manipulation, bei dem die Opposition systematisch ausgeschaltet oder benachteiligt wurde.[81] Während sich diese Strategie vor allem gegen die PPP und die Muslimliga (Nawaz) richtete, profitierten die Islamisten davon. Ihrem Wahlbündnis MMA wurden offenbar auf Anordnung des Militärregimes viele Steine aus dem Weg geräumt. Gouverneure und Distriktbeamte veranlassten in vielen Wahlkreisen die Einstellung von Verfahren gegen potentielle MMA-Kandidaten wegen Korruption oder Störung der öffentlichen Ordnung.

[81] Vgl. Wahlbericht der EU für Pakistan: <http://www.europarl.eu.int/meetdocs/committees/afet/20021104/Cushnahan%20Report.pdf>.

Im Gegensatz zu den anderen Parteien unterlagen die Wahlkampfveranstaltungen der MMA kaum Beschränkungen. Dennoch profitierte die MMA besonders von der mangelnden Koordinierung der säkularen politischen Kräfte sowie von der geringen Wahlbeteiligung der Anhänger der PPP und PML in der NWGP und Balutschistan. Gleichzeitig führte sie einen geschickten und sehr professionalisierten Wahlkampf, für den sie sich auch der Unterstützung vieler *Madrasa*-Studenten versicherte. Ihr gesamtnationaler Stimmenanteil von ca. 11 Prozent lag nicht wesentlich über dem der früheren Jahre, aber es gelang ihr, durch den Parteizusammenschluss das Mehrheitswahlsystem für sich zu nutzen.[82]

Zur Überraschung vieler Beobachter, und möglicherweise auch der Militärregierung, erzielte die MMA einen beachtlichen Anteil der Mandate in der Nationalversammlung (53) und dem Senat (18 plus 2 Unabhängige – 2. Kammer des Parlaments). In der Provinzversammlung der Nordwestgrenzprovinz (NWGP) erreichte sie eine knappe Mehrheit der Sitze (62 von 123) und konnte die erste ausschließlich von Islamisten besetzte Provinzregierung bilden – auch wenn sie in früheren Jahren schon als Koalitionspartner auf Provinzebene mitregierten. In der Provinz Balutschistan ist die MMA aufgrund ihres guten Abschneidens (17 von 64) Teil der Provinzregierung.[83] Dieser politische Erfolg stellte die Islamisten vor ein Dilemma. Um einen möglichst großen Einfluss auf die Politik ausüben zu können, hätte es eines teilweisen Übergangs auf gemäßigtere Positionen bedurft. Um die eigene Klientel bei der Stange zu halten, wurden dagegen nun erste Ergebnisse einer islamistischen Politik verlangt. Dem versuchte die MMA dadurch gerecht zu werden, dass sie die Rolle des Verteidigers der Demokratie übernahm und besonders die Wiederherstellung der Verfassung einklagte. Bei der sich hinziehenden Regierungsbildung zeichnete sich ein Patt zwischen Loyalisten von Musharraf und dessen Gegnern ab. Hier versuchte die

---

82 Vgl. *Yusufzai*, The Real Test. In: Newsline (Karatschi), November 2002, auf <http://www.newsline.com.pk/NewsNov2002/cover2nov2002.htm>.

83 Von 342 in der Nationalversammlung zu vergebenden Sitzen errang die dem Militärregime von General Musharraf nahestehende „Muslimliga – *Qā'id-e ʿAẓam*" (Muslimliga im Geiste des „Großen Führers": Epithet des Staatsgründers Jinnah; ML-QA) 103, die „Pakistanische Volkspartei – Mandatsträger" (Pakistan People's Party-Parliamentarians – PPP-P) als stärkste regimekritische Kraft 80, das Bündnis religiöser Parteien MMA 59, die dem von Musharraf gestürzten ehemaligen Ministerpräsidenten Nawaz Sharif nahestehende „Muslimliga – Nawaz" (ML-N) 18 und die regional-ethnische Partei der urdusprachigen Bevölkerung „*Muttaḥida Qōmī Mahāz*" (Vereinte Volksfront – MQM) 17 Plätze. Zu den aktuellen Wahlergebnissen unter Berücksichtigung der Frauen- und Minderheitensitze, siehe die Webseite von „News" und „Jang", auf <http://jang.com.pk/election2002/>. Zu den Senatswahlen vgl. auch Nadeem Iqbal: Make Way for the King's Men... In: Newsline, März 2003, auf <http://www.newsline.com.pk/newsbeat1mar.htm>.

MMA zunächst, das Zünglein an der Wage zu spielen, entschied sich dann aber für die Rolle des selbsternannten Sprechers der Opposition.
Musharraf gelang es nur mit Mühe und massiver Manipulation, eine Mehrheit für seine „Königspartei", die Muslimliga-Abspaltung PML-QA und ihre Verbündeten zu erreichen. Besonders pikant und prekär für die Rechtskultur im Lande war die scheibchenweise Inkraftsetzung der Verfassung mit den von Musharraf verordneten Änderungen. So wurde u.a. gesichert, dass der Parteiwechsel trotz eindeutiger Verfassungsbestimmungen zunächst weiter straffrei blieb.

Das Regime verhinderte, auch wegen starkem Druck aus Washington, dass die MMA führende Positionen in der Nationalversammlung oder im Senat besetzen konnte. In der pakhtunischen NWGP fährt die MMA seitdem einen zweigleisigen Kurs. Sie erhebt verbale Forderung nach Islamisierung des öffentlichen Lebens, von denen viele eher nominellen Charakter tragen:

> "The newly-elected NWFP Chief Minister Akram Khan Durrani on Friday (29. November 2002) announced a complete ban on taverns and gambling dens in the province and asked the district administrations to comply with the orders. Speaking at the floor of the House, after being elected the provincial chief minister, he also ordered for ban on playing tape recorders, VCRs and music in buses, coaches and passenger vehicles, which usually cause accidents.
> 'The enforcement of Islamic system was the MMA manifesto,' he said and added that his government would implement the unanimous recommendations of the Islamic Ideology Council. Terming himself a follower of Maulana Mufti Mehmud who had resigned from the NWFP chief ministership on principles, Akram Khan Durrani reiterated to follow his footprints. He said he would be the first person to resign instead of compromising on principles. 'We will endeavour for the enforcement of Islamic system in the country and province and take guidance from the central MMA leadership and strictly follow that.' …
> Akram Khan Durrani announced construction of separate places for women for prayers and abolition at bus stands. 'We all have to respect law. My cabinet ministers and I will first implement rules on ourselves and then ask others to obey the law,' he said adding, 'Our decisions will not be personal but will be taken with consultations of our advisory body to be constituted shortly.'"[84]

[84] News. 30. November 2002.

Die MMA betreibt gleichzeitig Realpolitik, indem sie im Verwaltungsapparat, aber auch in Bezug auf öffentliche Sicherheit, dem wegen der Terrorismusbekämpfung sensibelsten Bereich, auf Kontinuität setzt. Dazu erklärte Durrani u.a.

> "(The) people extended their unflinching backing to the Muttahida Majlis-e Amal for a positive change as people's problems have swelled to an unmanageable proportion.
> They wanted to have a messiah to uproot ills from the society. The people expected the MMA would reduce unemployment, alleviate poverty and put on the track the structure of service delivery system on sound footings and more importantly to form an ideal society based on Islamic teachings."[85]

Zwar hat sie gelobt, der Verfolgung der *al-Qāʾida*- und *Ṭalibān*-Anhänger, besonders durch amerikanische Sicherheitskräfte in der Provinz ein Ende zu bereiten. Aber diese Entscheidungen obliegen ihr gar nicht, da diese Aktivitäten überwiegend durch Bundesbehörden durchgeführt werden, oder zum großen Teil die selbstverwalteten pakhtunischen Stammesgebiete (*Federally Administered Tribal Areas* – FATA) betreffen, die ebenfalls der Bundesregierung in Islamabad unterstehen, die den USA Kontinuität versprochen hat.

Trotz des Realismus der MMA trägt ihre Herrschaft in der NWGP dazu bei, den Ton erheblich zu verschärfen. Das wird besonders deutlich an der Absicht, die erwähnte religiöse Kontrollbehörde (*Hisbah Authority*) nun zumindest in der Provinz einzuführen.[86] Die MMA hat auch in modifizierter Form das *Sharīʿa*-Gesetz von 1991 wieder aufgelegt und im Eilverfahren durch die Provinzversammlung gepeitscht.[87] Beobachter weisen darauf hin, dass zu den Veränderungen u.a. das Weglassen bisheriger Garantien für verschiedene Grundrechte gehört.[88] Zwar werden die Chancen für praktische Folgen des Gesetzes als gering erachtet. Es erhöht aber den Druck auf den politischen Gegner und alle säkularen Kräfte. Aufgrund der konfrontativen Haltung der MMA wächst der Widerstand gegen ihre Regierung. Das *Sharīʿa*-Gesetz wird vor dem Obersten Gericht angefochten. Die Zentralregierung erwägt Schritte gegen die Provinzregierung in der Frage der Distriktverwaltung, nachdem die MMA versucht hat, sich die

---

85 News. 2. November 2002.

86 Force will be raised to prevent 'vice': NWFP cabinet approves draft 'Hisba Act'. Dawn. 23. 05. 2003.

87 Frontier PA adopts Shariat Bill. Dawn. 03.06.2003.

88 Shariat Bill termed replica of old one. Dawn. 30.05.2003.

neuen Distriktverwalter unterzuordnen, die sich jedoch Präsident Musharraf verpflichtet fühlen.[89]

Insgesamt haben die Islamisten in der pakistanischen Politik deutlich an Einfluss gewonnen. Sie bilden nun einen Faktor, mit dem alle Beteiligten ernsthaft rechnen müssen. Gleichzeitig stößt die MMA mit ihrer dezidiert antiamerikanischen Haltung weit über die Grenzen ihrer Parteien auf breite Unterstützung. Der Kurs der pakistanischen Regierung unter Präsident Musharraf, als Verbündeter der USA zu agieren, ist deutlich ins Wanken geraten, da ihm zunehmend die politische Legitimierung fehlt. Auf Initiative der Islamisten wurde im Parlament von fast allen Abgeordneten demonstrativ eine Gedenkandacht für den in den USA verurteilten und hingerichteten Terroristen Aimal Kansi abgehalten, als dessen Leiche Anfang Dezember 2002 den Verwandten überstellt wurde. [90] Da Kansi von der damaligen Regierung unter Umgehung rechtlicher Formalitäten in einer Nacht-und-Nebel-Aktion gemeinsam mit FBI-Beamten in Pakistan gefasst und anschließend ausgeflogen wurde, war dieser Protest gleichzeitig eine Kritik an der antidemokratischen Art der Kooperation des jetzigen Regimes mit den USA. Viele islamistische Milizen können trotz Verbots inzwischen wieder weitgehend ungehindert operieren. Es hat sich bestätigt, dass zahlreiche Beschränkungen eher formalen Charakter trugen. Sie reorganisieren sich unter neuen Namen und setzen *de facto* ihre Aktivitäten fort.

Diese Konstellation wirft für die pakistanische Führung zahlreiche Strategieentscheidungen auf. Sie kann sich nicht weiter von den radikalen Islamisten in eine Anti-USA-Politik treiben lassen und gleichzeitig versuchen, als Verbündeter der USA zu agieren. Sie kann nicht mit der Tolerierung oder Unterstützung der Anschläge islamistischer Milizen in Indien ungehindert fortfahren und gleichzeitig Teil der USA-geführten Anti-Terrorkoalition bleiben wollen. Verschiedene „Falken“ in Washington haben Pakistan schon deutlich ins Visier für eine spätere Phase des Anti-Terrorkrieges genommen. Indiens Außenminister hat es kürzlich auf den Punkt gebracht, als er meinte, Pakistan erfülle für einen vorbeugenden (pre-emptive) Angriff weit eher alle Voraussetzungen als der Irak, es habe Massenvernichtungswaffen und unterstütze den Terrorismus.[91] Um diese Drohung zu entschärfen wird Pakistan mehr tun müssen, als nur in selektiver Sicherheitskooperation immer mal wieder einen hochrangigen *al-Qāʾida-* oder *Ṭalibān*-Führer zu präsentieren. Dies nährt nur den Verdacht, dass sich die

---

89 MMA to resist Centre's action. Dawn. 04.06.2003.

90 Siehe den Kommentar von *Arham, Kansi Mania*, in: News. Lahore, 9. Dezember 2002.

91 Interview von Indiens Außenminister Yashwant Sinha am 4. April 2003. Hindustan Times (Delhi). 5. April 2003, auf <http://www.hindustantimes.com/2003/Apr/05/printedition/050403/detFRO02.shtml>.

Mehrheit der *Ṭalibān*- und *al-Qā'ida*-Führer nach wie vor in Pakistan aufhält. Man muss annehmen, dass dies ohne ein Mindestmaß an Kooperation seitens bestimmter Armee- und Sicherheitskreise kaum möglich wäre.

Zusammenfassend lässt sich festhalten, dass das Verhältnis zwischen dem pakistanischen Regime und den Islamisten ein Balance-Akt bleibt. Das gegenwärtige Regime und die Islamisten brauchen einander bis zu einem bestimmten Grade. Die Versuche der Militärs, die Islamisten zu benutzen, haben sich teilweise gegen das Regime gewendet. Die Islamisten wiederum hoffen darauf, den Durchbruch zu erzielen, um zu einer gesamtnationalen politischen Kraft zu werden und zunehmend Kontrolle über die Regierungspolitik zu gewinnen, möglicherweise sogar bei den nächsten Wahlen in einer Koalition die Regierung zu bilden. Die Unterstützung der Bevölkerung für islamische Militanz geht jedoch deutlich zurück. Für sie ist vor allem von Belang, ob es dem jetzigen Regime gelingt, die sozialen und ökonomischen Bedingungen zu verbessern. Das würde auch den Islamisten Unterstützung entziehen. Unabhängig davon werden die religiösen Strukturen und der *Madrasa*-Sektor ihren Einfluss behalten. Die Stabilität der Verhältnisse in Pakistan wird davon abhängen, ob es dem Regime gelingt, die Aktivitäten des islamischen Sektors in rechtsstaatliche Bahnen zu lenken. Das wiederum setzt deutliche Fortschritte bei den Reformplänen der Regierung voraus, die möglicherweise nur schwer zu erzielen sind.

In diesem Sinne hat Musharraf keinen Bruch mit dem institutionellen Islam vollzogen. Gleichwohl kann man auch nicht ohne weiteres von Kontinuität sprechen. Die Bedingungen für den institutionellen Islam sind schwieriger geworden. Die Umstände des Agierens islamischer Institutionen, ihre Übereinstimmung mit Recht und Gesetz, werden zunehmend hinterfragt, sowohl in Pakistan selbst als auch im Ausland. Der Druck zu Veränderung und Anpassung hat zugenommen. Die Reformbemühungen des Musharraf-Regimes gegenüber dem institutionellen Islam sind nahezu komplett im Sande verlaufen. Es fürchtet zu sehr die Gegenwehr der islamistischen „Strasse", während es unverändert einige ihrer Grundsätze teilt. Die so entstandene Lücke haben die Islamisten erfolgreich genutzt, um alle Gesetzesinitiativen, die nicht ihren Vorstellungen entsprachen, zu blockieren (*Madrasa*-Registrierung). Zugleich gelang es ihnen bisher nicht, eigene Vorhaben durchzusetzen (Zinsverbot). Das bedeutet für Musharrafs Verhältnis zum institutionellen Islam eher gegenseitige Paralyse und Arrangement. Die größte Bedrohung geht für das Regime von der Möglichkeit aus, dass die Islamisten die oppositionellen Kräfte hinter sich vereinen könnten, um die autokratischen Verfassungsänderungen von Musharraf wieder rückgängig zu machen. Es muss daher bezweifelt werden, dass der jetzige Zustand Bestand haben kann, da er die Musharraf-Administration auszehren könnte. Um weitere Spannungen zu vermeiden, bemüht sich das Regime gegenwärtig verstärkt um einen Ausgleich. Dieser schließt in ausgewählten Fragen auch eine Koalition des Regimes mit den Islamisten nicht aus. Trotz aller nominellen oder tatsächlichen Beschränkungen für die islamischen Radikalen zeichnet sich damit jetzt schon ab, dass in der Summe die Islamisten von der Intervention der Militärs unter Musharraf profitiert haben. Manche von ihnen wähnen sich bereits auf dem Wege zur Macht.

Die Struktur des islamischen Sektors in Pakistan (Übersicht)

Übersicht nach Zeitungsberichten und Internetmeldungen.

Zeichenerklärung:
* Im Anhang A zum Bericht 2002 des U.S. State Department zur Terrorismus-Bekämpfung als „designated terrorist organizations" genannt.
§ Im Anhang C zum Bericht 2002 des U.S. State Department zur Terrorismus-Bekämpfung als „other terrorist groups" zur Beobachtung eingestuft.
\# In Pakistan am 14. August 2001 verboten.
$ In Pakistan am 12. Januar 2002 verboten; $ unter Beobachtung gestellt.

- **Bürgerliche Muslimparteien:**

Pakistan Muslim League (PML)

Pakistanische Muslimliga – Fraktionen von Nawaz Sharif (N) und Chaudhary Shujaat Husain (QA, nach Qā'id-e ʿAẓam Muhammad Ali Jinnah), letztere, auch die Gleichgesinnten (*like-minded*) genannt, ist um Kooperation mit dem Militärregime bemüht, weitere Fraktion unter Ejazul Haq (ZH, nach Zia-ul-Haq)

- **Religiöse Muslimparteien:**

Jamāʿat-i Islāmī (JI)

Islamische Partei (Amīr: Qazi Husain – gegr. 1941), vertritt die Lehren von Maulana Maududi → *Islāmī Jamʿīyat-e Ṭalbā* (IJT) – Islamic Students Union

Jamᶜīyat-e-ᶜUlamā--Islām (JUI)
Vereinigung der Rechtsgelehrten des Islams – Fraktionen von Fazlur Rehman (F) und Samiul Haq (S), vertreten die Deoband-Tradition

Jamᶜīyat-e-ᶜUlamā-e-Pakistān (JUP)
Vereinigung der [islamischen] Rechtsgelehrten Pakistans (Präsident: Maulana Shah Ahmad Noorani – gegr. 1948) → *Jamᶜīyat-e-Ahl-e-Sunnat*, vertritt den organisierten Sektor des mystischen Volksislam in der Barelwi-Tradition; → *Sawād-e-Azam Ahl-e-Sunnat Pakistan* (Mufti Usman Yar Khan)

Taḥrīk-e-Jaᶜffrīya-e-Pakistān (TJP) $
Pakistanische Bewegung der Anhänger von Imam Jaᶜffar (Präsident: Allama Sajid Ali Naqvi) – schiitische Partei., 1979 als Taḥrīk-e Nifāz-e Fiqh-e Jaᶜffarīya (TNFJ) – Bewegung zur Einführung Islamischen Rechts in der Tradition des Imām Jaᶜffar

Ahl-i Ḥadīth (AH)
Volk der Prophetentradition (Vorsitzender: Maulana Sajjid Mir), lehnen alle Rechtsschulen ab, stehen damit der Rechtsauffassung der saudischen Wahhabiten am nächsten; verschiedene Gruppen

Pakistan ᶜAwāmī Taḥrīk (PAT)
Pakistanische Volksbewegung, politischer Arm der religiösen Bildungsbewegung *Minhāju'l-Qur'ān (MQ* – Präsident: Tahirul Qadri)

- **Extremistische Sektenorganisationen der Sunniten und Schiiten:**

Sipāh-e-Saḥāba-e-Pakistān (SSP) § $
Pakistans Armee der Gefährten des Propheten; für die Sunniten (Maulana Azam Tariq)

Lashkar-i Jhangwi (LJ) * #
Jhangwis Armee, zu Ehren des getöteten SSP-Führers Maulana Haq Nawaz Jhangwi; SSP-Abspaltung

Akram Lahōrī Group (ALG)
LJ-Abspaltung unter Akram Lahori, vermutlich für Entführung und Ermor-

dung US-Journalisten Daniel Pearl im Januar 2002 verantwortlich[92]

Lashkar-i ʿOmar (LO)
LJ-Abspaltung, dem LJ-Führer Shaykh Omar gewidmet, dem der Prozess wegen der Ermordung von Daniel Pearl (Jan. 02) gemacht wurde

Tanẓīm-i Daʿwat (TD)
SSP-Abspaltung

Sunnī Taḥrīk (ST) $
Sunnitische Bewegung, Barelwi-Gruppe, hervorgegangen aus der Madrasa-Bewegung *Zia-ul-Quran* (*Ḍīya-u'l-Qurʾān*)

Sipāh-i-Moḥammadī (SM) #
Armee des Propheten; für die Schiiten

- **Militante (*Jihādī*) Gruppen:**
sprechen sich offen für die Anwendung von Gewalt aus, dazu gehören auch wahhabitische Gruppen, an denen auch Araber und andere nichtpakistanische Kämpfer teilnehmen:

Hizbu'l-Mujāhidīn (HM) §
Partei der Heiligen Krieger; zur *JI* gehörig (Syed Salahuddin, gegr. 1989), operiert hauptsächlich im indischen Kaschmir, ihr werden Verbindungen zur afghanischen Hizb-i Islami von Gulbadin Hekmatyar nachgesagt; → *Jamʿīy-atu'l- Mujāhidīn (JUM)* § – Partei der Heiligen Krieger, spaltete sich 1990 ab wegen Führungsdifferenzen (Shaykh ʿAbdul Basit)

Ḥarkatu'l-Anṣār (HUA)
Gruppe der Anhänger [des Propheten], usprünglich eine Abspaltung der SSP →*Ḥarkatu'l-Mujāhidīn (HUM)* * – Gruppe der Heiligen Krieger (Vorsitzender: Faruq Kashmiri, Generalsekretär: Fazlur Rehman Khalil), mit der JUI verbunden, unterzeichnete 1998 den *al-Qāʾida*-Aufruf Bin Ladens, Amerikaner und Juden zu töten, aktiv in Kaschmir und Afghanistan; →*Ḥarkatu'l-Jihād-i Islāmī (HUJI)* § - Gruppe des Heiligen islamischen Krieges (Chief Commander: Amīn Rabbānī), in Pakistan und Kashmir aktiv, soll Verbindungen gehabt haben zur → *Al-Farān (AF)* – Splittergruppe, die für die Entführung und Ermordung von fünf westlichen Touristen bei einer

92 Dawn. 05. August 2002.

Trekking-Tour in Kaschmir im Jahre 1995 verantwortlich gemacht wird; →*Ḥarkatu'l-Mujāhidīn al-ʿĀlamī (HMA)* – Internationale Gruppe heiliger Krieger (Anführer: Mahammed Hanif)[93], die für den Bombenanschlag auf das US-Konsulat in Karatschi im Jahre 2002 verantwortlich gemacht wird, ebenso für den Angriff auf christliche Einrichtungen in Karatschi am 25.09.2002[94]

Jaish-e-Muḥammadī (JM) *

Armee Muhammads (Maulana Masood Azhar), durch Flugzeugentführung 1999 aus indischem Gefängnis freigepresst, ehem. *HUM*, verbunden mit Mufti Nizamuddin Shamzai, Binūrī Town Mosque, Karatschi

*Lashkar-i Taiba (LT)**$

Fromme Armee (Amīr: Hafiz Muhammad Saeed, Muridke), entwickelte sich seit 1997 als wichtigste Kraft im Indisch kontrollierten Teil Kaschmirs, war auch im Afghanischen Bürgerkrieg auf Seiten der *Ṭalibān* aktiv → formierte sich neu im Jahre 2002 als *Jamāʿat al-Daʿwat (JD)*

Taḥrīk-e Nifāz-e Sharīʿat Muḥammadī (TNSM) $

(Maulana Sufi Muhammad) – hauptsächlich aus Malakand Agency, wollten aus Pakistan *Ṭalibān*ähnlichen Staat machen,[95] beteiligten sich auf *Ṭalibān* - Seite an Kämpfen in Afghanistan.[96]

Ḥarkat al-Jihād al-Islāmī (HJI)

(Qari Saifullah Akhtar), Deobandi Miliz, 1979/80 von Maulana Irshad Ahmad and Maulwi Nabi Muhammadi Quran gegründet

Al-Badr Mujāhidīn (ABM)

(Amīr: Bakht Zamin, 1998 nach Abspaltung von HM) – operiert hauptsächlich in Kaschmir, Konten in Pakistan gesperrt

Saif-u'l-Mujāhidīn (SUM)

Schwert der Heiligen Krieger; offenbar kleinere Miliz[97]

---

93 Karachi: SHC admits Harkat leader's appeal. In: Dawn. 18 January 2003, auf <http://www.dawn.com/2003/01/18/local34.htm>.

94 Tribune (Chandigarh). 26 September 2002, auf <http://www.tribuneindia.com/2002/20020927/world.htm#4>.

95 News. 5. Oktober 2001.

96 Hatte im Oktober 2001 40.000 Freiwillige für den Kampf in Afghanistan registriert. News. 15. Oktober 2001.

97 Dawn. 05. August 2002.

Jalālī Force (JF)
Eine von mehreren lokalen religiösen Milizen der Barelwīs, operiert hauptsächlich im Punjab, steht der Madrasa *Jāmiʿa Nūrīya Muḥammadīya Riẓwīya Jalālīya*, Bhikhī Sharīf (Sayyid Qārī Irfān Shāh Mashādī) nahe

- **Missionierungs-, Bildungs- und Kulturorganisationen, Erneuerungs- und Erweckungsbewegungen:**
  Dachorganisationen von Moscheen und Religionsseminaren, die sich nach verschiedenen islamischen Traditionen (*maslak*) gliedern:

Wafa-u'l-Madāris al-Arabīya (Deobandi)

Wafa-u'l-Madāris al-Salafīya (Ahl-i Ḥadīth)

Tanẓīm-u'l-Madāris Pakistān (Barelwi)

Wafa Shīʿa Madāris (Fiqh Ja'ffarīya)

Rabita-tu'l-Madāris (Jamāʿat-i Islāmī)

Ahl-i Ḥadīth (AH)
Volk der Prophetentradition, siehe auch oben unter Parteien

Daʿwat al-Irshād (DI)
Verbreitung der [Koranischen] Gebote, steht der *AH* nahe, → *Lashkar-i Taiba (LT)* *$ – Fromme Armee (Amīr: Hafiz Muhammad Saeed, Muridke), → *ʿAlamī Majlis-i Taḥaffuẓ-i Khatm-i Nabuwwat (AMTKN – Maulana Nazīr Aḥmad Tawanasawi)* – Weltrat zur Verteidigung der Endgültigkeit des Prophetentums Muhammads – „Siegel der Propheten" – *Tanzīm al-ʿUlamā'* (Vorsitzender – Maulana Muhammad Faiz Albari), *Khatm-i Nabuwwat Academy* (Amīr: Maulana Sohail Bawa)[98], siehe auch *LT*

Dār al-Iftaʾ wa'l Irshād
Organisation für religiöse Gutachten und Rechtleitung in Karatschi, Nazimabad, von Mufti Rashid Ahmad Ludhiyanwi. → *Al-Rashīd Trust* – Stiftung, die enge Verbindungen zu den *Ṭalibān* besaß und deren Informationen als Internet-Zeitung *Dharb-i Mumin* (Das [emphatische] Wort eines Gläubigen) vertrieb.

---

98 Dharb-i Mumin. 16. September 2001.

Tablīghī Jamāʿat
Missionsgesellschaft, Laienorganisation in der Deobandi Tradition, Amīr – Hajji Abdul Wahhab

Khuddamu'l-Qur'ān (KQ)
Diener des Koran; Iṣrar Ahmad → *Tanẓīm-i Islāmī-i Pakistān*, steht Deobandi-Tradition nahe.

Jamāʿat-i Ahl-i Sunnat Pakistan
Partei des Volkes des (Lebens und der Gewohnheiten) des Propheten; religiöse Barelwi Organisation, getrennt von der *JUP*, aber mit ihr verbunden

Daʿwat-il Islāmī (DI)
Islamische Mission, Barelwi Missionsbewegung, in Multan konzentriert, Maulana Muhammad Ilyas Qadri

Minhāju'l-Qur'ān (MQ)
Pfad des Koran; Tahirul Qadri (siehe auch Partei PAT), größte moderne religiöse Barelwī-Bewegung, steht *Naqshbandīya* nahe

Ẓia-ul-Qur'ān (ZQ)
Madrasa-Bewegung der Barelwi-Tradition; Shaykh Muhammad Karam Shah al-Azhari

Ahmadīya
[Reformsekte der] Ahmadis, die von den meisten orthodoxen Sunniten als Häretiker angesehen werden; steht in Pakistan lt. Verfassung außerhalb des Islams, öffentliche islamähnliche Glaubensbekenntnisse ihrer Anhänger können strafrechtlich verfolgt werden

Umma Tʿamīr-i Nao (UTN)
Wiederaufbau der Ummah; pakistanische NGO-Hilfsorganisation für Afghanistan, (Sultan Bashiruddin Mahmud – Gründer, Nuklearexperte Abdul Majid, Unternehmer S. M. Tufail)

Ḥizb-ut-Taḥrīr
gegr. 1953, salafitisch, verfolgt weltweite Wiedergründung eines Kalifats, islamischen Staates, auch in Zentralasien und Nahost aktiv, lehnt bewaffneten

Kampf ab (Naveed But, Landessprecher)[99]

Wifāq-i ʿUlamā'-i Shīʿa (WUS)
Vereinigung von schiitischen Religionsgelehrten

Jamʿīyatu'l-Muntaẓir (JUM)
(Schiitische) Vereinigung derjenigen, die (die Ankunft des 12. Imams) erwarten; Lahore

Taḥrīk Akhūwat Islāmī (TAI)
Bewegung der islamischen Brüderlichkeit: Schiitische Vereinigung von Religionsgelehrten, die außerhalb der MMA steht und die Regierung unterstützt.

- **Koordinierungsorgane:**

Muttaḥida Majlis-e-ʿAmal
Vorsitzender: Maulana Shah Ahmad Noorani (JUP). Wahlbündnis von 6 islamischen Parteien, 2001 gegr. "Aimed at checking 'the rulers' inclination towards promotion of secular elements in the society and to halt their intentions to amend the constitution by changing its nature from parliamentary to presidential."[100] Umfasst JI, JUI (F), JUI (S), JUP, TJP, AH. Im Oktober 2002 bei National- und Provinzwahlen erfolgreich durch die Erringung der Sitzmehrheit im NWFP, einer großen Anzahl in Baluchistan, und etwa einem Fünftel in der Nationalversammlung.

Afghān Jihād Council (News 21-09-01)

Jamāʿat-i Islāmī (Maulana Abdul Waheed Qureshi, Hakim Mazharuddin Baqai and Mushtaq Ahmed Khan)

JUP (Sahibzada Abul Khair Mohammad Zubair, Mohammad Hussain Naqshbandi)

[99] Auf einem Seminar in Peshawar zum Thema "Dictatorship, Democracy and Masses' problems" Naveed But "...termed the western type of democracy a main hurdle in the way of implementation of Islamic Shariah and stressed on Muslims to work for the establishment of Khilāfat, as it can bring the real Islamic state for them to solve their problems." News 3. Dezember 2002.

[100] News. 7. Juli 2001.

SSP (Maulana Saeed Jadoon, Muhammad Farooq Azad)

JUI (S) (Maulana Bashir Ahmed, Maulana Saif-ur-Rehman)

JUI (F) Maulana Muhammad Tahir

Ahl-i Hadīth (Moulana Mohammad Azam Jahangiri and Amir Abdullah Farooqi – Hyderabad)

(Im Nov. 1990 gegründet lt. <www.satp.org>, 13 Mitgliedsorganisationen, 2 Beobachter; seit Januar 2002 schickt der Militärgeheimdienst ISI seine Vertreter angeblich nicht mehr zu den Treffen.)

Pakistan-Afghanistan Defence Council (Nation 18-09-01)

Vorsitzender Samiul Haq JUI (S), 35 religiöse und *Jihādī*-Organisationen einschließlich JUI, Jamᶜīyat Ahl-e Sunnat, Sipah-e-Saḥāba, Ḥarkatu'l-Jihād, Ḥarkatu'l-Mujāhidīn, Jamᶜīyat Mujāhidīn, Jaish-i-Muḥammadī and Sunnī Mujāhidīn Force.

Millī Yakjehtī Council (National Reconciliation Council)
Vorsitzender: Maulānā Shāh Aḥmad Nūranī (JUP); März 1995 gegründet, um zwischen radikalen sunnitischen und schiitischen Sektenorganisationen zu vermitteln. Mitglied sind alle großen religiösen Parteien, einige radikale Sektenorganisationen und militanten Gruppen.

- **Internationale Islamische Organisationen mit Sitz/Ursprung in Pakistan**

Rabita al-Alām al-Islāmī

Muslim World Congress – Islamischer Weltkongress, Mecca/Karatschi; → *Rabita Trust* – gemeinsame Stiftung von pakistanischer Regierung und Weltkongress zur Repatriierung bengalischer Umsiedler ("Biharis"), 1988 unter Zia-ul-Haq gegründet.

International Islamic University

Sitz in Islamabad, finanziert von Saudi-Arabien und privat, gehört über ihr *International Institute of Islamic Thought* (IIIT) der Bewegung zur „Islamisierung des Wissens" an, die 1981 in den USA gegründet wurde.

ARTICLE 2A, THE OBJECTIVES RESOLUTION AND THE ISLAMISATION OF PAKISTANI LAWS

Dr. Martin Lau, M.A., London

I. Introduction

The Objectives Resolution constitutes the preamble to Pakistan's Constitution of 1973. It was the first part of the constitution to be adopted by Pakistan's Constituent Assembly in March 1949. Officially introduced by Liaquat Ali Khan as a resolution on the 'Aims and Objects of the Constitution' it became popularly known as the 'Objectives Resolution'. Commencing with the words 'Whereas sovereignty over the entire Universe belongs to Almighty Allah alone, and the authority to be exercised by the people of Pakistan within the limits prescribed by Him is a sacred trust' it contains as list of constitutional aims and principles which were to be part of the new constitution. There are only few references to Islam the most important one being that 'Muslims should be enabled to order their lives in the individual and collective spheres in accordance with the teachings and requirements of Islam as set out in the Holy Quran and the Sunnah'. Despite this lack of overt Islamic zeal the Objectives Resolution has become the principal gate for challenges to the validity of legislation on the basis of Islam. The attempts to use the Objectives Resolution as the jurisdictional platform for the judicial Islamisation of Pakistan's legal system offer a fascinating and revealing picture of the deep divisions within Pakistan's judiciary on the role of Islam in the legal system. This article examines the period of 1985, when the Objectives Resolution was incorporated into the Constitution[1], and 1992, when the issue was finally resolved by the Supreme Court of Pakistan.

The incorporation of the Objectives Resolution as a substantive part of the Constitution triggered a wave of petitions to Pakistan's superior courts attempting to invalidate laws on the basis of repugnancy to Islam. It was also used by judges to bolster their reliance on Islamic law in the interpretation of statutes. The latter was to be by far the least controversial result of the incorporation and must now be regarded as an accepted principle of Pakistani law. Justice Zullah, who was the main proponent of the Islamic interpretation doctrine, relied on the new Article 2A in the case of *Aziz A. Sheikh v. Commissioner, Income Tax*[2]. The case concerned a married couple. The husband

---

1 See Article 2A.

2 PLD 1989 SC 612.

had increased the amount of dower paid to the wife thereby substantially reducing his taxable assets. The income tax department suspected fraud and argued that the increase of the dower had been done retrospectively in order to reduce the taxable income of the husband. The High Court had held in favour of the income tax department on the ground that the husband had failed to furnish contemporaneous evidence of the increase of the dower. However, there was no rule in Pakistan's statute law which required there to be contemporaneous evidence. Justice Zullah reversed the decision and held that 'in such a situation ordinarily if there is no statutory rule of evidence governing a situation the Court is not prohibited from adopting any just and fair rule of evidence.'[3] He found that as a matter of Islamic law it was quite sufficient for the husband to state that he had increased the dower and as long as this was not disputed by his wife the husband's statement constituted sufficient evidence vis-a-vis the income tax department. Justice Zullah based his decision on Articles 2-A and 227(1)[4] of the 1973 Constitution holding that no public authority had the power to lay down an un-Islamic rule which has the force of law.

However, a number of judges used the new Article 2-A to invalidate laws and constitutional provisions on the basis of Islamic law. The incorporation of Article 2-A created a deep division in Pakistan's superior courts unprecedented in the country's legal history. Between 1985 and 1992, when the matter was finally settled by the Supreme Court, at least thirty cases involving a consideration of the effects of Article 2-A were decided by the four high vourts and the Federal Shariat Court. Divisions emerged not only between high courts but even within individual high courts with judges seemingly unwilling to comply with the ordinary conventions of *stare decisis* and binding precedent. The result was legal uncertainty and confusion in important areas of law. Several judges refused to make any order involving the payment of interest, others invalidated parts of *The Muslim Family Laws Ordinance, 1961* as un-Islamic. The issue at the heart of all these cases was the effect of the incorporation of the Objectives Resolution: was it a supra-constitutional provisions controlling all other parts of the 1973 Constitution and Pakistan's statute law and making them subject to an overriding repugnancy to Islam test or had the Objectives Resolution, in spite of having been incorporated into the 1973 Constitution, remained just a programmatic and inspirational advice to Pakistan's first Constituent Assembly? Pakistan's judiciary took up

3 Ibid., at p. 620.

4 Article 227(1) of the 1973 Constitution provides that 'All existing laws shall be brought in conformity with the Injunctions of Islam as laid down in the Holy Quran and Sunnah, in this Part referred to as the Injunctions of Islam, and no law shall be enacted which is repugnant to such Injunctions.'

diametrically opposed positions with no quarters given. Six years after the incorporation of the Objectives Resolution the Supreme Court observed that

> '[...] in our milieu it has given rise to a controversy and a debate which has had no parallel, shaken the very Constitutional foundations of the country, made the express mandatory words of the Constitutional instrument yield to nebulous, undefined, controversial juristic concepts of Islamic Fiqh. It has enthused individuals, groups and institutions to ignore, subordinate and even strike down at their will the various Articles of the Constitution by a test of what they consider the supreme Divine Law, whose supremacy has been recognized by the Constitution itself.'[5]

The above observation of the Supreme Court conveys not only the seriousness of the situation but also a sense of doom, of a country in the grip and at the mercy of 'nebulous, undefined and controversial concepts of Islamic fiqh.' Not any longer was Islamic law seen as a benevolent additional source of judicial power to advance principles of justice and democracy, to counter the imposition of martial law, or to instil the legacy of colonial laws with indigenous values. It had become a danger to the very foundations of the state, used by groups and institutions undefined but presumably meant to be Islamic fundamentalists, to subordinate and strike down at their will provisions of the 1973 Constitution. Islam, not any longer controlled by a largely secular, liberal and 'westernized' judiciary, had become a revolutionary force which was threatening the state from within the very judicial institutions set up to protect it. The judicial developments leading to this state of affairs had humble beginnings.

II. The Opening of the Gates of Islamisation

One of the first cases which considered the effect of the new Article 2-A was *Muhammad Bachal Memon v. Government of Sind*[6], a case concerned with the validity of amendments to the 1973 Constitution as a result of *The Constitution (Eighth Amendment) Act, 1985.* No other than the Chief Justice of the Karachi High Court, Justice Naimuddin, discussed the impact of Article 2-A on Pakistan's Constitution. The petitioner had argued that *The Constitution (Eighth Amendment), Act, 1985*, which *inter alia* vide Article 270A validated all actions taken during Zia-ul-Haq's reign, violated Article 2-A. Justice Naimuddin rejected the argument holding that

---

5 *Hakim Khan v. Government of Pakistan* PLD 1991 SC 595, at p. 629, per Justice Shafiur Rahman.

6 PLD 1987 Kar 296.

> 'Thirdly, Article 2-A on the basis of which also validity of Article 270-A is sought to be questioned was inserted by the President's Order No. 14 of 1985 promulgated on 2–3–1985, by the President of Pakistan. I do not find any valid reason nor has any been advanced by any counsel to test the validity of an amendment made in the Constitution by Parliament by Constitution (Eighth Amendment) Act, 1985, on the touchstone of a provision which was initially not an enforceable part of the Constitution and which was made enforceable by the President's Order of 1985. In my opinion both amendments have the same force and the validity of one cannot be tested on the touchstone of the other.'[7]

However, this judgment did nothing to prevent judicial expeditions into the controversial sphere of Islamisation. At the least controversial level was Justice Zullah's reliance on Article 2-A, which, as could be seen in the previous Chapter, did not break any new legal ground: the principle that legislation ought to be interpreted in the light of Islamic law did not depend on Article 2-A. It was initially Justice Tanzil- ur-Rahman, newly appointed judge of the Karachi High Court, who realised the potential of Article 2-A for the Islamisation of Pakistan's legal system[8]. Having been made a judge of the Karachi High Court in 1986, after having acted as the amicus curiae in a number of cases before the Federal Shariat Court, he used his newly found judicial power to advance the Islamisation of Pakistan's legal system. The first case decided on the basis of Article 2-A was *Bank of Oman Ltd v. East Trading Co. Ltd*[9]. At issue was the validity of a mortgage of residential premises in favour of the Bank of Oman under section 58 of *The Transfer of Property Act, 1882.* Counsel for the defendant had argued that section 58 was repugnant to Islam. Justice Tanzil-ur-Rahman reviewed in meticulous detail the history of Islamisation in Pakistan and concluded that

---

7 Ibid., at pp. 328–329.

8 See *Qaiser Ali v. Karachi Road Transport Corporation* PLD 1986 Kar 489 for a case decided by Justice Tanzil-ur-Rahman applying Islamic law to the interpretation of statutes. He held that 'Generally speaking, the Courts of Pakistan, while interpreting certain principles in a given case including those which relate to the matters of discretion, adhered to the principles of English Common Law. The reason is obvious. It is due to the supremacy of Anglo-Saxon law and its system, which is being practised in this sub-continent for about one and half century, but, now, in the Islamic Society of Pakistan all such laws and principles, as are found repugnant to Islamic law, have to vacate their place for the Islamic Common Law and its principles, so as to make room for their enforcement with the Constitutional backing for the Islamization of Law through Courts [...]', at p. 513.

9 PLD 1987 Kar 404.

> 'The up-shot of the entire discussion is that the Courts in Pakistan are bound by the Constitution, and any law repugnant to the Constitution is void. The principles and provisions of the Objectives Resolution, by virtue of Article 2-A, are now part of the Constitution and justiciable. Any provision of the Constitution or law, found repugnant to them, may be declared by superior Court as void, subject, however, to the limitations imposed by Articles 203-A, B(c), 203-D and 203-GG of the Constitution, whereby special and specific jurisdiction has been conferred on the Federal Shari'at Court to declare the law (as defined by Article 203-B(c) read with Article 203-G or any provision thereof, as repugnant to the Injunctions of Islam laid down in the Holy Qur'an and Sunnah of the Holy Prophet (p.b.u.h.), and that the said law or any provision thereof has been so declared by it (Article 203-GG).'[10]

Justice Tanzil-ur-Rahman found section 58 of *The Transfer of Property Act, 1882* to be repugnant to Islam, but, in a twist of irony, was unable to declare it void: the Federal Shariat Court had already examined section 58 and found it to be in accordance with Islam[11]. Bound by this precedent, Justice Tanzil-ur-Rahman only observed that the Federal Shariat Court 'may, perhaps, consider the advisability of reviewing its order.'[12]

Justice Tanzil-ur-Rahman's judgment in *Bank of Oman* envisaged a most extraordinary state affairs: by virtue of Article 2-A all superior courts had been conferred jurisdiction to declare on the basis of a repugnancy to Islamic law test invalid all laws, including provisions of the 1973 Constitution itself, save those areas of laws which were within the exclusive jurisdiction of the Federal Shariat Court. The 1973 Constitution demarcated the jurisdiction of the Federal Shariat Court in negative terms, i.e. the Constitution specifically excluded certain laws, like for instance Muslim personal law or fiscal laws, from its jurisdiction[13]. According to Justice Tanzil-ur-Rahman these very laws, specifically excluded from the jurisdiction of the Federal Shariat Court, could now be examined on the basis of Islamic law by the superior courts. The only law immune from any review by any court in Pakistan, indeed by any branch of the state or even a successful revolution, was the Objectives Resolution itself: it constituted

---

10 Ibid., at p. 445. It is interesting to note that despite his enthusiasm for Islamisation Justice Tanzil-ur-Rahman disapproved of Justice Afzal Zullah's willingness to resort to Islamic law to fill gaps present in the written law, stating that 'The Courts are not to legislate': see ibid., at p. 439.

11 The decision of the Federal Shariat Court has not been reported.

12 Ibid., at p. 446.

13 See Article 203-B of the Constitution, 1973.

according to Justice Rahman a truly supra-constitutional norm anchoring the country and its people in the realm of Islam. This bond could not be severed.

III. The Attack on Riba

Bank of Oman must be regarded as a warm-up since in fact Justice Tanzil-ur-Rahman was not able to exercise his self-conferred powers. However, there were two issues, regarded as highly important by orthodox Muslims, which had escaped Zia-ul-Haq's Islamisation measures: the payment of interest, i.e. riba, and the changes in Islamic family law effected by *The Muslim Family Laws Ordinance, 1961*. Both these issues were beyond the jurisdiction of the Federal Shariat Court, the former because of the express bar contained in the Constitution itself[14] and the latter as a result of the *Farishta* decision. In *Irshad H. Khan v. Parveen Ajaz*[15] Justice Tanzil-ur-Rahman launched an attack on interest having already made numerous references to this case in *Bank of Oman*. At issue was a suit for the recovery of money on the basis of a demand promissory note. The defendant submitted that she had signed the promissory note under coercion. Rehman found against the defendant on the issue of coercion but this was not the end of the matter: the plaintiff had asked the court for an award of interest on the outstanding amount as well in line with the accepted principle that a court can allow the award of interest on equitable grounds. Further, the promissory note itself provided for payment of interest. Justice Tanzil-ur-Rahman in a first step decided that the payment of interest was repugnant to the injunctions of Islam:

> 'So, it is the Constitutional command for the State (Islamic Republic of Pakistan) to take such steps as would 'enable' the Muslims of Pakistan to live as Muslims. Therefore, any law which not only disregards such a commandment but positively violates it, is to be disregarded in view of Article 2-A. The provisions of Sections 79 and 80 of the Negotiable Instruments Act, 1881, Section 34 and Rule 2 of Order XXXVII, C.P.C. so far as they relate to awarding interest on money claims are clear violations of the Constitutional mandate, as provided in Art. 2-A read with clause 3 of the Objectives Resolution, referred to above.'[16]

Justice Rahman was in no doubt about the effect of such repugnancy, namely that:

---

14 See Article 203-B of the 1973 Constitution.

15 PLD 1987 Kar 466.

16 Ibid., at p. 486.

> 'The aforesaid provisions of law and Rules, on the other hand, 'disable' Muslims of Pakistan from leading their lives as Muslims, according to the requirements of Islam as set out in the Holy Qur'an and Sunnah in relation to Riba (interest) and , therefore, for the obvious repugnancy to the Injunctions of Islam, [...], the aforesaid provisions of substantive as well as procedural law relating to interest (Riba) cannot be enforced by this Court, due to their repugnancy to the mandatory provisions of the Qur'an and Sunnah relating to interest (Riba).'[17]

There was one last hurdle to be surmounted by Justice Rahman: the Supreme Court's decisions were binding on the Karachi High Court and did not support his reliance on Article 2-A nor his decision not to award any interest. Justice Rahman decided to ignore the precedent by holding that:

> 'Before parting with this decision, it may be added that I am conscious of the Constitutional position as laid down in Article 189 of the Constitution that law declared by the Honourable Supreme Court is binding on all the Courts of Pakistan, but I feel equally bound by the provisions of Article 2-A of the Constitution, and since I have already held that Article 2-A is in the nature of a paramount clause and supra-Constitutional, it covers Article 189 also, and so the law declared by the Honourable Supreme Court either prior to insertion of Article 2-A, or without considering the said Article, with utmost respect, is also, in my humble opinion, subservient to the provisions of Article 2-A.'[18]

In the end Justice Rahman decreed the plaintiff's suit for the principal amount but awarded no interest.

In the same year Justice Rahman decided a third case concerned with the award of interest, this time in the context of a loan advanced by a bank.[19] Rahman had no hesitation in holding such interest to be un-Islamic and therefore 'is no more lawfully due against the defendant and so cannot be decreed by this Court.'[20] However, the plaintiff had also petitioned the court for the award of interest for the period of the pendency of the suit under section 8 (2) of *The Banking Companies (Recovery of Loans) Ordinance, 1979.* This Ordinance was introduced by Zia-ul-Haq during martial law and was as such protected against judicial review by Article 270-A of the 1973 Constitution. A full bench of the

---

17 Ibid., at p. 486.
18 Ibid., at p. 486.
19 *Habib Bank Ltd. v. Muhammad Hussain* PLD 1987 Kar 612.
20 Ibid., at p. 647.

Karachi High Court had already decided that Article 270-A could not be judicially reviewed on the basis of either Article 2-A or any other part of the Constitution.[21] Justice Rahman found himself bound by this precedence and was 'therefore, constrained to say, with a heavy heart, that the plaintiff is entitled under section 8(2) of *The Banking Companies (Recovery of Loans) Ordinance, 1979*, to claim interest for the period of pendency of the suit [...].'[22] This decision is at odds with Justice Rahman's refusal to follow even a precedent set by the Supreme Court espoused in *Bank of Oman*.

One possible explanation is Rehman's respect for Zia-ul-Haq's contributions in the area of Islamisation: any admission that Haq's legal measures could be made subject to a judicial review would bring with it the possibility of a challenge to the legal framework of Islamisation itself. In fact, the incorporation of the Objectives Resolution into the Constitution was one of the legal measures forced upon the hand-picked National Assembly as a condition for the country's return to democracy: to attack Article 270-A could have opened the door for a challenge to Article 2-A itself! However, Justice Tanzil-ur-Rahman was handed a second chance to invalidate the Ordinance when he became Chief Justice of the Federal Shariat Court. In the landmark decision *Mahmood-ur-Rahman Faisal v. Secretary, Ministry of Law*[23] he held that the constitutional protection of the Ordinance provided by Article 270-A of the Constitution did not apply to the jurisdiction of the Federal Shariat Court. Consequently, he declared section 8(2) of *The Banking Companies (Recovery of Loans) Ordinance, 1979* to be repugnant to Islam.[24]

IV. The Attack on Muslim Family Law Reforms

The second most important target of the proponents of Islamisation was *The Muslim Family Laws Ordinance, 1961*. Similar to fiscal and banking law it was excluded from the jurisdiction of the Federal Shariat Court. In 1988, in the case of *Qamar Raza v. Tahira Begum*[25], Justice Rahman was given the opportunity to examine the validity of the Ordinance. The facts of the case were somewhat unusual: a husband had divorced his wife and in doing so had fully complied with the requirements laid down under section 7 of *The Muslim Family Laws*

---

21 See *Muhammad Bachal Memon v. Government of Sind* PLD 1987 Kar 297.
22 Opt.cit, note 20, p. 651.
23 PLD 1992 FSC 1.
24 Ibid., at p. 177.
25 PLD 1988 Kar 169.

Ordinance, 1961[26]. His wife contested the validity of the divorce before a family court arguing that the husband had failed to pronounce the divorce in accordance with the rules of the Shia sect. The matter eventually reached the Karachi High Court. Here the wife argued that section 7 of *The Muslim Family Laws Ordinance, 1961* was repugnant to the injunctions of Islam since it excluded the application of the rules of Islamic law of particular sects of Islam to the determination of the validity of a divorce.

The position of *The Muslim Family Laws Ordinance, 1961* in the legal system of Pakistan is a curious one. It was promulgated by Field Martial Ayub Khan on 15 July 1961 during a state of emergency. The National Assembly stood dissolved during that period and martial law had been declared. Under the 1962 Constitution the Ordinance was protected against judicial review[27] . A similar protection against judicial review was incorporated in the Interim Constitution, 1972.[28] Under the 1973 Constitution immunity against judicial review was provided by Article 8 (3) which provided that *inter alia The Muslim Family Laws Ordinance, 1961* could not be declared void on the basis of any inconsistency with the fundamental rights guaranteed by the 1973 Constitution.

---

26 Section 7 of *The Muslim Family Laws Ordinance, 1961* provides that:

'(1) Any man who wishes to divorce his wife shall, as soon as may be after the pronouncement of talaq in any form whatsoever, give the Chairman a notice in writing of his having done so, and shall supply a copy thereof to the wife.
(2) Whoever contravenes the provisions of subsection (1) shall be punishable with simple imprisonment for a term which may extend to one year or with fine which may extend to five thousand rupees or with both.
(3) Save as provided in subsection (5) Talaq unless revoked earlier, expressly or otherwise, shall not be effective until the expiration of ninety days from the day on which notice under subsection (1) is delivered to the Chairman.
(4) Within thirty days of receipt of notice under subsection (1) the Chairman shall constitute an Arbitration Council for the purpose of bringing about a reconciliation between the parties, and the Arbitration Council shall take all steps necessary to bring about reconciliation.
(5) If the wife is pregnant at the time Talaq is pronounced, Talaq shall not be effective until the period mentioned in subsection (3) or the pregnancy, whichever later, ends.
(6) Nothing shall debar a wife whose marriage has been terminated by Talaq effective under this section from re-marrying the same husband, without an intervening marriage with a third person, unless such termination is for the third time so effective.'

27 See section (vi) of the Fourth Schedule, 1962 Constitution of Pakistan. In *Syed Ali Nawaz Gardezi v. Lt.-Col. Muhammad Yousuf* PLD 1963 SC 51 a challenge to *The Muslim Family Laws Ordinance, 1961* on the basis of Islam was rejected by the Supreme Court on the ground that the Ordinance was immune from judicial review.

28 See Article 7(2) and First Schedule Part III, No. 3 of the 1972 Interim Constitution.

Justice Tanzil-ur-Rahman readily accepted the contention that the *vires* of the Muslim Family Laws Ordinance, 1961 could not be reviewed on the basis of the fundamental rights, in particular Article 20, which guarantees the right to freedom of religion. But could it be reviewed under Article 2-A on the basis of the injunctions of Islam? Justice Tanzil-ur-Rahman answered this question in the affirmative:

> 'It will thus, follow that while the protected laws covered by Article 8 ibid., prima facie, qualify the test of the Constitution, nonetheless, all such laws have to qualify another test, namely their conformity to the Holy Qur'an and Sunnah. In the event, any provision in any such protected legislation is found to be in derogation of the Qur'an and Sunnah the Courts in Pakistan on reaching a conclusion to this effect would be bound to ignore and overstep such a provision as the same does not conform to the Supreme Law of Almighty Allah. The conclusion is further fortified by the fact that Article 2-A is a later introduction in terms of time than the protection granted by Article 8. According to ordinary canons of interpretation an earlier law is subject to a later law and if validation cannot stand on the touchstone of the later law which is also declared to be supreme then it follows that the validation or protection to the extent of inconsistency is ineffective. An exception was, however, made to this rule as provided in the provisions of clause (1) of Article 270-A by inserting the 'notwithstanding anything contained in the Constitution', at the time of insertion of Article 2-A in the Constitution, which is absent from Article 8(3)(b).'[29]

Orthodox Muslims regarded the divorce provisions of *The Muslim Family Laws Ordinance, 1961* as repugnant to Islam. One provision in particular was regarded as a blatant violation of Islamic law, namely that the effectiveness of a divorce was made dependent on the receipt of a notice by the Chairman of a Union Council. Other features, like the fact that the Ordinance allowed a *talaq* 'in any form whatsoever' were also considered controversial, since it did not differentiate between the distinct forms and their respective results on the marriage and its dissolution under Islamic law. However, it was the state's control over the validity of the divorce, and consequently the dis-empowerment of husbands, which was regarded by many Muslim husbands as particularly offensive and intrusive. The same sentiments applied to the fact that subsequent case-law declared receipt of the notice by the wife as an essential requirement

[29] Ibid., at p. 201.

for the validity of a divorce.[30] Other provisions of section 7 were regarded as un-Islamic as well: for instance the fact that the *iddat* period of ninety days commenced with the receipt of the notice by the chairman and not immediately after the pronouncement of the divorce, if the wife was not menstruating at that time, was a clear departure from Islamic law. Further, section 7 made all forms of divorce revocable. Again, this was not in accordance with Islamic law where different forms of divorce have distinct effects on the status of the marriage. In fact, the divorce most common on the Indian sub-continent, namely the *talaq Al-Bid'at*, the triple *talaq* pronounced at one occasion, was regarded in Islamic law as sinful but nevertheless also as irrevocable.

Justice Tanzil-ur-Rahman, after an exhaustive survey of the Islamic law on divorce had no hesitation in refusing 'to recognise section 7 of the Muslim Family Laws Ordinance to the effect that the receipt of the petitioner's *talaq* dated 10–2–1982 by the Chairman (Respondent No. 5) and the expiry of 90 days from the date thereof has ipso facto made the divorce effective, in derogation of the provisions of the Qur'an and Sunnah relating to *talaq*.'[31] Justice Tanzil-ur-Rahman now had to decide the submission of the wife that the divorce pronounced by her husband was ineffective under the rules of Shia law since he had not pronounced the divorce orally in her presence and that of two male witnesses. Justice Tanzil-ur-Rahman accepted this submission, following the precedence set by the Supreme Court in *Gardezi*, and held the divorce to be invalid. He added that the husband was free to pronounce a fresh divorce but reminded him that according to the traditions of the Holy Prophet, *talaq* was the most undesirable among lawful things.

The outcome of this decision handed down by one of the most fervent supporters of radical Islamisation is a curious one: the departure from section 7 of *The Muslim Family Laws Ordinance, 1961* actually benefited the wife in that it resulted in the invalidation of the divorce. However, it is noted that a similar result could have been achieved within the provisions of section 7. As was shown in *Gardezi*, a *talaq* could be made 'in any form whatsoever', but it still had to be a form of *talaq* recognised by the sect or school of Islam followed by the parties. According to *Gardezi* a Shia could therefore not avail himself of the less stringent forms of *talaq* available under Sunni law!

In the same year, i.e. 1989, Justice Tanzil-ur-Rahman continued to rely on

30 See for instance *Rashida v. Ghulam Raza* PLD 1977 Lah 363 or *Inamul Islam v. Mst Hussain Bano* PLD 1976 Lah 1466.

31 Opt. cit., note 26, p. 222.

Article 2-A in order to apply principles of Islamic law. In *Jagan v. State*[32] he granted pre-arrest bail to a group accused of various offences involving the infliction of bodily harm. Justice Tanzil-ur-Rahman relied on Justice Zullah's decision in *Muhammad Bashir v. The State*[33] and decided that

> 'In the matter of grant of bail, no doubt, the principles have been thereto enforced by the superior courts of Pakistan as laid down under section 497 and 498 of *The Code of Criminal Procedure, 1898* which are based on English common law. In the changed circumstances, as warranted by Article 2-A of the Constitution, the Courts are now expected to apply the principles of Islamic law more often, including the question of grant of bail.'[34]

In another criminal case Justice Tanzil-ur-Rahman acquitted a defendant sentenced to death by a sessions court on the basis that the evidence against him was unreliable.[35] Justice Tanzil-ur-Rahman applied Islamic law of evidence, thereby departing from *The Qanun-e-Shahadat Order, 1984,* in order to justify his decision that the evidence of one prosecution witness on its own was not sufficient in a situation where other witnesses could have been made available.

Some judges followed Justice Tanzil-ur-Rahman's lead others refused to follow thereby creating a tangled web of contradictory decisions. In the case of *Aijaz Haroon v. Inman Durrani*[36] Justice Wajihuddin Ahmad held that Article 2-A was introduced into the 1973 Constitution as a panacea to remedy the defects inherent in the other parts of the Constitution concerned with the Islamisation of the legal system. Adopting Justice Tanzil-ur-Rahman's approach he held that

> '[...] I am of the view that all laws whether they be constitutional or sub-constitutional must yield to the Sovereignty of Allah as reflected in the Holy Quran and Sunnah and if there to be a clear command in that behalf it is that command alone which has to be given effect to and all other legislation applicable in this Islamic Republic of Pakistan must be construed as subordinated thereto.'[37]

---

32 PLD 1989 Kar 281.

33 PLD 1982 SC 139. It will be recalled that this case was decided before the insertion of Article 2-A into the Constitution. It was held that in cases of a statutory vacuum courts were obliged to exercise any discretionary powers according to principles of Islamic law.

34 Ibid., at p. 290.

35 *Ghulam Murtaza v. The State* PLD 1989 Kar 293.

36 PLD 1989 Kar 304.

37 Ibid., at p. 333. It was held that payments of interest under *The Negotiable Instruments*

Justice Wajihuddin was the only judge who considered the merits of a judge-led Islamisation policy. According to him Islamisation through courts were comparable to an evolutionary process, 'with ample room for trial and error, the latter of course correctable at the level of the higher echelons or that of the legislature.'[38] It was of course the capriciousness and resultant uncertainty in the law which can be identified as the main objection to a court-centred Islamisation of Pakistan's legal system! In *Tyeb v. Alpha Insurance Co. Ltd*[39] Justice Wajihuddin Ahmed had to consider the validity of an insurance policy. He decided in favour of the policy holder, whose ship had been destroyed as a result of the bombing of Chittagong harbour by Pakistani war planes in 1972. However, the plaintiff had also asked for the award of interest on the sum payable by the insurance company. The request was not unreasonable considering that the damage was incurred almost twenty years earlier. Justice

Wajihuddin decided that the award of interest was un-Islamic and that due to the incorporation of Article 2-A, which he termed a self-executing provision, he was not allowed to make an order for the payment of interest on the principal amount due to the plaintiff. However, he came up with a compromise. An assessor was appointed to calculate how much the principal sum had been devalued by inflation and to determine the equivalent sum due in 1990. Thus the final order provided that

> 'The suits are, therefore, decreed for Rs. 42,000.- each in terms of constant value of rupee, as of 1972, payable at Karachi, reckoned in present day monetary terms, as above.'[40]

At the High Court of Lahore it was Justice Khalil-ur-Rehman who promoted the Islamisation of Pakistan's legal system by judicial means basing his jurisdiction to do so on Article 2-A. In *Shahbazud Din Chaudhry v. Services I.T. Ltd.*[41] Justice Khalil-ur-Rehman was concerned with a petition for the winding-up of a public limited company under section 305 of *The Companies Ordinance, 1984*[42].

Act, 1881 and *The Code of Civil Procedure, 1908* Pakistani courts could no longer award interest.

38 Ibid., at p. 315.

39 1990 CLC 428.

40 Ibid , at p. 447.

41 PLD 1989 Lah 1.

42 The relevant sub-sections of section 305 of the Companies Ordinance, 1984 provide that 'A company may be wound up by the Court – (b) if default is made in delivering the statutory report to the Registrar or in holding the statutory meeting or any two consecutive annual general meetings; (f) If the company is — (iii) conducting its business in a manner oppressive to any of its members or persons concerned with the formation or

The petition was filed by a group of minority shareholders who had lost confidence in the management of the company. The case is of interest since the language and content of the Pakistani *The Companies Ordinance, 1984* closely follows the English *The Companies Act, 1948.* As such Justice Khalil-ur-Rehman extensively referred to English case-law and later in his judgment to Indian case-law.[43] However, an important issue in the case was the fact that under section 290 of *The Companies Ordinance, 1984* it was also open to the court to make any order if 'the affairs of the company are being conducted in a manner prejudicial to the public interest.' 'Public interest' itself remained undefined in the Ordinance. Justice Khalil-ur-Rehman's approach to defining public interest did not follow the English and Indian case law. Instead, he observed that

> 'Now when the Objectives Resolution forms a substantive part of the Constitution of Islamic Republic of Pakistan the "public interest" lies in creating conditions whereby Muslim citizens are enabled to order their lives in the individual and collective spheres in accordance with the requirements of Islam as set out in the Holy Qur'an and Sunnah. In this perspective the question whether investment for deriving interest income is conducive to public interest, is to be answered. So, reference will have to made to the Holy Qur'an and Sunnah.'[44]

Quoting from the Qur'an and Sunnah Justice Khalil-ur-Rehman decided that the charging of interest by the company was not in the public interest and ordered the company to enter into an agreement with the borrower which was in accordance with the injunctions of Islam. So radical was his order that it is worth quoting Justice Kahlil-ur-Rehman in full:

> 'In view of the aforenoted Injunctions contained in the Holy Qur'an and the Traditions of the Holy Prophet (p.b.u.h.) elimination of Riba from the Society and from the economy is the bounden duty of the State. The Courts, while remaining within their domain and limits of jurisdiction are

---

promotion of the company or the minority shareholders; ((iv) run and managed by persons who fail to maintain proper and true accounts, or commit fraud, misfeasance or malfeasance in relation to the company.'

43 In turn the Indian Companies Act, 1956 also follows the example set by the English statute.

44 Opt. Cit., note 41, p. 43. One of the complaints advanced by the minority shareholders was that the company had made a loan to a company controlled by one of the directors who also happened to be one of the majority shareholders. An annual interest of 14% was payable by the lender to the company.

also under constitutional mandate in view of the inclusion of Article 2-A in the Constitution, to act in accordance with the Injunctions of the Holy Qur'an and Sunnah. Section 290 of the Companies Ordinance, 1984 confers power on the Court to give appropriate order and to initiate corrective measures wherever a company is acting in a manner prejudicial to the public interest. The receiving of interest on the money lent and investment made in view of the clear and unequivocal Injunctions of the Holy Qur'an and Sunnah is not conducive to public interest and as such corrective measures are required to be taken by the respondent Company. The mode of investment as such will have to be changed. [...] Respondents Nos. 2 to 5, are, therefore, directed to work out arrangement with the loanee company so as to eliminate interest and instead to enter into arrangements to make investment on the lines of Mudaraba or Musharaqa financing.'[45]

Justice Khalil-ur-Rehman's approach was, however, far less radical than the one adopted by Justice Tanzil-ur-Rahman: he did not strike down a statute as un-Islamic on the basis of Article 2-A but merely interpreted the term 'public interest' in the light of Islamic law. As such, his approach was not dissimilar to the one adopted by Justice Afzal Zullah in *Nizam Khan* who interpreted the term 'public policy', contained in section 23 of *The Contract Act, 1872*, from an Islamic perspective. Nevertheless, it is obvious that a consistent application of Islamic principles to the interpretation and enforcement of private contracts would eventually render many contracts providing for the payment of interest unenforceable because they violate Islamic injunctions.

A year later, in 1990, Justice Khalil-ur-Rehman, expounded his views on Article 2-A in *Ittefaq Foundry v. Federation of Pakistan*[46], a case concerned with a decision of the government to impose tax on the certain steel products. Justice Khalil-ur-Rehman examined in the course of his judgment the US due process of law doctrine and found that in Pakistan the combination of fundamental rights and the principles and aims set out in the Objectives Resolution were in no way less in meaning and import than the US doctrine. Again, the use of Article 2-A to interpret the ambit of constitutionally guaranteed fundamental rights, was in itself not entirely new and would be officially endorsed by the Supreme Court in the early 1990s.

In 1990, Justice Mian Nazir Akhtar of the Lahore High Court followed Justice

---

45 Ibid., at pp 44 and 45.

46 PLD 1990 Lah 121.

Tanzil-ur-Rahman's invalidation of section 7 of *The Muslim Family Laws Ordinance, 1961* basing his jurisdiction on Article 2-A. In *Allah Banda v. Khurshid Bibi* [47] he held that a triple *talaq* pronounced in one sitting became effective immediately irrespective of whether or not section 7 had been complied with. Justice Tanzil-ur-Rahman's decisions also formed the basis for the judgement in *Muhammad Ashraf v. National Bank of Pakistan*[48]. Justice Raja Afrasiab Khan of the Lahore High Court refused to award interest payable on loans basing his refusal on an obligation not to make an order violative of the injunctions of Islam which in turn he derived from the Objectives Resolution.

V. Judicial Opposition

The string of decisions seemingly ushering in a new era of Islamisation tends to obscure that there was at the same time considerable judicial disquiet about the court centred attack on established, and at times even constitutionally protected, legal norms. Divisions and frictions soon appeared. Even at high court level the experimentations with Article 2-A were not universally welcomed. In *Sharaf Faridi v. Federation of Islamic Republic of Pakistan*[49] the petitioners moved the High Court of Sindh asking for the striking down of those laws and provisions of the Constitution which militated against the independence and judiciary as un-Islamic. It was argued before the court that Article 2-A was a supra-constitutional provision giving the court jurisdiction to strike down un-Islamic parts of the Constitution. Justice Ajmal Mian disagreed holding that 'it is not open to this Court to hold any of the constitutional provisions is violative of the Objectives Resolution.'[50] The decision, however, did not directly challenge Justice Tanzil-ur-Rahman since he actually had not invalidated any constitutional provisions.

The same holds true for the case of *Ghulam Mustafa Khar v. Pakistan*[51], which concerned the validity of the contentious Article 270-A of the 1973 Constitution. It was introduced as part of the equally contentious Eighth Amendment to the Constitution and *inter alia* protected all legal measures taken by Zia-ul-Haq

---

47 1990 CLC 1683. Regrettably some pages of this report have been torn out of the copy held by the library of the School of Oriental and African Studies, University of London. Unfortunately, no other copies of this report are held by any other library in the United Kingdom. Hence reliance has been placed on the head notes.

48 1991 CLC 1018.

49 PLD 1989 Kar 404.

50 Ibid., at p. 430.

51 PLD 1988 Lah 49.

during his military dictatorship against judicial review. The case was decided by the Lahore High Court. The petitioner argued along the by now familiar line that the insertion of the Objectives Resolution into the Constitution enabled the Court to determine the legality of Article 270-A on the basis of Islamic law. The Court disagreed holding that

> 'It is to be noticed that behind every constitutional document there are certain values adopted by the makers of the Constitution. In our Constitution, some of these values are enshrined in the Objectives Resolution which represents the aspirations of the nation, and offers a moral and historical intuition, for understanding the Constitution. While interpreting the Constitution, the Objectives Resolution must be present to the mind of the Judge and where the language of the Constitutional provision, permits exercise of choice the Court must choose that interpretation which is guided by the principles embodied therein. But that does not mean, that Objectives Resolution is to be given a status higher than that of other provisions and used to defeat such provisions. One provision of the Constitution cannot be struck down on the basis of another provisions.'[52]

A year later, a judge of the Lahore High Court distanced himself expressly from Justice Tanzil-ur-Rahman. In the case of *Kaniz Fatima v. Wali Muhammad*[53] Justice Allah Nawaz confirmed the validity of section 7 of *The Muslim Family Laws Ordinance, 1961*. The case concerned the dissolution of a marriage by a compromise agreement. However, the divorce had not been notified to the union council under section 7 of the Ordinance. The wife insisted that the divorce was therefore invalid and claimed maintenance from her husband. The husband argued that section 7 was un-Islamic and that the court was compelled by Article 2-A to ignore the same. Justice Allah Nawaz referred to the jurisdiction of the Federal Shariat Court and the history of the Objectives Resolution before deciding that

> 'From the foregoing examination of applicable law, the relevant authorities and the constitutional history of the Objectives Resolution I am clear in my mind that the founding fathers were irrevocably committed to the principles of federalism and principles of democracy and were committed to the basic concepts of Islam as laid down in Qur'an and Sunnah. The three fundamental guidelines were provided to the

52 Ibid., at p. 118.

53 PLD 1989 Lah 490.

> framers of the Constitution who are required to frame the Constitution incorporating therein the aforesaid principles. I am, therefore, of the positive view that the change in the Constitution is prerogative of the legislature and not the Court. The Court, therefore, has no jurisdiction under Article 199 of the Constitution of Islamic Republic of Pakistan to declare any constitutionally protected law to be invalid being repugnant to the Injunctions of Islam.'[54]

Justice Allah Nawaz found support for his position in the fact that the Federal Shariat Court had an exclusive jurisdiction to examine laws on the basis of Islamic law. He held that it 'is an established canon of construction that when the Tribunal or the Court of exclusive jurisdiction is established, the jurisdiction of the other Courts is taken away'[55]. However, despite up-holding the validity of section 7 of *The Muslim Family Laws Ordinance, 1961*, Justice Allah Nawaz nevertheless declared the divorce valid. According to him the wife, having entered into a compromise agreement with her husband, had contracted out of the otherwise compulsory provisions of section 7. Justice Allah Nawaz's rejection of Article 2-A was, however, not complete. In *Government of Pakistan v. Zafar Iqbal*[56] he relied on both fundamental rights and Islamic law in order to invalidate a decision made by the Evacuee Trust Property Board. The Board's decision concerned the disposal of three properties occupied by different parties. One property was sold to the occupant whereas the other two properties were sold by public auction with the occupants having the right of first refusal. The Board had justified the unequal treatment of the three parties by stating that one of the occupants was a 'feudal lord' of the area and that 'if the property was sold through public auction Sardar Mahmood Khan Leghari would not allow anyone to participate in the auction.'[57] Justice Allah Nawaz observed that the fundamental right to equality 'has roots in the divine message contained in the Holy Qur'an'[58] and concluded that Articles 4, 25 and 2-A of the Constitution incorporate the doctrine of equality before the law as an anchor-sheet of the Constitution.[59] However, the use of Article 2-A to confirm existing interpretations of constitutional provisions was of course by then an established principle of Pakistani law which could no longer be regarded as controversial or

54 Ibid., at p. 502.
55 Ibid., at p. 503.
56 1992 CLC 219.
57 Ibid., at p. 222.
58 Ibid., at p. 223.
59 It should be noted that Justice Fazal Karim arrived at exactly the same result, namely that the Board had exercised its discretion in an 'oppressive and clearly discriminatory manner', without any reference to Islamic law.

ground-breaking. In *Massu v. United Bank Ltd.*[60] Justice Allah Nawaz considered the effect of Article 2-A on the contractual obligation to pay interest contained in a large number of loan agreement, challenged by the petitioners as repugnant to Islam and therefore unenforceable. In no uncertain terms Justice Allah Nawaz distanced himself from Justices Tanzil-ur-Rahman and Wajihuddin and their view that Article 2-A was a self-executory provision holding that the loan agreements were valid and could not be challenged on the basis of Article 2-A. According to him, the Objectives Resolution was a 'blue-print of the State of Pakistan' and the incorporation of the text of the Resolution as Article 2-A had not changed its character and effect.[61] However, he was at pains not to be seen to disregard the Objectives Resolution altogether:

> 'Before parting with this judgement, I feel it necessary to state that by this opinion, I do not mean to undervalue the value of the Objectives Resolution. The Objectives Resolution is the spirit of the Constitution. It has been the propelling force in the creation of the country. I am, therefore, clear that the State functionaries including judiciary are under a statutory duty to follow the Common Law of Islam in the fields where there is no statutory dispensation and in fields where state functionaries had to pass orders in exercise of their discretionary authority.'[62]

The judicial reaction against an over-reliance on Article 2-A caused conflicting decisions in the same high courts. The Karachi High Court, where Justice Tanzil-ur-Rahman, had been advancing his quest for the Islamisation of laws, reviewed all decisions involving an application of Article 2-A handed down by Justice Tanzil-ur-Rahman.[63] At issue was a loan agreement. The defendant claimed that the obligation to pay interest under that agreement was contrary to the injunctions of Islam and therefore unenforceable. Justice Saeeduzzaman Siddiqui, in a carefully researched judgment, refused to follow the precedents set by Justice Tanzil-ur-Rahman. According to him, Article 2-A was not a self-executing, supra-constitutional provision, and could not override existing laws leave alone other constitutional provisions. In no uncertain terms Justice Siddiqui concluded that

> 'I am accordingly of the view that the provisions of the Objectives Resolution read with Article 2-A of the Constitution cannot be given effect to by the Courts inasmuch as that no law in Pakistan can be tested

60 1990 MLD 2304.
61 Ibid., at p. 2321.
62 Ibid., at p. 2322.
63 *Habib Bank Limited v. Waheed Textile Mills Limited* PLD 1989 Kar 371.

> by the Courts on the touchstone of the Objectives Resolution to bring it in accord with the Injunctions of Islam except within a limited sphere as pointed out above, and the Courts in Pakistan are under a moral and legal obligation to give effect to the law in force in Pakistan. Consequently, even if the contention of Mr Manji that charging of interest is prohibited in Islam, is accepted, still the laws in force in Pakistan permitting the plaintiff to charge interest on the principal amount due against the defendant must be given effect to.'[64]

Similarly, in *Saghir Ahmad Warsi v. Industrial Development Bank of Pakistan*[65] a two member bench of the Karachi High Court refused to follow Justice Tanzil-ur-Rahman's precedents observing that 'as regards the above order of the learned Single Judge, it will be suffice to observe that the matter is under appeal and a stay has been granted.'[66]

VI. The Closing of the Gates to Islamisation

The Supreme Court of Pakistan was equally cautious in embracing Article 2-A. The first time it considered the legal status and effect of Article 2-A was in connection with the legal turmoil surrounding the invalidation of several parts of Pakistan's preemption laws[67]. In numerous review petitions the Supreme Court and its Shariat Appellate Bench were called upon to clarify the effects of the invalidation on pending preemption suits. In *Ahmad Ali v. Abdul Aziz*[68] it was argued that Article 2-A had lend a new dimension to the validity of the preemption laws and that they should be reexamined by the Supreme Court. Justice Shafiur Rahman refused the petition holding that the jurisdiction of the Federal Shariat Court under Article 203-D of the 1973 Constitution was exclusive due to Article 203-A which provides that 'The provisions of this Chapter shall have effect notwithstanding anything contained in the Constitution.'[69] In *Mian Aziz A. Sheikh v. The Commissioner of Income Tax,*

---

64 Ibid., at pp. 390 and 391.

65 1989 MLD 968.

66 Ibid.., at p. 969.

67 A passing reference to Article 2-A and the Objectives Resolution was also made in the landmark decision of *Miss Benazir Bhutto v. Federation of Pakistan* PLD 1988 SC 416 with reference to public interest litigation. However, there was no proper consideration of the legal implications flowing from the incorporation of the Objectives Resolution into the Constitution.

68 PLD 1989 SC 771.

69 Ibid., at p. 791.

Investigation, Lahore[70], already discussed above, Justice Zullah offered the first tentative attempt to determine the effects of Article 2-A. It is worth quoting him at full:

> 'Article 2A read with Objectives Resolution of the Constitution according to some jurists, as well as some decided cases was enacted on account of an observation in the judgement of this Court in the case The State v. Ziaur Rehman and others PLD 1973 SC 49. According to others it always formed part of the constitutional set-up of Pakistan. Be that as it may, the present position is that Article 2-A read with Objectives Resolution; the Principles of Policy [...]; Chapter 3-A, Part VII of the Constitution, vis-a-vis the functioning of the Federal Shariat Court and the Shariat Appellate Bench of this Court; and Article 227; and, other provisions of the Constitution relating to Islamization, are being interpreted and applied in various situations. This Court no doubt has, for the time being, left open the final verdict on the combined effect of these constitutional provisions and mandates and other parts of our Constitutional set up in so far as the question of Islamization is concerned.'[71]

Having established that the true effects of Article 2-A were still being considered Justice Zullah then turned to those provisions which were 'clear and its effect is clear'. In his judgment, this clarity applied to Article 227(1) of the 1973 Constitution, which provides that 'No law shall be enacted which is repugnant to such injunctions [of Islamic law]'. Since it applied to all law-making bodies Justice Zullah found that it also applied other functionaries of the state who have the power to lay down rules having the force of law. However, Article 227 also provides in clause 2 the that the obligation not to enact any law repugnant to Islamic law could only be given effect to 'only in the manner provided in this part.' As mentioned earlier, the 1973 Constitution did not contemplate a judicial review of all legislation on the basis of Islam but instead provided for the establishment of an advisory Islamic council which could make non-binding recommendations to the legislative bodies. Did this scheme also apply to rules laid down by state functionaries and public bodies like the Income Tax Department? Justice Zullah thought not holding that

> 'But this prohibition in Clause (2) of Article 227 does not apply to decisions by functionaries of State where in the judicial, quasi-judicial or other spheres involving exercise of judgement, as distinguished from

70 PLD 1989 SC 613.
71 Ibid., at p. 625.

> exercise of law-making or statutory law-making authority, they take decisions. In other words whatever a decision is contained in any such judgement of any such functionary which lays down a rule of law or declares so as a rule of law the Superior Courts, shall be within their competence in a properly instituted proceeding to strike it down both under the general mandate contained in clause (1) of Article 227 as well as under Article 2-A read with the Objectives Resolution.'[72]

Justice Zullah held that the jurisdiction to strike down as un-Islamic rules having the force of law made by functionaries of the state was to be exercised in addition to the principle laid down in *Muhammad Bashir v. The State*[73] and *Haji Nizam Khan v. Additional District Judge, Lyallpur*[74] that courts were duty-bound to apply Islamic law to those areas of law not occupied by a statutes. Justice Zullah observed that Articles 2-A and 227(1) lend further support to this duty to apply Islamic law.

Justice Zullah's approach relied heavily on the provisions of Article 227(1). Article 2-A was referred to in passing presumably to find additional support for his proposition that a superior court could invalidate certain types of 'law', .ie. rules having the force of law not made by a law making body, as being violative of Islamic law. As such, radical as it was, his decision did not in any substantive manner clarify the impact of Article 2-A on the jurisdiction of Pakistan's superior courts. In *Ghulam Hussain v. Iqbal Ahmad*[75] Justice Zullah made another passing reference to Article 2-A in the context of the law of adverse possession observing that the established case-law ought to be reconsidered 'due to Islamic umbrella to all interpretations in Pakistan's Constitutional set up, through Objectives Resolution and Article 2-A of the Constitution.'[76] However, no such reconsideration took place. A very real possibility to determine the impact of Article 2-A was offered to Justice Zullah in *Mumtaz Industries v. Industrial Development Bank of Pakistan*[77] where the petitioners sought leave to appeal against a decision of the High Court which ordered them to repay a loan and the interest charged. The petitioners argued that on the basis of Article 2-A they should not be ordered to pay interest the same being un-Islamic. Justice Zullah could have taken this opportunity to examine the scope of Article 2-A. Instead, he used his discretionary powers to refuse leave ordering the petitioner

---

72 Ibid., at p. 626.
73 PLD 1982 SC 139.
74 PLD 1976 Lah 930.
75 PLD 1991 SC 290.
76 Ibid., at p. 300.
77 PLD 1991 SC 729.

to enter into negotiations with the government holding that

> 'Learned counsel contended and rightly so that the scope of Article 2-A of the Constitution needs to be examined and determined finally. This question is already before this Court in some other matters, therefore, for that purpose alone leave need not be granted in this case.'[78]

In *Resham Bibi v. Elahi Sain*[79] Justice Afzal Zullah again made passing reference to Article 2-A to the effect that in the interpretation statutes and constitutional provisions Article 2-A would have to be kept in mind 'in the sense that any doubt, major or minor, has been resolved in such a manner so as to advance the dictates of justice as well as the rule that justice not only should be done but it should seem to have done.' He elaborated that this principle was enshrined as much in Islamic jurisprudence as in any other juridical system before holding that

> 'It may be clarified that if need would have arisen to further rely on Article 2-A of the Constitution so as to give effect to the Objectives Resolution treating the right to obtain justice as a very important substantive part of our entire constitutional set up as well as the Constitution itself, we would have of course done it.'[80]

Justice Zullah's determination to instil a principle of justice into the legal system, visible from cases decided by him from the early 1970s onwards, was, it seems, not dependent on Article 2-A at all. In fact, in 1991 he rejected a petitioner's reliance on technical arguments by holding that '[...] even if there would have been some force in the technical objection of the learned counsel, justice could not have been sacrificed, at least in this Court, on the altar of the technicality which does not go to the root of the cause, in sofar as the fairness thereof is concerned.'[81] He stated in emphatic terms that

> 'Thus, while trying our best to do justice in accordance with law, the principles in our own jurisprudence governing just dispensation shall have to be kept in view. In other words while adhering to the principle: Justice in accordance with law, we will have to keep in mind that it the birth right of every citizen in an Islamic State to seek and obtain justice. In this

78 Ibid., at p. 730.

79 PLD 1991 SC 1034.

80 Ibid., at p. 1041.

81 *Phul Shah v. Muhammad Hussain* PLD 1991 SC 1051. The case concerned a preemption matter.

> exercise of keeping balance between undiluted justice and justice only in accordance with law, the general directional principles in Islam come to the aid when one exerts.'[82]

It should be noted that this statement, innovative as it might appear, has been an established principle of Pakistani law for some time. Its most evocative expression can be found in the case of *Imtiaz Ahmad v. Ghulam Ali*[83], decided in 1963, where it was held that

> 'I must confess that having dealt with technicalities for more than forty years, out of which thirty years at the Bar, I do not feel much impressed with them. I think that the proper place of procedure in any system of administration of justice is to help and not to thwart the grant to the people of their rights. All technicalities have to be avoided unless it be essential to comply with them on grounds of public policy. The English system of administration of justice on which our own is based may be to a certain extent technical but we are not to take from that system its defects. Any system which by giving effect to the form and not to the substance defeats substantive rights is defective to that extent. The ideal must always be a system that gives to every person what is his.'

Justice Zullah had another opportunity to refer to his principles of Islamic justice in the case of *MacDonald Layton Constain Ltd. v. Punjab Employees' Social Security Institution*[84]. The case concerned the obligation of a foreign company to make social security payments on behalf of their workers employed in the construction of the US, Canadian and British embassies in Islamabad. The company had argued that its office being in Rawalpindi the demand notice issued by Punjab Employees Social Security Institution was invalid since Islamabad was not under its jurisdiction. Justice Zullah found against the company on facts but further observed that

> 'Unfortunately we cannot help making an observation that the petitioner, in order to deprive a section of labour class employed by them, of due benefits under the Ordinance, took up untenable pleas and adopted such positions which it was difficult to establish. In such a situation under Islamic dispensation, even if the case for both sides had been equally balanced, in order to advance the command regarding social justice, as contained in the Objectives Resolution, the decision to be rendered by this

---

[82] Ibid., at pp 1054 and 1055.

[83] PLD 1963 SC 382.

[84] PLD 1991 SC 1055.

> Court would have gone in favour of upholding the workers' right to the Social Security Cover.'[85]

VII. The Rejection of Article 2A

By the early 1990s the Supreme Court's stance on Article 2-A was at best an ambiguous one: some judges, most notably Justice Afzal Zullah referred to it in order to introduce general principles of Islamic justice into the legal system. However, apart from acknowledging the existence of such a principle it must be concluded that there were only very few cases where the outcome of the decision was actually determined by such an application. The truly controversial aspect of Article 2-A, namely whether it could serve as a jurisdictional basis for the invalidation of laws as being in violation of Islamic law the Supreme Court had remained silent. It was only in the case of *Hakim Khan v. Government of Pakistan*[86] that the Supreme Court finally dealt with this issue. *Hakim Khan* was concerned with a commutation order issued by the President of Pakistan acting on the advice of Prime Minister Benazir Bhutto. The order was passed shortly after Benzair Bhutto had been voted into power, following the dismissal of Prime Minister Junejo's government by President Zia-ul-Haq in 1988 and Zia's death in the summer of the same year. The order provided for remission, reduction or commutation of sentences of a wide class of prisoners sentenced to either imprisonment or death by military courts or other courts under martial law regulations. The order also commuted all death sentences awarded by the military or other courts up to 6 December 1988 to imprisonment for life. Hakim Khan, the petitioner, assailed the constitutional validity of the order on the basis of Islamic law, arguing that under Islamic law only the *wali* of the deceased could waive the execution of the death sentence. A full bench of the Lahore High Court had decided that the order issued by the President under Article 45 of the 1973 Constitution, which allowed the President to commute sentences, was un-Islamic and that

> 'In the view of the above, our humble view is that Article 2-A is an effective and operative part of the Constitution and no Court may refuse to enforce it. Consequently, the federal Shariat Court shall exercise its jurisdiction assigned to it under Chap. 3-A of the Constitution, whereas, the High Courts shall exercise their jurisdiction with regard to all other laws. They may declare them repugnant to the Injunctions of Islam, as

85 Ibid., at p. 1058.

86 PLD 1992 SC 595.

> contained in Qur'an and Sunnah of the Holy Prophet (p.b.u.h.) and may also grant relief, as may be called for in the circumstances of the case.'[87]

The state appealed. The Supreme Court in an unanimous decision overturned the judgment delivered by the Lahore High Court. Justice Nasim Hasan Shah traced the history of the Objectives Resolution from its inception to its incorporation into the Constitution as new Article 2-A. He concluded that through the act of incorporation the Objectives Resolution had changed its character: it was no longer merely concerned with providing the aims and objectives which the Constituent Assembly was expected to implement in the substantive part of the constitution but had become a 'substantive, binding, integral provision of the Constitution.'[88] Justice Hasan Shah then proceeded to examine the effect of Article 2-A pointing out that the Objectives Resolution was expressly addressed to the Constituent Assembly declaring that 'This Constituent Assembly representing the people of Pakistan resolves to frame a Constitution for the sovereign independent State of Pakistan.' Could this clause be interpreted to mean that in the changed context - after all the Constitution had already been framed not once but three times - those provisions of the Constitution which did not live up and were repugnant to the principles and provisions set out in the Objectives Resolution could be declared inoperative by courts to the extent of the repugnancy? Justice Shah held that according to the well-established rule of interpretation that a constitution has to be read as a whole any repugnancy between different constitutional provisions had to be harmonised by the courts if at all possible. This, of course, left Justice Hasan Shah to deal with the argument advanced by the Lahore High Court that Article 2-A was a supra-constitutional provision. Justice Shah enumerated the consequences of adopting this interpretation and his analysis deserves to be quoted in full:

> 'And even if Article 2-A really meant that after its introduction it is to become in control of the other provisions of the Constitution, then most of the Articles of the existing Constitution will become questionable on the ground of their alleged inconsistency with the provisions of the Objectives Resolution. According to the opening cluase of this Resolution the authority which Almighty Allah has delegated to the State of Pakistan is to be exercised through its people only 'within the limits prescribed by him'. Thus all the provisions of the existing Constitution will be challengeable before Courts of law on the ground that these provisions are not 'within the limits of Allah' and are in transgression thereof. Thus, the

87 *Sakina Bibi v. Federation of Pakistan* PLD 1992 Lah 99, at p. 123.
88 Ibid., at p. 616.

law regarding political parties, mode of election, the entire structure of Government as embodied in the Constitution, the powers and privileges of the President and other functionaries of the Government will be open to question. Indeed, the very basis on which the Constitution is founded [...] could be challenged. Thus, instead of making the 1973-Constitution more purposeful, such an interpretation of Article 2A, namely that it is in control of all the other provisions of the Constitution would result in undermining it and pave the way for its eventual destruction or at least its continuance in its present form.'[89]

Justice Shah pointed out that this could not have been the intention of Zia-ul-Haq, who inserted Article 2A under *The Revival of the Constitution Order, 1985*, nor the intention of the first parliament which enacted Article 270-A vide section 19 of *The Constitution (Eighth Amendment) Act, 1985* which in turn affirmed and adopted *The Revival of Constitution Order, 1985*. Justice Shah concluded that the Objectives Resolution was equal in weight and status as the provisions of the Constitution but that courts being 'creatures of the Constitution [...] could not annul any existing Constitutional provisions (on the plea of its repugnancy with the provisions of Article 2A) as no Court, operating under a Constitution, can do so.'[90] Repugnancy to Islam of constitutional provisions could be rectified by amending the Constitution and likewise statutes could be amended by the competent legislative bodies.

Justice Shah's judgment emphasised that the locus of the Islamisation of laws was to be parliament rather then the courts. As such he did not explain whether or not the Objectives Resolution had any role to play at all in the constitutional set up. This gap was filled by Justice Shafiur Rehman whose dark diagnosis of the state affairs was quoted further above. Concurring with Justice Shah he held that 'nowhere in the Objectives Resolution, wither expressly or impliedly do I find either a test of repugnancy or of contrariety, nor empowering of an individual or of an institution or authority or even a Court to invoke, apply and declare Divine limits, and go on striking everything that comes in conflict with it by reference to Article 2-A.'[91] He held that the only accepted use of Article 2-A was to correct and review orders of judicial or quasi-judicial tribunals. Nevertheless, some ambiguity remained: Justice Abdul Shakurul Salam, the third member of the bench, opined in rather ambiguous terms that the fact that parliament can amend the Constitution in the light of Islam 'does not absolve the Courts of their duty to give effect to the provisions of Article 2A as it has been

89 Ibid., at p. 617.
90 Ibid., at pp. 617 and 618.
91 Ibid., at p. 630.

made "substantive part of the Constitution".'[92] How this could be done he left unexplained and unexplored.

In what can be described as rubbing salt into the wounds of the Islamic faction of the judiciary the Supreme Court rejected the High Court of Lahore's conclusion that the order of the President commuting certain death sentences to life imprisonment not only on jurisdictional but also on substantive, in fact Islamic, grounds. The Supreme Court found that the death sentences had been awarded by way of *tazir* and not as a *hadd* punishments and that consequently the President was within his rights, even under Islamic law, to commute them to life imprisonment without the consent of the heirs of the deceased. The rejection of the Lahore High Court's approach was therefore complete: not only had it been wrong in its interpretation of Article 2-A and in its pursuit of judicial Islamisation, but even in the application of Islamic law the self-declared guardians of Islamisation had erred. For the proponents of judicial Islamisation *Hakim Khan* brought to an end what must have seemed like the golden age of Islamisation where courts were willing to invalidate laws , to render contracts providing for interest unenforceable, where the right of the husband to divorce his wife by triple *talaq* without the supervisory control of the courts was restored and where courts could invalidate provisions of the 1973 Constitution itself. All this had been achieved, albeit for a period of six years only, without having to participate in the democratic process by seeking representation in the legislative assemblies or by lobbying parliamentarians.

A year later the Supreme Court dealt with Justice Tanzil-ur-Rahman's invalidation of section 7 of *The Muslim Family Laws Ordinance, 1961*. *Hakim Khan* had only held that a provision of the Constitution could not be declared invalid on the basis of Islamic law. However, it had not directly dealt with the invalidation of statutes. Could Article 2-A be used in that way? In *Mst Kaneez Fatima v. Wali Muhammad*[93] the Supreme Court considered this question. In a first step it observed that virtually all provisions of the Objectives Resolution were in fact incorporated in the Constitution mainly as Directive Principles. In a second step Justice Saleem Akhtar distinguished between administrative actions taken under a law and the law itself: the former could be invalidated by courts on the basis of Articles 2-A and 227(1). The Supreme Court reiterated that

> 'It in this context it may be observed that while interpreting Constition, enactments, rules and regulations having the force of law and examining

---

92 Ibid., at p. 636.

93 1993 PSC 1376.

orders, acts and actions of Government functionaries/authorities the Court is competent to apply well-recognised principles of Islamic Common Law or principles in conformity with Injunctions of Islam can be pressed into service.'[94]

The Supreme Court relied heavily on the distinction between self-executing provisions and not self-executing provisions already developed in *Hakim Khan* pointing out that the High Court's power to invalidate laws was restricted to the enforcement of fundamental rights. However, perhaps unwisely, it posed a question which was left unanswered: 'However, it may be considered that can a law which is inconsistent with the injunctions of Islam involve violation of fundamental rights and be struck down?'[95] In other words, was there inherent in the fundamental rights an obligation that all laws should be consistent with the injunctions of Islam? This would mean that any law repugnant to Islam would *ipso facto* be violative of the constitutionally guaranteed fundamental rights. More will be said about this proposition further below. Before parting from *Kaneez Fatima* the outcome of the case should be mentioned: it will be recalled that the Lahore High Court had declared that though section 7 of *The Muslim Family Laws Ordinance, 1961* could not be declared un-Islamic and invalid under Article 2-A, it was nevertheless decided that section 7 did not apply to a consensual divorce. The Supreme Court disagreed holding that it could not be elevated to the level of a legal principle that in consensual divorces a couple had effectively contracted out of the provisions of *The Muslim Family Laws Ordinance, 1961*. Rather, in an appropriate case section 7 should not be construed strictly and therefore the High Court might either accept the notification of the divorce at a later stage or, in the alternative, exercise its discretionary powers and refuse to issue a writ and to exercise its jurisdiction.

It should be noted that the bar on superior courts other than the Federal Shariat Court and the Shariat Appellate Bench of the Supreme Court to invalidate laws on the basis of Islam had an impact on the substantive rights of the aggrieved parties contending that a law was repugnant to Islam. Not only were certain laws, like the 1973 Constitution, outside the jurisdiction of the Federal Shariat Court, and were now immune from an Islamic challenge, but as will be explained in more detail further below[96], the Federal Shariat Court when declaring a law invalid does so prospectively. Should an ordinary court pass an order or a decree under a law subsequently declared un-Islamic by the Federal Shariat Court the order already made would not be disturbed. This was an

94 Ibid., at p. 1389.
95 Ibid., at p. 1391.
96 Below, Chapter XI.

obvious injustice caused by the exclusive and distinct jurisdiction of the Federal Shariat Court. In *Mir Afzal Khan v. Ejaz Akbar*[97] Justice Zullah acknowledged this but held that this in itself was not a ground for interference. The case concerned a challenge to *The North West Frontier Pre-emption Act, 1987*, which had been enacted after the preceding legislation, namely *The North West Frontier Province Pre-emption Act, 1950*, had been declared un-Islamic. The petitioner had asked the Peshawar High Court to invalidate the impugned section but that application was refused on the ground that it was the Federal Shariat Court which had exclusive jurisdiction over the matter of repugnancy to Islam. It was obvious that by the time the Federal Shariat Court had entertained and decided the question in separate proceedings the Peshawar High Court would have decided the matter! The position was neatly summarised by Justice Nasim Hasan Shah in the case of *Sardar Ali v. Muhammad Ali*[98]:

> 'The law is well settled that where the rights of the parties have been judicially determined with reference to the terms of a law in force at the time of the adjudication, the finality of such a judgement will not be effected merely because the law on the basis of which that decision was rendered has subsequently been altered unless a provision is expressly made in the changed or modified law destroying the finality of the aforesaid judgement.'[99]

VIII. Conclusion

The decisions of *Kaneez Fatima* and *Hakim Khan* ostensibly put an end to judicial experiments with Islamisation of laws on the basis of Article 2-A. It seems that the high courts had but no choice to follow the precedent set by the Supreme Court. Nevertheless, attempts were still made to invalidate laws on the basis of Article 2-A. For instance, in the case *Farough Ahmed Siddiqi v. Province of Sindh* the petitioner, acting in the public interest, petitioned the High Court of Sindh to revoke the issuance of a licence for the production of liquor by a Sindh based brewery. He was joined in his petition by the Muree Brewery, who claimed that its fundamental rights were violated by the issuance of liquor production licence to a third brewery.[100] One of the arguments raised by the

97 PLD 1991 SC 215.

98 PLD 1988 SC 287.

99 Ibid., at p. 354.

100 Until then only two breweries existed in Pakistan: the Muree Brewery and the Quetta Distillery. Both were set up during colonial rule, the Muree Brewery as early as 1866, and both continued production of intoxicating liquor after the ban on the consumption of

petitioner was that the licence granted to the new brewery, Beach Brewery, violated Article 2-A and Article 37-H of the 1973 Constitution. The latter is a Directive Principle of State Policy and provides that

> 'The State shall (h) prevent the consumption of alcoholic liquor otherwise than for medicinal and, in the case of non-Muslims, religious purposes.'

The Karachi High Court rejected this contention holding that Article 2-A was like any other article of the Constitution and could not be used to strike down any existing law. It is also pertinent to mention that the Farough Ahmed Siddiqi's claim that he was acting in the interest of the public was dismissed: the court held that if he had really been interested in the prevention of the production of alcoholic beverages he should also have joined the other two breweries in his petition. Failing to do so showed that he was really acting on behalf of the Murree Brewery rather than the public interest. The High Court held that:

> 'Public interest litigation is permissible under the law but it could not be made a cloak to hide personal interest and to pursue a private vendetta.'[101]

Another attempt, this time before the Supreme Court, to challenge the validity of *The Regional Development Finance Corporation Ordinance, 1985*, on the basis of Article 2-A, was equally repelled. At issue was the repayment of a loan and interest. Predictably, the Supreme Court relied on *Hakim Khan* but also added that the petitioners were estopped from raising Islamic arguments since

> 'while taking the loan from the Corporation they conveniently ignored the rigours of the first Ordinance but when the Corporation sought the recovery of the loan, they got mindful of its effects of violation of the Injunctions of Islam.'[102]

The rejection of Article 2-A as a means to invalidate legislation on the basis of Islam was almost complete had it not been for one case decided by the Supreme Court shortly after the *Hakim Khan* judgment. In the case of *Zaheeruddin v. The*

alcohol in 1977 though sale of alcohol was restricted to non-Muslims, who were allowed to consume it for religious purposes, and to non-Muslim foreign visitors. In addition, Muslims were allowed to purchase alcoholic beverages for medical purposes if so advised by a doctor.

101 Ibid., at p. 295.

102 *Tank Steel and Re-Rolling Mills Pvt. Ltd. v. Federation of Pakistan* PLD 1996 SC 77, at p. 84.

State[103] the Supreme Court held that the constitutionally right to freedom of religion was limited by Islamic law. The result was that a law had to fulfill two distinct tests: firstly, was it in accordance with the fundamental right and secondly, was it in accordance with Islam.

Though the controversy surrounding the legal effect of the Objectives Resolution is now part of modern Pakistani legal history it nevertheless affords a fascinating insight into the deep divisions running through Pakistan's judiciary on the role of Islam in the legal system. It also shows that given the chance some judges were willing to embark on rather personal campaigns to cleanse the legal system of anything un-Islamic. Thus, the judicial confusion over Article 2A must also serve as a warning: a strong, independent judiciary with wide discretionary powers can seriously damage the secular character of a legal system!

103 1993 SCMR 1718.

THE PROTECTION OF INTELLECTUAL PROPERTY RIGHTS

THE VIEWS OF THE PHAROS, ISLAMIC JURISPRUDENTS, AND MASTERS OF POETRY AND LITERATURE

Professor Dr. Mohamed Hossam Loutfi, Cairo

1- Within the framework of the new world trade order, the legal protection of an author's rights is one of the features that are correlated in the minds with civilization and modernization. Under this system, providing such a protection has become a major request by World Trade Organization (WTO) member countries, in application of the provisions of Appendix 1/C of the Marrakech Agreement establishing this Organization. This Appendix is indeed the one known as the Agreement on the Trade Related –Aspects of Intellectual Property Rights (TRIPs).

2- Henceforward is an outline of the views of the Pharos, the Islamic Shari'a jurisprudents, and the master poets and men of letters on the issue of protecting intellectual property rights in general, and the rights of authors, in particular.

Section One

The Views of the Pharos

3- Scholars have admitted that some of the contents of the Old Testament, especially the chapter and a half in the Book of Proverbs, are literally copied from hieroglyphic to Hebrew, and particularly from the maxims of the ancient Egyptian sage Amnmoboi[1]. This is also true of the Books of Job, Joshua, and Isaiah.

4- In the Prisse[2] papyrus lodged in the Bibliothèque Nationale in Paris since 1847, are found maxims and aphorisms that underscore the value of learning and education, such as the maxims of Petah-Hoteb, "No one was endowed understanding single-handedly,"[3] "There is no right to knowledge, nor had a

1 The note is made by the prominent American historian Breasted: referred to by Moharram Kamal, *Al-Hikam wa Al-Amthal wa An-Nassa'ih 'ind Al-Misryeen Al-Qudama'*, Al-Alf Kitab, no. 303, 1998, p.15.

2 Moharram Kamal, ibid, p.1

3 Moharram Kamal, ibid, p.28.

man reached the limits of learning through his own art."[4]

5- In the Anastasi and Sallier papyri, on the other hand, lodged in the British Museum, are found the teachings of a person called Khiti Ben Dawoof to his son Bibi when he had traveled to the capital to enroll his son in the School of Scribes among the sons of rulers[5]. The teachings are similar to the aforementioned in the sense that they glorify the status of learning and scholars, such as, "I wish I can make you love books more than your mother, I wish I can show you their beauty, they are better than anything else in life,"[6] and "There is no profession without a chief, except that of the Scribe. The Scribe is his self-master, the trip I am taking with you to the capital aims at your good, and I take it because I love you. One day spent at school shall benefit you, and whatever you do in that day shall endure like mountains."[7]

6- In the Leningrad papyrus deposited in Moscow there are maxims addressed to the King Meri-Ra'[8], such as, "Open the book and read its contents, benefit from the learning of your predecessors, follow their teachings, then you would become knowledgeable and wise like them."[9]

7- In the Ani papyrus lodged in the Egyptian Museum[10], there is a precious maxim, "When the Scribe is appointed a job, he will inevitably resort to books (so that he succeeds)[11]."

8- The aforementioned, ultimately demonstrates the extent of appreciation that the ancient Egyptian had for the sages who composed books wherein their knowledge and wisdom are reflected.

Section Two

Views of the Islamic Shari'a Jurisprudents

9- Islamic Shari'a, given the heavenly nature thereof, was intent on restoring

---

4 Moharram Kamal, ibid, p.29.
5 Moharram Kamal, ibid, p.59.
6 Moharram Kamal, ibid, p.59.
7 Moharram Kamal, ibid, p.63.
8 Moharram Kamal, ibid, p.65.
9 Moharram Kamal, ibid, p.68.
10 Moharram Kamal, ibid, p.87.
11 Moharram Kamal, ibid, p.93.

rights to their owners and attributing the good deed to its doers. Thus we find that the jurisprudents of Islamic Shari'a have created a branch of knowledge known as "the genealogy of books", which indicates the authorship of each book[12].

10- Researchers confirm that "early on in the 3rd century Hijra, Ibn Salam opens his book *Tabaqat Fuhul Al-Sho'ara'* with addressing the phenomenon of forgery (*intihal*) in poetry, in talking about it, Ibn Salam warns against taking for granted the attribution of a poem to a particular person, since some of this poetry was not attributed to its real authors... [Ibn Salam] was as such the first to raise the issue of copyright in the modern sense of the word, however, one thousand years ago[13]. Some scholars also maintain that the appearance of works on the chains of transmitters (*masaneed*), was the fruit of the whole branch of knowledge on this area, such as the *musnad* of Imam bin Hanbal, as well as those of Bin Ya'li, and Al-Bazzar[14].

11- In the following shall be included a demonstration of the lawful opinions (*fatwa*), the comprehensive concept of money, the connection between protection and interests, and the permissibility of receiving money for copying.

A- Lawful Opinions:

12- The Council of the Islamic Jurisprudence Academy (in the Kuwait Round)[15] issued a resolution concerning intangible rights in its Fifth Convention, held between 1-6 Jumada I year 1409 AH (corresponding to 15 December 1988 AD), confirming the legitimacy of protecting intellectual property rights in general. The resolution provided the following:

---

12 'Abdalla Mabrouk Al-Najjar, "Tatawur Asaleeb Himayat Haqq Al-Moa'lif fi Al-Fiqh Al-Islami wa Al-Fiqh Al-Moqaran", Nadwat Hoqooq Al-Moa'lif, Madkhal Islami, Rabitat Al-Jami'at Al-Islamia, Markaz Salih Kamil Lil-Iqtisad Al-Islami, Al-Azhar University, Vol. 1, Cairo, 1-2 June 1996, p.7.

13 Dr. 'Abdel Sattar Al-Halwaji, "*H*aqq Al-Moa'lif fi Al-Qwaneen Al-'Arabia", *'Alam Al-Kitab*, Vol. 2, no.4, pp. 646-647.

14 'Abdalla Mabrouk Al-Najjar, "Tatawur Asaleeb Himayat Haqq Al-Moa'lif fi Al-Fiqh Al-Islami wa Al-Fiqh Al-Moqaran", *Nadwat Hoqooq Al-Moa'lif: Madkhal Islami,* Rabitat Al-Jami'at Al-Islamia, Markaz Salih Kamil Lil-Iqtisad Al-Islami, Al-Azhar University, Vol. 1, Cairo, 1-2 June 1996, p.7.

15 Mijalat Majma' Al-Fiqh Al-Islami, Fifth Convention, Vol. 3, 1409AH - 1988-AD, p.2581.

(1) The trade name, commercial title, and the trademark, as well as compositions, inventions and creative works are rights unique to their owners, and contemporarily they have accrued a considerable financial value. They are deemed lawful rights, thus it is prohibited to violate them.
(2) It is permissible to dispose of the trade name, commercial title, or trademark, and to transfer either one at a financial consideration, provided that damage and fraud are absent, given that they have become a financial right.
(3) The rights of composition, invention and creation are lawfully protected, and the owners thereof are entitled to dispose of them, and they are inalienable.

13- In the opinion given by the venerable Sheikh Abdulla ben Abdel Rahman Al-Jabreen in Saudi Arabia, as a reply to a question directed thereto in the area of computer software, the content was similar to the aforementioned:

Question: "Some computer stores buy some useful programs then they make multiple copies of them and sell them to people, which in turn harms the producer who is the original owner of the software. This software is then sold at prices lower than that of the original, for instance, a program costing 480 Riyals is sold copied for 70 or 80 Riyals for each copy.

Is it permissible that I buy these copied versions, and may I deal in them in the sense that I buy an original and make several copies to sell these copies for lesser prices?"

Please give me an opinion, may Allah reward you....
Answer: "I believe that this should not be overlooked, since such an act reduces the original production. The producers have worked hard and spent time and effort on the products, therefore, they are entitled to selling them at the price they deem appropriate. Whenever copies are made and sold cheaply, the demand for the product will recede and in turn they will stop this useful production whose benefit extends to the whole society... and Allah is our best Guide."

[Said by Abdulla ben Abdel Rahman Al-Jabreen, the member in giving Opinion (*Ifta'*), the Blessings and the Peace of Allah be upon Mohammad 13/ 11/ 1417 AH].

Furthermore, the Opinion (*Ifta'*) Committee of Al-Azhar gave similar opinion in two occasions, based on the request of the composer of this research:

a- In its opinion given on 20 April 2000, the Committee emphasized that: "Islam gives the owner the freedom to dispense of the property owned thereby as wished, no other person may dispose of, copy, enjoy, use, or attribute such property thereto without the prior consent of the owner, whether for a compensation or not – Sheikh Mohammad Muhei-ed-Din Mohammad Al-Jamala."

b- In its opinion given on 16 August 2001, the Committee emphasized that: "The opinion issued by the Islamic Jurisprudence Academy and the Opinion Council (*Dar Al-Ifta'*) in Saudi Arabia prohibiting any violation of the rights to computer software, given that they are property evaluated with money in the Islamic Law (*Shari'a*), is a valid opinion and in agreement with that given by the Opinion (*fatwa*) Committee in Al-Azhar," and only Allah knows. .

14- We are in no doubt that all of the aforementioned opinions are valid, which is also further proven when the master books of the ancients and the moderns equally are read.

B- The Comprehensive Concept of Money:

15- In the Arabic dictionary *Maqayees Al-Logha* the entry formed from the basic letters "*meem*", "*waw*" and "*lam*" has several derivations, one of which is to acquire money and for someone's money to increase[16].

16- In *Lisan Al-'Arab*[17] the derivations of the same entry mean: [18]what one is known to own, and [19]how rich one is.

17- In *Sharh Al-Namoos*, known as *Taj Al-'Aroos min Jawahir Al-Qamoos*, Ibn Al-Atheer said that money originally is what is owned of gold and silver, then it came to refer to any property acquired and possessed[20].

---

16 Ibn Al-Hussein Ahmad Ibn Faris ben Zakareya, 'Abdel-Salam Haroun (ed.), vol. 5, 2nd Edition 1393 AH- 1972 AD, Maktabat Mustafa Al-Babi Al-Halabi &Sons, Egypt, p.285.

17 Al-Imam Abi Al-Fadl Jamal ed-Din Muhammad ibn Al-Imam Jalal ed-Din Abil-'iz Makram Ibn Al-Sheikh Najeeb ed-Din known as Ibn Manthour Al-Ifreeqi Al-Misri Al-Ansari Al-Khazraji, Vol. 14, First Edition, 1303 AH, Al-Matba'a Al-Amiriya: Boulaq, Misr, p.158.

18 Ibid, p.158.

19 Ibid, p.159.

20 Al-Imam Al-Lughawi Al-Wasiti Al-Zubaidi Al-Hanafi, Vol. 5, Chapter on the letter *meem* in the letter *lam* part, p.131.

18- In *Al-Muqadima* by Ibn Khaldun[21], it is said: "Injustice is not taking money nor property from its owner without compensation or justification, as is well-known, rather injustice is more general, **every person taking the possession of another, forcing him to work, making claims unrightfully thereon, or imposing a certain duty thereon not stipulated by Islamic Law, then he is unjust."**

19- In *Al-Mabsut*[22] it is stated that: money is a noun for that which is created to help one receive the interests or receive the yield of a utilizable thing, the financial value of the object is known by seeking money for it, people usually seek money for a utilizable object by trading in it, the best traders are the sellers and their capital is the yield of a utilizable object ... if the yield of the utilizable object is not money, then it can be evaluated with money, because it is the value with which property is measured, then it is impossible that it does not have a value in itself."

20- Moreover, Sheikh Ali Al-Khafif has summarized the different views of the jurisprudents of Islamic Shari'a, the Hanafis on the one hand, and the Malikis, Shaf'is, Hanbalis on the other[23], as follows:
Money,... where the Hanafis are concerned is that which can be possessed, acquired, and utilized normally and in a permissible manner not under conditions of necessity, therefore, money for them can only be property – that is to say a material that occupies space – as such, neither the yield of a utilizable object nor the rights are deemed money ... the majority of jurisprudents belonging to Maliki, Shaf'i and Hanbali Schools disagreed with them. They, on their section, did not stipulate that money should be a material that can be tangibly possessed, they sufficed by maintaining that it must be something whose owner can control and prevent others from using it, even if by possessing its origin... therefore, the yield of a utilizable object in their thought is money. This is so because such a yield can be kept from others by possessing its source, whereas benefit may be achieved by usurping such a source. Consequently, money can be property, and can be otherwise, such as the yield of a utilizable object. They also stated that some rights may be deemed money, if they are dealt in and hence becomes of a financial value, because ultimately it is the yield of a utilizable object[24].

In the end he concludes saying: "Intangible rights – which are focused on

---

21 Dar Al-Qalam edition, Beirut, Lebanon 1986, p.288.
22 Shams Ed-Din Al-Sarkhasi, Vol. 11, Dar Al-Ma'rifa lil-Tiba'a wa-an-Nashr, Beirut, p.78.
23 Al-Khafif, p.16, the final part of margin (1).
24 Al-khafif ,Ibid, p. 20.

intangible objects that cannot be apprehended by one of the senses, but rather by the mind and the intellect, such as ideas and inventions – are a special branch of property that represent power over something, and as such the owner is granted an authority over the rights of disposing of and utilizing these rights. However, such a right by virtue of its nature is not exclusive, when known to be serving the social and scientific interest[25].

Since this is true, then it is also true what al-Imam Al-Ghazali reported that when al-Imam Ahmad ibn Hanbal was asked about a person who dropped a paper on which he recorded some Traditions and other information, and whether it is allowed for the person who found this piece of paper to copy it and then return it. Al-Imam answered that the person who found it must take the permission of the person who recorded the information first[26].

C- The Connection Between Protection and Interests:

21- In *Mokhtasar Al-Montaha Al-Osooli*[27] it is said: "interest changes by circumstance and time, just like the benefit of taking medication at a certain time and the harm it may cause at another time or in another case."

Al-Imam Al-'Iz ibn 'Abd-a-Salam built on this maintaining that the essence and the purpose of legislation, is to help achieve the interests and fend off harms and evil, as such he who follows these aforementioned purposes of legislation either out of knowledge or belief that this interest cannot be disregarded and that this evil cannot be touched , even if there is no consensus, provision, or special analogy thereon, the understanding of the very same legislation obligates that[28].

Consequently, scholarly production is a certified true general interest and it is a certain lawful objective, "otherwise the attainment of learning would not have been an duty.[29]"

---

25 Al-Khafif, ibid, p. 20.

26 Dr. Mohammad Said al-Booti, "Hoqooq al-Ibda' bi-Anwa'ihi fi Hokm al-Shari'a al-Islamiya,"a lecture given in the cultural-social center affiliated to Masjid Al-Da'wa in Paris (13-14 January 2001) on intellectual property rights and means of their protection.

27 Look the margins of Sa'd ed-Din At-Taftazani, and the margin of the editor al-Sherif Al-Jorjani in the explication of Al-Qadi for *Mokhtasar Al-Montaha Al-Osooli,* Al-Imam ibn Al-Hajib Al-Maliki, Sha'ban Mohammad Isma'il (ed.), Maktabat al-Koliat Al-Azharia, Cairo, 1393 AH- 1973 AD, Vol. (1), Part on Copying, p.189.

28 *Qawa'id Al-Ahkam*, Vol.2, p.160.

29 Dr. Fathi al-Drini et.al., *Haqq Al-Ibtikar Fi-l-Fiqh Al-Islami wa-l-Moqaran,* Mo'sasat Al-

D- The Permissibility of Receiving a Financial Consideration for Copying:

22- In *Tarikh Baghdad or Madinat As-Salaam*[30] it was stated that Al-Farra' "dictated and the copyists wrote after him until he categorized the borders in years ... he then started dictating the book of meanings and his copyists were Muslima and Abu Nasr ... he then completed his work. Upon completion of the book of meanings, the copyists kept it from people so that they can make a profit from it. They said that they would not give it except to the person who pays one Dirham for each five pages copied. People complained to Al-Farra', who in turn summoned the copyists. ... They told him: "we have been your copyists to benefit from you, and everything else you have categorized is not demanded by people except the information in this book, so let us make a living from it." He then told them, "lower your price so that both you and people can benefit," and they refused, so he warned them. He then told the people that he is dictating a new book of meanings that is more comprehensive and simpler than the previous one. He completed the book in one hundred papers, the copyists then returned to him and told him that they would what people had asked of them, and they ultimately sold every ten pages for a Dirham."

23- In the time of the followers of the Prophet's followers the previous meaning was emphasized through "the Asadi" question. Asad Ibn Al-Forat, using the answers given to him by Abdul-Rahman bin Al-Qasim, prepared a collection of documents called *"Al-Assadiya"*. The students in Amru Bin Al-'As mosque asked that he gives them access to it, but he refused. They therefore resorted to the Judge of Al-Fustat at the time, Amru Bin Masrooq Al-Kindi. The Judge approved what Asad had done and his justification was as follows, "what right do you have on him – a man asked another and the other answered, you have the person asked amongst you, then go ahead and pose your questions to him.[31]" The Judge maintained that Asad's questions are his own, the replies thereto are written by him, he was the one who posed them to Ibn Al-Qassem, grouped them according to the sections of jurisprudence and made them, through his understanding a comprehensive entity... therefore, his right to this collection is incontestable[32]."

Risala, Beirut, 2nd edition, 1981, p. 34.

30 Al-Mohafith Abu Bakr Ahmad bin Ali Al-Khateeb Al-Baghdadi, Dar Al-Kitab Al-'Arabi, Beirut, Lebanon, Vol. 14, pp. 151-152.

31 'Abdel Halim Al-Guindi and Sheikh 'Abdel Aziz 'Isa, "Hoqooq al-Mollified Aw Al-Milkiya Al-Fikriya aw Al-Adabia", Seminar *on Hoqooq al-Moalif: Madkhal Islami,* p.141.

32 'Abdel Halim Al-Guindi and Sheikh 'Abdel Aziz 'Isa, "Hoqooq al-Mollified Aw Al-Milkiya Al-Fikriya aw Al-Adabia", Seminar *on Hoqooq al-Moalif: Madkhal Islami,*

24- Based on the aforementioned, some of the modern jurisprudents maintain that a **third type of financial rights** has been created by the modern cultural, economic and urban life, and it does not fall into the category of **in kind rights** because unlike such rights it is not directly referred to a particular tangible object. Moreover, it is not section of the **personal rights** because it mandates a special duty on a specific person other than the possessor of the right. The purpose of acknowledging such rights is encouraging invention and innovation, so that any person exerting an effort in this field knows that he will be the one enjoying the fruits thereof, and at the same time shall be protected from those who attempt to usurp the fruit of his creativity and thinking and rival him in utilization thereof. Islamic legislation abounds in possibilities for such protective measures that spring from the principal of interests in the field of private rights.

25- Sheikh Ali Al-Khafif[33] reiterates that the concept of the financial right in law incorporates "all rights evaluated with money, so that they can be traded for money or evaluated with money." As such he concludes that, "artistic, scientific, and industrial inventions, such as artistic property rights and industrial rights are deemed moneys due to the fact that they came to be well-known, and to their validity to be a property of their owner, even if they are not tangible material."

The Sheikh is more inclined towards the opinion that the monetary value is but a characteristic conferred on objects by people who turn such objects into money and trade. "Such does not take place except out of necessity, in a way that makes the object subject of monopoly and control. On the other hand, it is not a prerequisite that this object is a material stocked for the time of need, instead it only suffices that acquiring such an object is facilitated when needed, and this is the case of the yield of utilizable objects and many rights." This is indeed a sound opinion "that agrees with the dealings nowadays." This opinion is

---

p.141.

33 Mustafa Ahmad Al-Zarqa, *Al-Fiqh Al-Islami fi Thawbihi Al-Jadid*, Vol.2, *Al-Madkhal Ela Nathariyat Al-Iltizam Al-'Amah fi Al-Fiqh Al-Islami*, Matba'at Jami'at Dimishq, 1380 AH-1960 AD, p. 25, margin (1). He points at the end of this margin to the tendency of calling such a right "Rights of Creativity", because the name "Literary Rights" is weak and does not apply to many cases belonging to it, such as having a distinct trademark, commercial industrial tools, innovated industrial tools, and names of commercial shops, all of which are not related to literary nor intellectual production. As for the use "Rights of Creativity" includes literary rights, such as the right of the author in utilizing his work, the journalist's rights to his publication, the artist's rights to his artistic creation, as well as industrial and commercial rights, which are called nowadays "industrial property," such as the right of the inventor of a machine, the designer of the distinguishing mark that is used, and the creator of the commercial title that achieved fame, etc...

supported by the fact that "convention in Islamic Law (*shari'a*) is significant as long as it is not oppose a provision nor does it clash with one of the pillars of religion[34]."

26- There remains a question concerning the extent of the entitlement of the possessor of the material copy of the work to having a right to exploit its content.

The answer, however, is not difficult, as Dr. Al-Booti[35] stated, "The owner of the book, either via grant or purchase, is only entitled to dispose of the material object bought, since it is just this object that was the subject of the deal. Moreover, this owner is entitled to express, discuss, reject and report the ideas in the book, but not to attribute such ideas to himself/herself ... Moreover, the owner is not at liberty to sell this right attributed to another and collect the price therefore, depending on the mere fact that a copy of a book, that includes section of this right, was possessed thereby... This owner cannot claim that due to purchase the right to ideas was taken thereby from the creator of these ideas, to whom they are still attributed."

The jurisprudent Abu Al-Hassan Ali Al-Husni Al-Nadwi emphasized that "copying a book is a means... of utilizing such a book, this must depend, however, on permission from the author. Printing, nowadays, is a "sophisticated form" of copying, and as such permission of printing is the sole right of the author, and the permission of printing is comparable to the power of attorney. The publisher acts as a proxy among beneficiaries and the author, who can acquire the return from the beneficiaries through the publisher. Moreover, the author is entitled to determine the number of copies printed and published (and determining the number may substitute determining the number of those who benefit from the printed work). The author ... is also lawfully entitled to taking a compensation for the benefit and the utilization [arising from the work thereof].[36]

In fin, the protection of intellectual property rights is peripheral to learning not an integral section thereof, however, it is savored by the minds and relished by

---

34 Ali Al-Khafif, *Al-Milkia fi Al-Shari'a Al-Islamia m'a Moqaranatiha bil-Qwaneen Al-'Arabia,* Ma'had Al-Bohooth wa Ad-Dirasat Al-Fiqhiya, Dar An-Nahda Al-'Arabia Lil Tiba'a wa An-Nashr, Beirut, Vol.16, margin (1).

35 Al-Booti, the op-cit lecture.

36 The review of the different views of jurisprudence on the rights of authorship and publishing, published in Dr. Fathi Al-Dreni et.al., *Haqq Al-Ibtikar fi Al-Fiqh Al-Islami Al-Moqaran*, op-cit, pp. 150-151.

the souls, and is not an antagonist to the sciences, since it has a root that is generally built on[37]. "If diminishing the value of what people possess is religiously impermissible, as it means reducing the right, then eliminating this right altogether is the more so prohibited!" Moreover, the Islamic legal principal based on the saying of the Prophet (peace be upon him) "do not harm and do not be harmed," protects the fruits of the human intellect, whenever a mental effort is exerted in the work, since protection does not extend beyond the yield of such an effort[38].

Section Three

The Views of Poets and Men of Letters

27- The Arab masters *(fuhul)* of poetry and literature realized the threat of usurping intellectual production early on. Al-Baqillani[39]points to "the magnitude of such an act and the inability to distinguish the original from the fake because the plagiarist is intent on concealing the act of copying, that it becomes difficult to differentiate except by the adept expert." On the other hand, Al-Qadi Al-Jorjani[40] reiterates that "appropriation is an old malady, and an ancient flaw."

28- Abu Hilal Al-'Askari[41] devoted a whole chapter in his book on the valid ways of borrowing, wherein he defended the appropriation of meaning, given that it is a method of shaping the work in the molds of the predecessors. However, he stipulated that the takers must be committed to "cover the meaning with words of their own, make that prominent while composing, embellish the meanings in a different manner, exert more effort in composing, on improving the quality of structure and the perfection of presentation. Only in this case, would they be entitled to the meanings more than those of old who said them. Moreover, had not the sayer been a producer of something heard thereby, he

---

37 Al-Imam Abu Ishaq Ibrahim ben Moussa All-Lakhmi Al-Ghirnati, (aka, Al-Shatbi), *Al-Mowafqat fi Osool AL-Ahkam*, Mohammad Mohei Ed-Din 'Abdel-Hamid, Vol. 1, Maktabat Ali Sobeih & Sons, p.47.

38 Dr. Mustafa Mohammad Arajawi, *Al-Himaya Al-Qanooniya Li Haqq Al-Mo'alif*, published in the procedures of the seminar entitled *Hoqooq Al-Mo'alif:Madkhal Islami*, op-cit, p.59.

39 Al-Baqillani, cited in Dr. Badawi Tabana, *As-Sariqat Al-Adabiyah*, 4th Edition, Cairo, 1975, p.35.

40 Cited in Tabana, ibid, p.35.

41 Chapter One, Part Six in the book *Al-Sina'atain*, cited in Tabana, ibid, p.42.

would not have been able to say anything in the first place; indeed a child only speaks after listening to the adults."

Consequently, Abu Hilal Al-'Askari believed that "appropriation is limited to words used by predecessors; he who takes the meaning in the words it was expressed is a thief, he who takes a meaning with only some of the words in which it was expressed has stripped it partly, but he who takes the meaning and vests it with words of his own better than the original, then this person is more entitled to the meaning than the predecessor[42].

Al-Hatimi in *Hilyat Al-Mohadara* introduced new terms that Ibn Rashiq[43] defined and all were acceptable because they all indicate the acts of a smart unrivalled person who is able to sever the relationship with the origin and its producer in a manner that the product looks new and totally unrelated to the old composition[44]. In the same vein in *Al-'Omda* it is stated that "the dependence of the poet on appropriation is laziness and impotence, total abandonment of every meaning previously said is ignorance, the best is following a middle-way.[45]"

a- *Al-Istiraf* (Manipulation): It is when the poet admires a line of verse and manipulates for his purposes, but if taken as an example only then it is called *(Ijtilab)* borrowing and *(Istilhaq)* appending.
b- *Al-Intihal* (Approrpriation): It is when the poet appropriates poetry not of his composition and attributes this poetry to himself, it is when one poet steals the poetry of another.
c- *Al-Idi'a* (Pretense): It is when the person who is not a poet appropriates the poetry of a poet, that is to say the appropriation by the non-poet from the poet.
d- *Al-I'arah* (Seconding): It is when a poet makes a line of verse, invents a pleasant meaning, and then such is taken by a more renowned poet so that the line of verse is recited as if it were the original composition of the second one.
e- *Al-Ghasb* (Usurping): It is when a poet attributes to himself the poetry of another, based on the belief that he is more entitled to this poetry.
f- *Al-Morafadah* (Collaboration): It is when a poet aids another in composing verse and grants them these verses, the poet granted the verse does not believe that such is a flaw because he is capable of composing similar verse.

---

42 Badawi Tabana, ibid, p.43.
43 *Al-'Omdah*, Vol.2, p.215, cited in Badawi Tabana, ibid, pp. 52-63.
44 Tabana, ibid, p.161, under the heading "As-Sariqat Fann".
45 *Al-'Omdah*, Vol.2, p.216, cited in Badawi Tabana, ibid, p.52.

g- *Al-Ihtidam/ Al-Naskh* (Demolishing/ Abrogation): It is the appropriation of a part less than one line of verse.
h- *An-Nathar and Al-Molahatha* (Comparability): It is when both meanings are equal, but expressed in different wording, while at the same time the appropriation is concealed. A branch of *An-Nathar* is called *Al-Ilmam*, which means the existence of a contrast in the two meanings but at the same time one indicates the other.
i- *Al-Ikhtilas or Naql Al-Ma'ani* (Misappropriation or the Transfer of Meaning): It is the shift of meaning from one purpose to another.
j- *Al-Mowazana* (Equipoise): It is when only the intention of what is said is taken, if every word was replaced with its antonym, such would be the reverse.
k- *Al-Mowaradah* (Telepathy): It is when two poets agree on their verse, without having heard of each other, provided that they are contemporaries. In this respect Amru Bin Al-'Ala' said about two poets, "here the minds of men are spoken on their tongues.[46]"
l- *Al-Iltiqat and At-Talfiq* (Mixing and Matching): It is when a line of verse is composed of various lines that were mixed and matched, which at times could be called *al-Ijtithab wa at-Tarkeeb.*
m- *Kashf al-M'ana* (Highlighting the Meaning): It is when a meaning produced by a certain poet is highlighted by another.
n- *Al-Majdood min Ash-Shu'ra'*(the Renowned among poets): It is taking the meaning of a line of verse, the line which becomes well-known in the wording of the taker, so that this fame surpasses that of the original.

29- These examples illustrate that concealing the appropriation is an advantage, and neither poets nor men of letters perceived it as a form of aggression. May be one of the interesting statements in this regard that of Al-A'sha upon concealing his appropriation from Abu Nowas: "I drank it red, urinated it white, that the beauty of its color was retained in my body[47]." Moreover, Tabana[48] indeed produced many examples for the permissible forms of taking from an artistic work, such as using the same meaning to serve a different purpose (so that the meaning used in describing wine, for instance, is employed in panegyric, or shifting that used in panegyric to serve a description, however, this cannot be done except by a master poet). To these examples is added composing verse in prose, versifying prose, or unraveling poetic verse.

---

46 Cited in Badawi Tabana, ibid, p.42.
47 Cited in Badawi Tabana, ibid, p.18.
48 Badawi Tabana, ibid, p.18.

30- It is found interesting to address a literary issue that occupied men of letters for some time, and even still does, namely the issue of the paternity of *Maqamat* Al-Hamadhani and Al-Hariri, what is the story then?

31- Initially, it is important to indicate that the word *maqama* had a dual meaning to poets during the pre-Islamic era, at times it was used to mean the assembly or gathering of the tribe, and at others it was used to indicate the people of which this assembly or gathering is constituted. In the Islamic era, nevertheless, it came to mean the meeting during which a person stands before the Caliph or others and preaches to them. Therefore, the connotations of the word include the speech involved and accompanying the gathering. Moreover, this word is also used to mean "lecture"[49]. Dr. Shawqi Daif concludes that *al-Maqama* evolved to indicate the speech of a certain person in an assembly, whether standing or sitting[50]. These were the meanings until Badi' Az-Zaman[51] made it a literary term. The word *maqama* as used by him is close to the word "speech", as he imagined several speeches given among gatherings. His narrator is 'Issa ibn Hisham. The only purpose for it was that the narrator speaks to his pupils to teach them Arabic language structures, selected words, as well as elaborate style so that they master the language and excel in their literary production, given the fact that *al-maqama* is an eloquent literary speech[52] delivered to a group of people, either for dispensing advice and guidance or general knowledge, or even begging[53].

Badi' Az-Zaman was subjected to the evil eye that it was said that he took the talks of Ibn Duraid, and narrated them in a different manner after he had appropriated them from the events that happened to Ibn Duraid during his travels to Khurasan and the neighboring countries[54]. Badi' Az-Zaman[55], his narrator 'Issa ibn Hisham, and his protagonist Al-Fath Al-Iskandari, was followed by Al-Hariri[56], his narrator Al-Harith ibn Humam and his protagonist

---

49 Dr. Shawqi Daif, *Silsilat Fonoon Al-Adab Al-'Arabi:Al-Fann Al-Qassasi no. (1)*, Al-Maqama, Dar Al-Ma'arif, Cairo, p.7.

50 Ibid, p.7.

51 Abul-Fadl Ahmad ibn Al-Hussein ibn Yahia, aka. Badi' Az-Zaman, born in Hamadhan/Iran, in 358 AH (Daif, ibid, p.13.)

52 Ibid, p.9.

53 Youssef Nour 'Awad, *Fann Al-Maqamat Bain Al-Mashriq wal-Maghrib,* Dar Al-Qalam, Beirut, 1979, p.8.

54 Tabana, Op.cit., p.66.

55 Dr. Ali 'Abdul Mon'eim 'Abdul Hamid, *An-Namothadj Al-Insani fi Adab Al-Maqama,* Adabiyat Series, Librarie du Liban,, Longman, 1994, p.4.

56 Abu Mohmmad Al-Qassem bin 'Ali Al-Hariri, born to an Arab family in Bassrah in 446 AH (Daif, Opcit. P.44) and died in 516 AH ('Ali ''Abdul Mone'eim ''Abdul Hamid,

Abu Zaid As-Sorrogi; and Al-Yazdji[57] and his narrator Maymoon ibn Khuzam, and finally As-Sarqasti[58] and his narrator Al-Munthir ibn Hamam.

32- What about the dispute arising concerning al-Hariri's authorship of the *maqamat?* In fact, some of his enviers claimed that it was not composed by him. However, Dr. Shawqi Daif defended him by saying: "It is as if fate had saved Al-Hariri to develop this art to the zenith which he reached, so that those who followed him were unable to soar with him in the horizons he was in. It became clear that the wings of the fathers who attempted to imitate him were not as strong to enable them to reach the heights wherein he resided and floated[59]."

Nevertheless, may be the most interesting anecdote of those who envied Al-Hariri is that he had composed 40 *maqama* and presented them to the men of letters of Baghdad[60], some of them then claimed that "they are composed by a Moroccan man of eloquence who had died in Basra, his manuscript had fallen into the hands of Al-Hariri, so he attributed it to himself. The manuscript was constituted of forty *maqamas*. When the Vizier learned the story of the *maqamat*" ... he summoned Al-Hariri and asked him about his profession. Al-

---

Opcit., p.44). Some confirm that Yaqut Al-Hamawi in *Mu'djam Al-Buldan* (Vol. 16, p.216) call him "Ibn Al-Hariri Abu Muhammad Al-Basri", but Ibn Khillikan maintains that "he is Abu Mohmmad Al-Qassem bin 'Ali ibn Muhammad ibn Othman Al-Hariri Al-Basri Al-Harrami", see Dr. Youssef 'Awad, op-cit, p.156.

57 Nassif Al-Yazdji, born in 1800 AD (Daif, Opcit., p. 79) in Kafr Shiha town (Dr. "Abdul-Majid Ar-Rifa'I, *Al-'Arab amam Muftaraqat Az-Zaman wa Al-Ideologia wa At-Tanmiya*, Dar Al-Fikr Al-Mou'asser, Lebanon – Dar Al-Fikr, Damascus, 2002, p.85), and died in 1871 AD ('Ali ''Abdul Mone'eim ''Abdul Hamid, Opcit., p.45).

58 Abu At-Tahir Muhammad bin Youssuf As-Sarqasti, died in 538 AH, and he was the protagonist of the *Maqamat* of As-Sa'eb bin Tammam, these *maqamat* were forgotten and as such did not reach us (Daif, Opcit., p.76), Dr. Daif adds that there other *maqamat,* such as those of Abu Nasr bin ''Abdul 'Aziz bin 'Omar As-Sa'di who died in 405 AH, Ibn Al-Qassem ''Abdullah Mohammad bin Naqia who died in 485AH, Az-Zamakhshari, Al-Hassan bin Safi Al-Misri (the King of Grammarians), Abu Al-'Abbas Yahia bin Sa'eed bin Mari An-Nasrani the Physician (the composer of the Christian maqamat), Abu Al-'Alaa' Ahmad bin Abu Bakr ibn Ahmad Ar-Razi Al-Hanafi whose narrator was al-Faris bin Bassam Al-Masri and protagonist was Abu 'Amru At-Tannokhi, Ibn Suqail Al-Jazri who died in 701 AH whose narrator was Al-Qassem bin Djurial Al-Dimashqi and protagonist Abu Nasr Al-Misri, Ibn Habib Al-Halabi who died in 779 AH, Ibn Al-Wardi who died in 749 AH, As-Suyuti who died in 911 AH, Sheikh Hassan Al-Attar in Egypt, Al-Aloussi in Iraq, Faris Ash-Shidyaq in Syria (Daif, Opcit., pp.77-87). Daif also added Al-Qadi Hameedu D-Din Abu Bakr bin 'Omar Al-Balkhi (Opcit., p.10).

59 Daif, ibid, p.76.

60 Ali 'Abdul Mon'eim 'Abdul Hamid, *An-Namothadj Al-Insani fi Adab Al-Maqama,* pp. 86-87.

Hariri retorted that he is a composer. Thus, the Vizier suggested that Al-Hariri writes an epistle on an event that the Vizier had named for him. Al-Hariri took the pen and the ink and sat in a far corner of the hall, he spent a very long time wracking his brains, but Allah (Glorified be He) did not inspire him with anything[61]. However, due to the fact that Al-Hariri was born in the village of Al-Mishan in Basra, was affiliated to the tribe of Rabi'a of Persia, and was afflicted with a plucked beard, the poet Abul-Qassem 'Ali ibn Aflah derided him saying:

Our Sheikh from Persia's Rabi'a [clan] is plucking his beard out of perplexity
Allah made him speak in Al-Mishan, but he was afflicted with muteness in the hall.

Immediately upon Al-Hariri's return to his homeland he composed ten other *maqamas* and sent them to Baghdad, accompanied with his apologies due to the stammering and ineloquence that befell him in the administrative hall, due to the magnitude of respect and reverence that he felt at the time[62].

We agree with Dr. Daif's conclusion that the suspicions of some of Al-Hariri's contemporaries in attributing the *maqamat* to him is but an implicit "testimony thereto, and a strong evidence on the greatness of the *maqamat* of Al-Hariri and the exalted position among fine literary works which they have reached[63]." We also concur with Dr. Youssuf Nour 'Awad that "it is not possible for a man with such a conspicuous literary eloquence to have lived in Morocco but remained unknown almost unknown to anybody. Furthermore, the *maqamat* of Al-Hariri have been remarkably very well received in Morocco, that they were interpreted by more than one Moroccan commentator, none of whom proved that they were composed by a Moroccan author... On the other hand, we do not find any other writer who denied the attribution of other works to Al-Hariri. This, therefore, suffices to confirm Al-Hariri's status in eloquence and elucidation. ... We rather believe that Al-Hariri was the target of envy of the Scribes in the Vizier's court.[64]"

33- In addition, the composition of the *maqamat* in the case of Al-Hariri is

---

61 Ali 'Abdul Mon'eim 'Abdul Hamid, *An-Namothadj Al-Insani fi Adab Al-Maqama*, ibid, p.87.

62 Ali 'Abdul Mon'eim 'Abdul Hamid, *An-Namothadj Al-Insani fi Adab Al-Maqama*, ibid, p.87.

63 Ali 'Abdul Mon'eim 'Abdul Hamid, *An-Namothadj Al-Insani fi Adab Al-Maqama*, ibid, p.89.

64 Youssuf Nour 'Awad, Fann Al-Maqamat, op-cit, p.159.

indeed an evidence on the fact that he wrote as complete whole[65]. They came in the form of travels by the protagonist in various Islamic lands until the end of the work is reached, then Al-Hariri makes the protagonist leave his profession and summon his son and advise him out of his expertise and experience. In the fiftieth *maqama* the protagonist expiates his sins, expresses regret for any guilt he may have committed, and finally expresses true penance to his friend Al-Harith ibn Hammam. He then informs his friend that he has joined a Sufi order in the town of "Sorouj" and leaves saying that this is a final departure." "All of the aforementioned is a clear evidence that Al-Hariri composed his *maqamat* in the form of an integrated structure that has a clear beginning and a clear end.[66]"

34- In brief, it is rather "envy" that lead people to contest Al-Hariri, and this is a fact reiterated by Yaqut Al-Hamawi in *Mu'djam Al-'Odaba'*[67] and supported by various verifiers such as Shawqi Daif[68], and Youssuf Nour 'Awad[69]. Az-Zamakhshari even lauded Al-Hariri in verse by saying[70]:

> I swear by Allah and his [Quantico] verse, and the rite of pilgrimage
> That Al-Hariri is entitled to having his *maqamat* inscribed in gold
> They are a miracle that nobody can achieve, even if they are enlightened by him.

35- However, this panegyric did not preclude Dr.Badawi Tabana from maintaining that the *maqamat* of Al-Hariri reflect the loss of the literary character completely. In them he follows the structure of Al-Badi's *maqamat* in everything: narration, the protagonist, the purpose, the subject and the style[71]. His is a stolen imagination[72]. It was not enough for him that Al-Hariri himself had admitted following suit, as he explicitly said in his *maqamat* that he did what he had done after he consulted "a referee, until he managed to compose *maqamat*, wherein I follow the tracks of Al-Badi', even if the lame was unable to catch up with the sturdy[73]." Tabana reiterated that the *maqamat* of Al-Hariri,

---

65 Daif, *Al-Maqama*, op-cit, p.47.
66 Daif, *Al-Maqama*, op-cit, pp. 52-53.
67 *Mu'djam al-Bildan,* Vol. 16, cited in Youssuf 'Awad, *Fann Al-Maqamat*, p.128, margin 20.
68 Daif, *Al-Maqama*, p.47.
69 Youssuf 'Awad, *Fann Al-Maqamat*, p.159.
70 Tabana, *As-Sariqat Al-Adabiyah*, op-cit, pp.68-9.
71 Tabana, op-cit, p.67.
72 Tabana, op-cit, p. 70.
73 Tabana explained this statement by maintaining that Al-Hariri meant *al-Dhali'* to be the lame one who limps upon walking and swerves from the straight path, whereas *ad-Dali'* is meant to be the strong and sturdy person (Tabana, op-cit, p.68, margin no. 1).

which are but a faint copy of those composed by Al-Badi', do not make an addition except in the repulsive exaggeration of the craftsmanship of wording, especially in the use of puns, assonance, and rhyming, to the extent that the titles of the *maqamat* were not free of appropriation.[74]"

36- In conclusion, the violation of intellectual property rights humiliates any person who has dignity. Since the Arabs addressed this issue expansively in the field of poetry in the larger sense of the word that includes all literature in it[75], then it is true what Al-Hariri said "the appropriation of poetry where poets are concerned is worse than the theft of the white and the yellow, and their jealousy over thoughts is comparable to their covetousness of virgins[76]." Then if the guilt of theft is sometimes associated with the innocent, then the guilty are worthier of it[77].

---

74 Tabana, ibid, p.69.

75 A saying by Al-Hariri in one of the *maqamat*, (cited in Tabana, ibid, p.39).

76 Tabana, in p.218 of the op-cit, refers to Mustafa Sadiq Al-Rafi'i's accusation of Al-'Aqqad with appropriation, as he had called parts of his anthology of poems "*Yaqathat As-Sabah," "Wahadj At-Thahira," "Ashbah Al-Aseel," "Ashbah Al-Lail," and "Ashjan Al-Lail."* Al-Rafi'i maintains that: "Al-'Aqqad is an appropriator and pomposity, he appropriates and claims originality, although he admits that names are not given to the corresponding objects. Therefore, he did not compose them because no author, no matter how ignorant, gives objects names not their own. As such he had appropriated them and this is a fact." Moreover, Al-Rafi'i adds that Al-'Aqqad had copied these namings from a novel in verse by the French poet Melcroir De Vogue entitled *Jean De Agreve*, written in four poems because they describe the life of a pleasant love from its beginning to the end, from hope to despair, calling the first poem "Dawn", the second "Noon", the third "Dusk" and the fourth "Night." Tabana, on the other hand, defended Al-'Aqqad by saying, "this is slight appropriation, if it is a case of it at all. Otherwise, it is possible to refer the shifts in the moods to those of the hours of the day. The comparison is not new, and holding a correlation between human moods and the times of the day is not that unheard of to the extent that it becomes attributed to Al-'Aqqad or to Melcroir De Vogue or any other man of letters." (Tabana, ibid, pp.218-19).

77 Tabana (ibid, pp.126-28) referred to 'Abdul Rahman Shukri's claim that 'Abul-Qadir Al-Mazni is among the authors who appropriated full poems from Western poets, giving the example of the poem *"A Youth on Death Bed"* which is taken from a poem by the English poet Thomas Hood, the poem "The Grave of Poetry" from the German poet Heine, the poem "Memory" from the English poet Tennyson, the poem "The Flower Messenger" from the English poet Woles, the poem "The Worshiped Shepherd" from the American poet Logel, the poem "The Dying Poet" from the English poet Shelly, the poem "The Transmigration of Souls" from the English poet Addison, and the poem "Fates" which is partially appropriated from the English poet Byron. It is amazing that Shukri maintains that Al-Mazni had admitted to him that the last poem is not his, but that he composed it thinking it was his because he had memorized the meanings and forgotten they were someone else's, he even suggests that it is psychologically possible to produce similar

meanings and exact translations! (Tabana, ibid, p.127). Tabana, however, maintains that this is a lame argument, because what the subconscious can retain is not that much, and he cited Al-Mazni saying, "I am not used to appropriation, and have never raided on the poetry of other poets, rather meanings have been retained in my mind during reading, and then I penned them down inadvertently because I have a bad memory and oblivious." This citation was used by Tabana to indicate that what Al-Mazni had said is rather proof of strong memory, p.128.

31- خلاصـــة القـــول أن الاعتداء على حقوق الملكية الفكرية هو سبة فى وجه من تجرى الدماء فى عـــروقه، وإذا كان العرب قد أسهبوا فى الحديث عنها فى مجال الشعر بمعناه الواسع الذى يتسع ليشمل الأدب معه[66]، فإن قول الحريرى "استراق الشعر عند الشعراء، أفظع من سرقة البيضاء والصفراء، وغيرتهم على بنات الأفكـــار، كغيرتهـــم على البنات الأبكار"[67]، وإذا كانت تهمة السرقة تلصق أحياناً بالأبرياء[68]، فهى أولى بالمذنبين[69].

([66]) طبانة، المرجع السابق، ص65، حيث يخلص إلى أن كلمة (الشعر) قد تطلق على الأدب عامة.

([67]) قول للحريرى فى إحدى مقاماته (مشار إليه لدى طبانة، المرجع السابق، ص39).

([68]) أشـــار طـــبانة، المـــرجع السابق، ص218 إلى اتهام مصطفى صادق الرافعى للعقاد بالسرقة إذ سمى أجزاء ديوانه "يقظة الصباح"، و "وهج الظهيرة" و "أشباح الأصيل" و "أشباح الليل" و "أشجان الليل"، فقال الرافعى: "إن العقاد رجل دعوى وتدجـــيل وغرور، فيسرق ويدعى الملكية، وهو يعترف أن الأسماء ليست على مسمياتها، إذن فهو لم يضعها لأنه لا يخطر لمؤلـــف مهما كان جاهلاً أن يضع اسماً على غير مسماه، إذن فهو قد سرقها، وهذا هو الصحيح". وأشار الرافعى إلى أن العقـــاد نقل هذه التسميات من رواية شعرية للشاعر الفرنسى **Melcroir De Vogue** وسماها **Jean De Agreve** وجعـــلها أربعة أناشيد لأنها تصف حياة حب بديع منذ بدئه إلى منتهاه، ومن أمله إلى خيبته وسمى النشيد الأول "الفجر" والـــثانى "الظهيرة" والثالث "الأصيل" والرابع "الليل". ودافع طبانة عن العقاد بقوله إنها "سرقة طفيفة على فرض حصولها، وإلا فمـــن الممكـــن إرجاع تلك التسميات إلى أن تغير حالات الإنسان بتغير ساعات اليوم وأوقاته أو تشبيهها به ليست جديدة , وكما أن عقد الصلات بين الحالات الإنسانية وساعات اليوم ليست بتلك الدرجة من الخفاء التى تنسب معها إلى العقاد أو ملكدير وفوجيه أو غيرهما من الأدباء والعباقرة" (طبانة، المرجع السابق، ص218:219).

([69]) أشـــار طـــبانة (المـــرجع السابق، ص126:128) إلى ما نسبه الأستاذ عبد الرحمن شكرى إلى إبراهيم عبد القادر المازنى باعتباره من بين الأدباء أنه أخذ قصائد كاملة من شعراء الغرب وضرب مثالاً بقصيدة "فتى فى ساعة الموت" وهى مأخوذة مـــن قصـــيدة للإنجلـــيزى توماس هود، وقصيدة "قبر الشعر" للألمانى هينى، وقصيدة "الذكرى" وهى للإنجليزى تينسون، وقصيدة "الوردة الرسول" وهى للإنجليزى ولز، وقصيده "الراعى المعبود" وهى للأمريكى لوحل، وقصيدة "الشاعر المحتضر" وهـــى للإنجلـــيزى شيلى، وقصيدة "شوكة الحسد" وهى للألمانى هينى، ومقال "تناسخ الأرواح" وهو للإنجليزى أديسون، وقصـــيدة "الأقـــدار"وهـــى منقولة جزئيًا من الإنجليزى بيرون. المدهش أنه ذكر على لسان عبد الرحمن شكرى أن المازنى اعـــترف له أنهـــا ليســـت له ولكنه قال له إنه نظمها وهو يظن أنها له , ذلك لأنه حفظ المعانى ونسى أنها لغيره، وأرجع تسلسل المعانى والأبيات ودقة الترجمة إلى جواز ذلك فىالسيكولوجيا.

أصــبح من المتصوفة فى بلدة "سروج" فيرحل عنه وهو يقول له : هذا فراق بينى وبينك". "كل ذلك دليل بيِّن على أن الحريرى صنع مقاماته بشكل بناء متكامل له أول واضح وله آخر واضح[57].

29- خلاصـــة القول أن "الحسد" وحده هو الذى سخر له من يعارضه، وهى حقيقة أكدها ياقوت الحموى فى معجم الأدباء[58] وأيده فيها العديد من المحققين أمثال شوقى ضيف[59] ويوسف نور عوض[60]. بل وامتدح الزمخشرى مقامات الحريرى شعراً بقوله[61]:

أُقســـم باللـــــه وآياتـــه ومشعــر الحــج وميقاتـــه
أن الحريـــرى حَـــرِىٌّ بــــأن نكتـــب بالتبـــر مقاماتـه
معجزة تعجز كل الـــــورى ولو سَرَوا فى ضوء مشكاتـــه

30- مع ذلك فلم يمنع هذا المديح الأستاذ الدكتور بدوى طبانة من أن يرى أن مقامات الحريرى تدل على فقدان الشخصية الأدبية فقداناً تامًّا لديه، فهى محتذاه على نسق مقامات البديع فى كل شيء، فى الرواية، والــبطل، والغرض، والموضوع والأسلوب[62]، فخياله خيال مسروق[63]، ولم يشفع لديه اعتراف الحريرى بفعلته حيث أشار فى مقاماته صراحة إلى أنه فعل ما فعل بعد أن أشار ".. مَنْ إشارتُه حُكْم، وطاعته غُنْم إلى أن أنشــئ مقامات أتلو فيها تلو البديع، وإن لم يدرك الظالع شأو الضليع"[64]. وأكد طبانة على أن مقامات الحريـــرى، وهـــى صورة حائلة لمقامات البديع، لا تزيد عنها فى شيء، اللهم إلا فى ذلك الإسراف المنفر فى الصـــناعة اللفظـــية، ولا سيما التورية والجناس والسجع والازدواج، حتى عناوين المقامات لم تخل من سرقة وغصب"[65].

---

(57) ضيف، المقامة، مرجع سابق، ص 53:52.

(58) معجم البلدان، ج16، مشار إليه لدى يوسف أنور عوض، فن المقامات، مرجع سابق، ص128 هامش رقم 20.

(59) ضيف، المقامة، ص47.

(60) يوسف نور عوض، فن المقامات، مرجع سابق، ص159.

(61) طبانة، السرقات الأدبية، مرجع سابق، ص 69:68.

(62) طبانة،المرجع السابق، ص67.

(63) طبانة، المرجع السابق، ص70.

(64) فسر بدوى طبانة هذه العبارة بأن الحريرى يقصد بالظالع الذى يغمز فى مشيته ويميل عن الطريق القويم، ويقصد بالضليع السمين القوى الأضلاع (طبانة، المرجع السابق، ص68، هامش رقم 1).

(65) طبانة، المرجع السابق، ص69.

بشـــيء[52]، ونظراً لأن الحريرى ولد بقرية الميشان بالبصرة، وكان منتسباً إلى ربيعة الفرس وكان مبتلى بنتف الذقن سخر منه الشاعر أبو القاسم على بن أفلح بقوله:

شيخ لنا من ربيعة الفرس ينتف عثنونـــه من الهـــوس

أنطقة الله بالمشان، كمـــا رماه وسط الديوان بالخـــرس

فـــلما أن عاد الحريرى إلى موطنه أنشأ عشر مقامات أخرى وسيرهن إلى بغداد واعتذر عما لحقه فى الديوان من حصير وعَيّ بما امتلأت به نفسه من المهابة والاحترام[53].

ونحن مع الأستاذ الدكتور شوقى ضيف فيما انتهى إليه من أن ريبة بعض معاصرى الحريرى فى نسبة المقامـــات إلـــيه "هى شهادة ضمنية لها، وبرهان قوى الدلالة على عظمة المقامات الحريرية وسطوع شمسها وبلوغها ذروة سامقة من ذُرا الأدب الرفيع[54]، ونحن مع الأستاذ الدكتور يوسف نور عوض فى أنه "ليس من الجائـــز أن يكـــون فى المغرب رجل بلغ هذه القدرة من التعبير الأدبى وظل مغموراً لا يكاد يعرفه أحد، ثم إن المقامـــات الحريرية لاقت حظوة فى بلاد المغرب بشكل عجيب وشرحها أكثر من شارح مغربى و لم نجد من بيـــنهم شارحاً واحداً أثبت أن هذه المقامات من صنع كاتب مغربى .. (و) لا نجد من الكتاب من أنكر عليه نســـبة كتـــبه الأخرى وهذا كفيل بتأكيد علو مرتبته فى البلاغة والبيان .. (و) نعتقد بأن الحريرى كان هدفاً لحسد الحُساد من الكتاب فى الديوان"[55].

28- زد عـــلى ذلك أن تأليف المقامات عند الحريرى يدل على أنه ألفها جملة واحدة[56] عبارة عن رحـــلات لبطلها فى البلدان الإسلامية المختلفة إلى أن وصل إلى نهاية عمله وخاتمة تأليفه فجعله الحريرى يودع حرفـــته ويحضـــر ابنه ليتلقى عنه وصية ويلقى له فيها بخبرته وتجربته، ثم يتوب فى المقامة الخمسين إلى الله من صنعته ويندم على ما تقدم من ذنوبه فيها ويعلن توبته الصادقة إلى صديقه الحارث بن همام، ثم يعلم أن الأخير

([52]) المرجع السابق، ص 87.

([53]) المرجع السابق، ص 87.

([54]) المرجع السابق، ص 89.

([55]) يوسف نور عوض، فن المقامات ..، مرجع سابق، ص159.

([56]) ضيف، المقامة، مرجع سابق، ص47.

الحــــارث بن همام وبطله أبو زيد السروجى، واليازجى[48] وراويته ميمون بن خزام، والسرقسطى[49] وراويته المنذر بن حمام.

27- ومـــاذا عن الخلاف الذى نشب حول أبوة الحريرى لمقاماته ؟ .. واقع الأمر أن بعض حسدته اتهموه بأنها ليست من عمله، إلا أن الأستاذ الدكتور شوقى ضيف أنصفه ودافع عنه بقوله عن الحريرى:

"كــأن القدر ادخر الحريرى لينهض بهذا الفن إلى القمة التى كانت تنتظره، بحيث أننا لا نجد بعده من اســتطاع أن يحلق معه فى الأفق الذى صعد إليه، فقد ظهر دائماً وبرز للعيان أن أجنحة الأدباء الذين حاولوا تقلــيده لم تكن من القوة والمتانة بحيث يستطيع أصحابها أن يرتفعوا إلى الأجواء العليا التى دوّم فيها وسبح فى طبقاتها[50].

مع ذلك، ولعل أطرف روايات الحُساد أن الحريرى صاغ أربعين مقامة وعرضها على أدباء بغداد[51]، فزعم بعضهم "أنها لرجل مغربى من أهل البلاغة وافته المنية بالبصرة، فوقعت أوراقه هذه فى يد الحريرى، فعزاها إلى نفســـه، وكانت أربعين مقامة، وذكروا أن وزير السلطان عندما علم بأمر المقامات" .. استدعى الحريرى وسأله عن صناعته فقال أنا رجل منشئ واقترح عليه الوزير كتابة رسالة فى واقعة عينها له، فأخذ القلم والدواة وانـــتحى مكانـــاً قصـــيًّا من الديوان، ولبث زمناً طويلاً يقدح زناد فكره، فلم يفتح الله – سبحانه – عليه

([48]) هـــو ناصــيف اليازجى ولد سنة 1800م (ضيف، المرجع السابق، ص79) وتوفى عام 1871هــ (على عبد المنعم عبد الحميد، المرجع السابق، ص45).

([49]) هــو أبـــو الطاهر محمد بن يوسف السرقسطى المتوفى عام 538هــ حيث كان بطل المقامات السائب بن تمام، وسقطت هذه المقامات من يد الزمان فلم تصل إلينا (ضيف، المرجع السابق، ص76)، ويضيف الأستاذ الدكتور ضيف مقامات أبى نصــر عــبد العزيــز بــن عمر السعدى المتوفى سنة 405هــ، وابن القاسم عبد الله محمد بن ناقيا المتوفى سنة 485هــ، والزمخشــرى، والحسن بن صافى المصرى (ملك النحاة) , وأبو العباس يحيى بن سعيد بن مارى النصرانى الطبيب (صاحب المقامـــات المسيحية) , وأبو العلاء أحمد بن أبى بكر بن أحمد الرازى الحنفى وكان راويته الفارس بن بسام المصرى وبطلها أبـــو عمرو التنوخى , وابن الصقيل الجزرى المتوفى سنة 701 هجرية وراويته القاسم بن جريال الدمشقى وبطلها أبو نصر المصرى، وابن حبيب الحلبى المتوفى سنة 779 هجرية، وابن الوردى المتوفى سنة 749 هجرية، والسيوطى المتوفى سنة 911 هجـــرية، والشيخ حسن العطار فى مصر، والألوسى فى العراق، وفارس الشدياق فى الشام (ضيف، المرجع السابق، ص ص 78:77) وأضاف أيضاً القاضى حميد الدين أبا بكر بن عمر البلخى (ضيف، المرجع السابق، ص10).

([50]) ضيف، المرجع السابق، ص76.

([51]) على عبد المنعم عبد الحميد، الخروج الإنسانى فى أدب المقامة، المرجع السابق، ص 87:86.

26- بداية نشير إلى أن كلمة مقامة تستعمل بمعنيين لدى الشعراء فى العصر الجاهلى، فتارة تستعمل بمعـــنى مجلس القبيلة أو ناديها، وتارة تستعمل بمعنى الجماعة التى يضمها هذا المجلس أو النادى، ثم أصبحت فى العصـــر الإســـلامى تستعمل بمعنى المجلس يقوم فيه شخص بين يدى خليفة أو غيره ويتحدث واعظاً، وبذلك يدخل فى معناها الحديث الذى يصاحبها، ثم نتقدم أكثر من ذلك فنجدها تستعمل بمعنى المحاضرة[40]، وينتهى الأستاذ الدكتور شوقى ضيف إلى أن المقامة أصبحت دالة على حديث الشخص فى المجلس سواء كان قائماً أو جالساً [41]، حتى كان بديع الزمان[42] الذى أعطى كلمة مقامة معناها الاصطلاحى بين الأدباء، فكلمة مقامة عـــنده قريـــبة المعنى من كلمة حديث , حيث تصور أحاديث تلقى فى جماعات، والراوية عنده هو عيسى بن هشام، و لم يكن المقصود منها سوى أن يسوق صاحبها أحاديث لتلاميذه تعلمهم أساليب اللغة العربية وتقفهم على ألفاظها المختارة وأساليبها المنمقة كى يقتدروا على صناعتها ويتفوقوا فى كتاباهم الأدبية باعتبارها حديثًا أدبيًا بليغًا [43]، إلى جماعة من الناس إما بغرض النصح والإرشاد وإما بغرض الثقافة العامة أو التسول[44].

و لم يســـلم بديع الزمان من الحسد فقيل إنه أخذ أحاديث ابن دريد وحاكاها بأسلوب آخر بعد أن انـــتزعها بديع الزمان من الحوادث التى وقعت لابن دريد فى أثناء رحلاته إلى بلاد خراسان وما جاورها[45]. وتـــبع بديـــع الزمان[46] وراويتـــه عيسى بن هشـــام وبطلـــه أبو الفتح الإسكندرى، الحريرى[47] وراويته

([40]) الأستاذ الدكتور شوقى ضيف، سلسلة فنون الأدب العربى: الفن القصصى رقم (1)، المقامة، دار المعارف، القاهرة، ص 7.

([41]) المرجع السابق، ص7.

([42]) هـــو أبو الفضل أحمد بن الحسين بن يحيى، الملقب بلقب بديع الزمان، ولد فى همذان/ إيران، سنة 358 للهجرة (ضيف: المرجع السابق، ص13).

([43]) المرجع السابق، ص9.

([44]) الأستاذ يوسف نور عوض، فن المقامات بين المشرق والمغرب، دار القلم، بيروت، عام 1979، ص8.

([45]) طبانة، مرجع سابق، ص66.

([46]) د. عـــلى عبد المنعم عبد الحميد، النموذج الإنسانى فى أدب المقامة، سلسلة أدبيات، مكتبة لبنان، الشركة المصرية العالمية للنشر (لويزان) عام 1994، ص4.

([47]) هـــو أبو محمد القاسم بن على الحريرى، ولد لأسرة عربية بالبصرة سنة 446 للهجرة (ضيف، المرجع السابق، ص44)، وتـــوفى عـــام 516هـــ (على عبد المنعم عبد الحميد، المرجع السابق، ص44). وأكد البعض أن ياقوت الحموى فى معجم الـــبلدان (261/16) يقول إنه "ابن الحريرى أبو محمد البصرى"، أما ابن خلكان فيقول إنه "أبو محمد القاسم بن على بن محمد بن عثمان الحريرى البصرى الحرامى" (د. يوسف نور عوض، فن المقامات ..، مرجع سابق، ص156).

ح – النظر والملاحظة: وهو أن يتساوى المعنيان دون اللفظ، مع خفاء الأخذ. ومن النظر "الإلمام"، وهو أن يتضاد المعنيان ويدل أحدهما على الآخر.

ط – الاختلاس أو نقل المعاني: وهو تحويل المعنى من غرض إلى غرض.

ى – الموازنة: وهو أخذ بنية الكلام فقط، وإذا جعل مكان كل لفظة ضدها فذلك هو العكس.

ك – المواردة: وهو أن يتفق الشاعران دون أن يسمع أحدهما بقول الآخر، بشرط أن يكونا فى عصر واحد. وفى هذا قال أبو الطيب المتنبى "الشعر جادة، وربما وقع الحافر على موضع الحافر، وقال أبو عمرو بن العلاء فى الشاعرين "تلك عقول رجال توافت على ألسنتها"[37]

ل – الالتقاط والتلفيق: وهو أن يؤلف البيت من أبيات قد ركب بعضها من بعض وقد يطلق عليه أيضاً الاجتذاب والتركيب.

م – كشف المعنى: وهو إبراز معنى ورد لدى شاعر آخر.

ن – المجدود من الشعراء: وهو أخذ معنى البيت فيشتهر بعبارة من أخذه شهرة تعلو على شهرة البيت نفسه.

24- فى كل هذه الأمثلة كان الإخفاء فى السرقة مزية، ولم ير فيه رجال الشعر والأدب ثمة اعتداء، ولعل أطرف ما قيل فى هذا المعنى قول الأعشى لدى ستره ما أخذه من أبى نواس : "شربتها حمراء، وبلتها بيضاء فبقى حسن لونها فى بدنى" [38]. وضرب طبانة[39] للأخذ الفنى المباح أمثلة عديدة من بينها نقل المعنى من غرض إلى غرض آخر (كأن يجعل المعنى المستعمل فى صفة خمر مثلاً، فيجعله فى مديح أو المستعمل فى مديح، فينقل إلى وصف، إلا أنه لا يكمل لهذا إلا المبرز والكامل المقدم)، ونظم النثر شعراً، ونثر المنظوم شعراً أو حل المعقود أى حل الأبيات الشعرية.

25- وقد رأينا من الطرافة بمكان أن نعرض لقضية أدبية شغلت الأدباء حيناً من الدهر، ولا تزال، وهى قضية أبوة مقامات الهمذانى والحريرى .. فما هى قصة هذه المقامات ؟

([37]) مشار إليه لدى طبانة، المرجع السابق، ص42.

([38]) مشار إليه لدى طبانة، المرجع السابق، ص18.

([39]) طبانة، المرجع السابق، ص18.

مفاد ذلك أن أبا الهلال العسكرى كان يجعل "السرقة مقصورة على ألفاظ السابق ونقلها، فمن أخذ معنى بلفظه كان له سارقاً، ومن أخذه ببعض لفظه كان له سالخاً، ومن أخذه فكساه لفظاً من عنده أجود منه كان أولى به ممن تقدمه" [33].

وأفرد الحاتمى فى "حلية المحاضرة" ألقابًا محدثة تولى ابن رشيق[34] تعريفها وكلها لا غبار عليها، لأنها من فعل الحاذق المبرز الذى يستطيع أن يقطع صلة ما سرق بأصله وبصاحبه بحيث يبدو أمام القارئ شيئاً جديداً بعيد الصلة بالقديم[35]. وفى هذا المعنى ورد فى العمدة "اتكال الشاعر على السرقة بلادة وعجز، وتركه كل معنى سبق إليه جهل، والمختار له أوسط الحالات"[36].

أ – الاصطراف: وهو أن يعجب الشاعر ببيت من الشعر، فيصرفه إلى نفسه، فإن صرفه إليه على جهة المثل فهو "اجتلاب"، و "استلحاق".

ب – الانتحال: وهو أن يدعى الشاعر شعر غيره وينسبه إلى نفسه، أى هو أخذ الشاعر من الشاعر.

ج – الادعاء: وهو أن يدعى غير الشاعر لنفسه شعر غيره، أى هو سرقة غير الشاعر من الشاعر.

د – الإغـــارة: وهو أن يصنع الشاعر بيتاً، ويخترع معنى مليحاً، فيتناوله من هو أعظم منه ذكراً وأبعد صوتاً، فيروى له دون قائله.

هـــ– الغصب: وهو أن ينسب الشاعر إلى نفسه شعر غيره، حيث يرى أنه أحق به منه.

و – المرافدة: وهو أن يعين الشاعر صاحبه بالأبيات ويهبها له، ولا يرى الموهوب له فى ذلك عيباً لأنه يقدر على عمل مثلها.

ز – الاهتدام أو النسخ: وهو السرقة فيما دون البيت.

(33) بدوى طبانة، المرجع السابق، ص43.

(34) العمدة 215/2 مشار إليه لدى بدوى طبانة، المرجع السابق، ص ص 52:63.

(35) طبانة، المرجع السابق، ص161 تحت عنوان [السرقات فن].

(36) العمدة 216/2 مشار إليه لدى طبانة، ص52.

"العـــرف فى الشـــريعة الإسلامية له اعتباره مـــادام لا يعارض نصـــًا ولا يتصادم مع أصل من أصول الدين" [28].

خلاصة القول أن حماية حقوق الملكية الفكرية هى فى القليل، مُلح العلم، لا من صلبه، التى تستحسنها العقول، وتستملحها النفوس، إذ ليس يصحبها منفر، ولا هى مما تعادى العلوم، لأنها ذات أصل مبنى عليه فى الجملة" [29].

المبحث الثالث

رؤى الشعراء والأدباء العرب

22- تنـــبه فحول الشعر والأدب لدى العرب إلى خطورة السطو على الفكر، فيشير الباقلانى[30] إلى "عظـــم هـــذا الأمـــر وإلى عدم القدرة على تمييز الأصيل من الدخيل لأن الآخذ يعمد إلى إخفاء أخذه، حتى ليصـــعب التمييز إلا على الخبراء المجيدين بقوله"، ويؤكد القاضى الجرجانى: [31] "إن السرقة داء قديم، وعيب عتيق".

22- وقد أفرد أبو هلال العسكرى[32] فصلاً فى حسن الأخذ دافع فيه عن سرقة المعانى باعتبارها من قبيل الصب على قوالب السابقين، على أن يلتزم الآخذون بأن "يكسوا المعانى ألفاظاً من عندهم، ويبرزوها فى معـــارض مـــن تأليفهم ، ويوردوها فى غير حليتها الأولى، ويزيدوا فى حسن تأليفها وجودة تركيبها وكمال حليتها ومعرضها، فإذا فعلوا ذلك فهم أحق بها ممّن سبق إليها، ولولا أن القائل يؤدى ما سمع لما كان فى طاقته أن يقول، وإنما ينطق الطفل بعد استماعه من البالغين".

---

(28) الأستاذ على الخفيف، مرجع السابق ، ص16، هامش رقم (1).

(29) الموافقات فى أصول الأحكام للإمام أبى اسحق إبراهيم بن موسى اللخمى الغرناطى المعروف بـــ "الشاطبى"، تحقيق محمد محيى الدين عبد الحميد، ج1، الناشر: مكتبة ومطبعة محمد على صبيح وأولاده، ص47.

(30) الباقلانى: مشار إليه لدى الأستاذ الدكتور بدوى طبانة، السرقات الأدبية، الطبعة الرابعة، القاهرة، عام 1975، ص35.

(31) مشار إليه لدى طبانة، المرجع السابق، ص35.

(32) الفصل الأول من الباب السادس من "الصناعتين"، ص195 مشار إليه لدى طبانة،المرجع السابق، ص42.

تنـــتفعوا وينـــتفعوا، فأبَوا عليه، فقال سأريكم .. وقال للناس أنى ممل كتاب معانٍ أتم شرحاً وأبسط قولاً من الـــذى أمليـــت. فجلـــس يمل فأمل الحمد فى مائة ورقة فجاء الورّاقون إليه فقالوا نحن نبلغ للناس ما يحبون، **فنسخوا كل عشرة أوراق بدرهم**".

بـــناءً على ما تقدم انتهى بعض الفقهاء المحدثين إلى **نشأة نوع ثالث من الحقوق المالية** أوجدته الحياة المدنـــية والاقتصـــادية والثقافية الحديثة، **وهو لا يدخل فى الحقوق العينية** لأنه لا يرد مثلها مباشرة على شيء مادى معين، كما أنه **لا يدخل فى الحقوق الشخصية** لأنه لا يفرض تكليفاً خاصًّا على شخص معين آخر غير صـــاحب الحق. والقصد من إقرار هذه الحقوق إنما هو تشجيع الاختراع والإبداع، كى يعلم من يبذل جهده فيها أنه سيختص باستثمارها، وسيكون محميًّا من الذين يحاولون أن يأخذوا ثمرة ابتكاره وتفكيره ويزاحموه فى استغلالها وفى الشرع الإسلامى متسع لهذا التدبير تخريجاً على قاعدة المصالح المرسلة فى ميدان الحقوق الخاصة".

21- ويؤكد الشيخ على الخفيف[27] أن مفهوم الحق المالى فى القانون يتسع ليشمل "الحقوق التى تقوم بالمال فيكون محلها مالاً أو مقوماً بالمال"، وينتهى بناءً على ذلك إلى أن: "الابتكارات الفنية والعلمية والصناعية كحـــق الملكية الفنية وحق الملكية الصناعية تعد أموالاً لجريان العرف بها وصلاحيتها لأن تكون محلاً لصاحبها وإن لم تكن مادة".

ويـــرجح فضيلته الرأى القائل بأن المالية ليست إلا صفة للأشياء بناءً على تحول الناس واتخاذهم إياها مالاً ومحلاً لتعاملهم، "وذلك لا يكون إلا إذا دعتهم حاجتهم إلى ذلك فمالت إليه طباعهم وكان فى الإمكان التسلط عليه والاستئثار به ومنعه من الناس وليس يلزم لذلك أن تكون مادة تدخر لوقت الحاجة، بل يكفى أن يكـــون الحصـــول عليها ميسوراً عند الحاجة إليه غير متعذر وذلك متحقق فى المنافع وفى كثير من الحقوق". وذلك باعتبار أن هذا رأى وجيه "يتفق مع ما صار إليه التعامل فى هذا العصر". ويرى لهذا الرأى سنداً فى أن

---

(27) الأســـتاذ مصـــطفى احمد الزرقا: الفقه الإسلامى فى ثوبه الجديد: الجزء الثانى: المدخل إلى نظرية الالتزام العامة فى الفقه الإســـلامى، مطـــبعة جامعة دمشق – 1380هـــ – 1960م – ص25، هامش رقم (1) ويشير سيادته فى صفحة 26 فى تـــتمة هذا الهامش إلى ترجيح تسمية هذا النوع "حقوق الابتكار" لأن اسم "الحقوق الأدبية" ضعيف لا يتلاءم مع كثير من أفـــراد هـــذا النوع، كالاختصاص بالعلامات الفارقة التجارية والأدوات الصناعية التجارية والأدوات الصناعية المبتكرة، وعـــناوين المحـــال التجارية، مما لا صلة له بالأدب والنتاج الفكرى. أما اسم "حق الابتكار"فيشمل الحقوق الأدبية كحق المؤلـــف فى اســـتغلال كتابه، والصحفى فى امتياز صحيفته، والفنان فى أثره الفنى من الفنون الجميلة، كما يشمل الحقوق الصـــناعية والتجارية مما يسمونه اليوم بـــ "الملكية الصناعية"، كحق مخترع الآلة، ومبتدع العلامة الفارقة التى نالت الثقة، ومبتكر العنوان التجارى الذى أحرز الشهرة ... الخ.

عندهم من الأموال .. وخالفهم جمهور الفقهاء من المالكية والشافعية والحنابلة، فلم يشترطوا فى المال أن يكون مادة يمكن حيازتها حيازة حسية بل اكتفوا بأن يكون فى مكنة صاحبه التسلط عليه ومنعه عن غيره ولو بحيازة مصدره .. ولذا كانت المنافع عندهم أموالاً. لأنها تمنع بحيازة مصادرها ويتحقق الانتفاع بالاستيلاء على تلك المصادر، ولذا فإن المال قد يكون عيناً وقد يكون غير عين كالمنافع، وقالوا إن من الحقوق أيضاً ما يعد مالاً إذا ما جرى التعامل به وأصبح ذا قيمة مالية، لأنه لا يعدو أن يعد من المنافع".

وينتهى ويوجز فى نهاية المطاف فيقول : "إن الحقوق المعنوية – وهى التى ترد وتنصب على أشياء معنوية لا تدرك بحاسة من الحواس وإنما تدرك بالعقل والفكر كالأفكار والاختراعات – تعد فرعاً خاصًّا من الملكية عبارة عن سلطة تنصب على شيء ويخول لصاحبه حق الاستغلال والتصرف، وإن كان بحكم طبيعته لا يقبل الاستئثار إذا عرف وأبدى **استجابة لداعية المصلحة الاجتماعية والعلمية**"([24]).

ج – ارتباط الحماية بالمصلحة:

20- ورد فى مختصر المنتهى الأصولى[25] : "المصلحة تختلف باختلاف الأحوال والأزمان كمنفعة شرب الدواء فى وقت أو حالة ومضرته فى حالة أخرى أو وقت آخر".

د – جواز الحصول على مقابل مالى عن الاستنساخ:

ورد فى كتاب تاريخ بغداد أو مدينة السلام[26] أن الفراء " .. كان يملى والورّاقون يكتبون ذلك حتى صنف الحدود فى سنين .. وابتدأ يملى كتاب المعانى، وكان ورّاقيه مسلمة وأبو نصر .. فلم يزل يمليه حتى أتمه .. فلما فرغ من إملاء المعانى خزنه الورّاقون من الناس ليكسبوا به، وقالوا لا نخرجه إلى أحد إلا إلى من أراد أن ننسخه له كل **خمس ورقات بدرهم**، فشكى الناس ذلك إلى الفراء فدعا الورّاقين .. فقالوا إنما صحبناك لننتفع بك، وكل ما صنفته فليس بالناس إليه من الحاجة إلى ما هم إلى هذا الكتاب، **فدعنا نعش به**. فقال فقاربوهم

([24]) الخفيف، المرجع السابق، ص20.

([25]) انظر حاشية العلامة سعد الدين التفتازانى وحاشية المحقق السيد الشريف الجرجانى على شرح القاضى عضد الملة والدين لمختصر المنتهى الأصولى، تأليف الإمام ابن الحاجب المالكى مع حاشية المحقق الشيخ حسن الهروى على حاشية السيد الجرجانى، مراجعة وتصحيح شعبان محمد إسماعيل، الناشر: مكتبة الكليات الأزهرية، القاهرة، عام 1393هـ-1973م، ج1، مبحث النسخ، ص189.

([26]) للمحافظ أبى بكر أحمد بن على , الخطيب البغدادى، طبعة دار الكتاب العربى، بيروت، لبنان، المجلد الرابع عشر، ص ص 151:152.

15- ورد فى لسان العرب[17] "... (مول) المال معروف ما ملكته[18] ... وما أموله ! أى : ما أكثر ماله" [19].

16- ورد فى كتاب شرح القاموس المسمى تاج العروس من جواهر القاموس، "قال ابن الأثير : المال فى الأصل ما يملك من الذهب والفضة ثم أطلق على كل ما يقتنى ويملك من الأعيان"[20].

17- وورد فى مقدمة ابن خلدون[21]: "ولا تحسبن الظلم إنما هو أخذ المال أو الملك من يد مالكه من غـير عوض ولا سبب كما هو المشهور بل الظلم أعم من ذلك, **وكل من أخذ ملك أحد أو غصبه فى عمله أو طالبه بغير حق أو فرض عليه حقًّا لم يفرضه الشرع، فقد ظلمه**".

18- ورد فى المبسوط[22]: ".. إن المال اسم لما هو مخلوق لإقامة مصالحنا به مما هو عندنا والمنافع منا أو مـن غيرنا بهذه الصفة، وإنما تعرف مالية الشيء بالتمول، والناس يعتادون تمول المنفعة بالتجارة فيها، فإن أعظـم الـناس تجارة الباعة ورأس مالهم المنفعة".. ولئن لم تكن المنفعة مالاً فهى متقومة لأنها تُقوَّم بالأعيان فيستحيل أن لا تكون مقومة بنفسها".

19- وللشـيخ عـلى الخفيف الفضل فى تلخيص ما بين فقهاء الشريـعة الإسلامية من الحنفية من جانب والمالكية والشافعية والحنابلة من جانب آخر من خلاف[23] على النحو التالي :

"المـال .. عـند الحنفـية ما أمكن حيازته وإحرازه والانتفاع به انتفاعاً عاديًّا جائزاً فى غير حالات الضـرورة، ولذا لا يكون المال عندهم إلا عيناً من الأعيان – أى مادة لها حيز – ولا تعد المنافع ولا الحقوق

([17]) لصـاحبه الإمام أبى الفضل جمال الدين محمد ابن الإمام جلال الدين أبي العز مكرم ابن الشيخ نجيب الدين المعروف بابن منظور الأفريقى المصرى الأنصارى الخزرجى، المطبعة الأميرية/ بولاق مصر، الطبعة الأولى، السنة 1303هجريـة، ج14، ص158.

([18]) لسان العرب ، ص158.

([19]) لسان العرب , المرجع السابق، ص159.

([20]) لصاحبه الإمام اللغوى الواسطى الزبيدى الحنفى، ج5، فصل الميم من باب اللام، ص131.

([21]) طبعة دار القلم، بيروت/ لبنان/ عام 1968، ص288.

([22]) لصاحبه شمس الدين السرخسى، طبعة دار المعرفة للطباعة والنشر، بيروت، الجزء الحادى عشر ، ص78.

([23]) علي الخفيف، الملكية فى الشريعة الإسلامية مع مقارنتها بالقوانين العربية، معهد البحوث والدراسات الفقهية/ دار النهضة العربية للطباعة والنشر، بيروت، ص16، تتمة هامش رقم(1).

الجـــواب: "أرى أن لا نغفل ذلك حيث إن هذا يقلل من الإنتاج الأصلى فإن أولئك قد تعبوا عليها وصـــرفوا فى نســـخها زمانًا وأموالاً وكلفتهم، فهم **أولى** ببيعها بالثمن المناسب، فمتى نسخها غيرهم وباعها برخص كسدت سلعهم وتوقفوا عن مثل هذا العمل الذى فيه منفعة وفائدة تعود على المجتمع بالخير والصلاح .. والله الموفق".

[قاله عبد الله بن عبد الرحمن الجبرين عضو الإفتاء وصلى الله على محمد وآله وصحبه وسلم – 13/ 1417/11 هـ].

وقـــد أفتت لجنة الإفتاء بالأزهر الشريف فى مناسبتين – بناءً على طلب مؤلف هذه الدراسة – بمثل ذلك:

أ – ففى فتواها فى 20 من أبريل/ نيسان سنة 2000 أكدت أن:

"الديـــن الإســـلامى يعطى المالك حرية التصرف فى ملكه كيفما يشاء ولا يجوز لغيره أى تصرف أو النســـخ أو التمـــتع أو الاستخدام أو انتساب هذه الأشياء له إلا بإذن المالك ورضاه سواء بعوض أو غيره" – الشيخ محمد محيى الدين محمد الجمالة .

ب – وفى فتواها فى 16 من أغسطس/ آب سنة 2001 أكدت: "ما صدر عن مجمع الفقه الإسلامى ومن دار الإفتاء بالسعودية من فتوى تحرم الاعتداء على برامج الحاسب باعتبارها **مالاً مقوماً** فى شريعة الإسلام هى فتوى شرعية صحيحة ومتوافقة مع رأى لجنة الفتوى بالأزهر الشريف"، والله أعلم (صورة طبق الأصل).

13– ولا يـــراودنا الشـــك فى صـــحة ما انتهت إليه هذه الفتاوى جميعاً، وهو الأمر الذى يثبت فى وجداننا بمطالعة أمهات الكتب للمجتهدين من القدماء والمعاصرين على حد سواء.

ب – المفهوم الواسع للمال:

14– ورد فى معجم مقاييس اللغة : "مول .. الميم والواو واللام كلمة واحدة، هى تمول الرجل، اتخذ مالاً، ومال تمالُ أكثر ماله"[16].

---

[16] لصـــاحبه أحمد بن فارس بن زكريا بتحقيق وضبط عبد السلام محمد هارون، طبعة شركة مكتبة ومطبعة مصطفى البابى الحلبى وأولاده بمصر، الجزء الخامس، ط2 عام 1392هــ/1972م، ص285.

أ – الفتاوى الشرعية:

11- أصـــدر مجلس مجمع الفقه الإسلامى (دورة الكويت)[15] قراراً بشأن الحقوق المعنوية فى الدورة الخامســـة لمؤتمــره 1-6 من جمادى الأولى عام 1409هــ الموافــق 10-15 من ديسمبر/ كانون الأول عام 1988، مؤكداً مشروعية حماية حقوق الملكية الفكرية بوجه عام، فورد فى القرار ما يلى:

"(1) الاسم التجارى، والعنوان التجارى، والعلامة التجارية , والتأليف , والاختراع , والابتكار هى حقوق خاصة لأصحابها أصبح لها فى العرف المعاصر قيمة مالية معتبرة لقول الناس لها، وهذه الحقوق يعتد بها شرعاً فلا يجوز الاعتداء عليها.

(2) يجوز التصرف فى الاسم التجارى أو العنوان التجارى أو العلامة التجارية ونقل أى منها بعوض مالى إذا انتفى الضرر والغش باعتبار أن ذلك أصبح حقًّا ماليًّا.

(3) حقـــوق التأليف والاختراع أو الابتكار مصونة شرعاً، ولأصحابها حق التصرف فيها، ولا يجوز الاعتداء عليها".

11- وفى فـــتوى فضيلة الشيخ عبد الله بن عبد الرحمن الجبرين بالمملكة العربية السعودية، ردًّا على سؤال وجه إليه فى مجال برامج الحاسب، صدرت فتوى مماثلة:

<u>**الســـؤال:**</u> "بعض محلات الكمبيوتر تشترى بعض البرامج النافعة ثم تقوم بنسخها نُسخًا كثيرة وبيعها للـــناس مما يضر بالمنتج لتملك البرامج حيث يقومون ببيعه بسعر أقل من سعر النسخة الأصلية. مثال: برنامج قيمته 480 ريال يباع فى السوق منسوخاً بـــ 70 أو 80 ريالاً لكل نسخة ؟"

هل يجوز لى شراء تلك النسخ المنسوخة أو الاتجار فيها بحيث أشترى نسخة أصلية وأنسخها عدة نسخ وأبيعها بسعر أقل ؟

أفتونا مأجورين ؟ .. عليكم السلام ورحمة الله وبركاته ..

---

(15) مجلـــة مجمـــع الفقـــه الإسلامى، الدورة الخامسة لمؤتمر المجمع، العدد الخامس، الجزء الثالث، عام 1409هجرية – 1988 ميلادية – ص2581.

المبحث الثاني

رؤى فقهاء الشريعة الإسلامية

8 - حرصت الشريعة الإسلامية باعتبارها شريعة سماوية على رد الحقوق إلى أصحابها ونسبة الفضل إلى أهله، فنجد لدى فقهاء الشريعة الإسلامية علم "أنساب الكتب" وهو علم يوضح نسب كل كتاب إلى صاحبه[12].

9 – ويؤكد الباحثون على أنه "منذ وقت مبكر فى مطلع القرن الثالث الهجرى يستهل ابن سلام كتابه "طبقات فحول الشعراء" بالحديث عن ظاهرة الانتحال فى الشعر، وهو فى حديثه .. ينبهنا إلى ضرورة الحذر فى تقبل نسبته إلى قائليه لأن بعض هذا الشعر قد نسب إلى غير أصحابه الحقيقيين .. (وهو) أول من أثار قضية حقوق التأليف بمفهومها الحديث منذ أكثر من ألف عام[13]. ويضيف البعض أن ظهور المسانيد كان ثمرة لعلم الإسناد ويضرب لها مثلاً بمسند الإمام أحمد بن حنبل، ومسند أبي يعلى ، ومسند البزار[14].

10- ونورد فيما يلى بياناً بالفتاوى الشرعية، والمفهوم الواسع للمال، وارتباط الحماية بالمصلحة، وجواز الحصول على مقابل مالى عن الاستنساخ.

([12]) الأستاذ الدكتور عبد الله مبروك النجار: تطور أساليب حماية حق المؤلف فى الفقه الإسلامى والفقه المقارن، ندوة حقوق المؤلف، مدخل إسلامي، رابطة الجامعات الإسلامية – مركز صالح كامل للاقتصاد الإسلامى بجامعة الأزهر، المجلد الأول، القاهرة 1-2 يونية (حزيران) سنة 1996، ص7.

([13]) الأستاذ الدكتور عبد الستار الحلوجى: حق المؤلف فى القوانين العربية، مجلة عالم الكتب، المجلد الثانى، العدد الرابع، ص ص646 : 647.

([14]) الأستاذ الدكتور عبد الله مبروك النجار: تطور أساليب حماية حق المؤلف في ، الفقه الإسلامى والقانون المقارن، مقال سبقت الإشارة إليه، ص7.

4 – ونجـــد فى برديتى Sallier و Anastasi المودعتين بالمتحف البريطاني (تعاليم للمدعو "خيتى بن دواوف" لابنه "بيى" عندما سافر إلى العاصمة ليلحق ابنه بمدرسة الكتب بين أولاد الحكام) [5]، عبارات مماثلة تعـــلى مـــن شأن العلم والعلماء مثل "ليتنى أستطيع أن أجعلك تحب الكتب أكثر من أمك، وليتنى أستطيع أن أريـــك جمالهـــا، إنها أعظم من أى شيء آخر"[6]، و "لا توجد مهنة من غير رئيس لها: إلا مهنة الكاتب، فهو رئـــيس نفسه، وأن رحلتى تلك التى أقوم بها معك إلى العاصمة تستهدف الخير لك، وأقوم بها حبًّا فيك، فإن يوماً تقضيه فى المدرسة يعود عليك بالنفع، وما تعمله فيه يبقى مثل الجبال"[7].

5 – ونجـــد فى بردية لينينجراد المحفوظة فى موسكو (تعاليم موجهة إلى الملك "مرى كارع") [8] أكثر من حكمة مثل : "افتح الكتاب واقرأ ما فيه، واستفد بعلم أجدادك، واتبع تعاليمهم، يصبح المرء عالماً حكيماً مثلهم" [9].

6 – ونجـــد فى بـــردية آنى المودعة بالمتحف المصرى (الأنتيكخانة) [10] ، حكمة ثمينة وهى "إذا عين الكاتب فى وظيفـــة، فإنه سيرجع حتماً إلى الكتب (حتى يحالفه النجاح) [11].

7 – ومما تقدم يتضح لنا حجم ما كان يكنه المصرى القديم للحكماء ممن يؤلفون الكتب ويبثون فيها من روحهم علماً وحكمة.

([3]) محرم كمال، المرجع السابق، ص28.

([4]) محرم كمال، المرجع السابق، ص29.

([5]) محرم كمال، المرجع السابق، ص59.

([6]) محرم كمال، المرجع السابق، ص59.

([7]) محرم كمال، المرجع السابق، ص63.

([8]) محرم كمال، المرجع السابق، ص65.

([9]) محرم كمال، المرجع السابق، ص68.

([10]) محرم كمال، المرجع السابق، ص87.

([11]) محرم كمال، المرجع السابق، ص93.

حماية حقوق الملكية الفكرية

رؤى الفراعنة وفقهاء الشريعة الإسلامية
وفحول الشعراء والأدباء

أستاذ دكتور محمد حسام محمود لطفى، القاهرة

1 – تعد حماية حق المؤلف إحدى أهم السمات التى ترتبط فى الأذهان بدرجة التحضر والتمدن فى إطار النظام التجارى العالمى الجديد، حيث أصبح توفير هذه الحماية مطلباً رئيسيًّا من البلدان الأعضاء فى منظمة التجارة العالمية تطبيقاً لأحكام الملحق 1/ج من ملاحق اتفاقية مراكش بإنشاء هذه المنظمة، وهو الملحق المعروف باتفاق الجوانب المتصلة بالتجارة من حقوق الملكية الفكرية.

2 – ونتتبع فيما يلى رؤى الفراعنة وفقهاء الشريعة الإسلامية وفحول الشعراء والأدباء فى شأن حماية حقوق الملكية الفكرية بوجه عام وحق المؤلف بوجه خاص.

المبحث الأول

رؤى الفراعنة

3 – وإذا كان العلماء قد أقروا بأن محتويات العهد القديم – فيما يخص فصلاً ونصف الفصل مخصّصَين لـ "سفر الأمثال" – منقولة نقلاً حرفيًّا من اللغة المصرية القديمة (الهيروغليفية ومعناها باليونانية الخط المقدّس) إلى اللغة العبرانية، وبالتحديد من حكم الحكيم المصرى القديم "أمنموبى"[1]، ويصدق هذا أيضاً على أسفار أيوب، وشاؤول وأرميا.

3 – ونجد فى بردية بريس Prisse [2] المودعة بالمكتبة الوطنية بباريس منذ عام 1847 حتى الآن، حكمًا ومواعظ تبرز أهمية التعلم والعلم، مثل حكم بتاح حتب: "ليس هناك من أوتى الفهم من تلقاء نفسه"[3]، و "ليس هناك حق للمعرفة، ولا رجل وصل إلى نهاية العلم بفنه"[4].

---

[1] الملاحظة لشيخ المؤرخين العالم الأمريكى Breasted : أشار إليه لدى الأستاذ محرم كمال، الحكم والأمثال والنصائح عند المصريين القدماء، الهيئة المصرية العامة للكتاب، الألف كتاب الثانى/ رقم 303، عام 1998، ص15.

[2] محرم كمال، المرجع السابق، ص19.

LEIPZIGER BEITRÄGE ZUR ORIENTFORSCHUNG

Herausgegeben von Hans-Georg Ebert
Begründet von Günter Barthel

Band 1 Lutz Knörnschild: Zur Geschichte der Nilwassernutzung in der ägyptischen Landwirtschaft von den Anfängen bis zur Gegenwart. 1993.

Band 2 Henner Fürtig / Rolf Müller-Syring (Hrsg.): Ursachen gewaltförmiger Konflikte in der Golfregion. Internationale und zwischenstaatliche Faktoren. 1993.

Band 3 Ingelore Goldmann (Hrsg.): Beiträge zur Fachdidaktik Arabisch. Didaktische und methodische Probleme des modernen Arabischunterrrichts. 1993.

Band 4 Roland Kühnel: Die sprachliche Situation an Hochschulen des Maghreb und die offizielle Sprachpolitik – Eine soziolinguistische Untersuchung. 1995.

Band 5 Henk Knaupe / Ulrich G. Wurzel: Aufbruch in der Wüste. Die Neuen Städte in Ägypten. 1995.

Band 6 Wolfgang Reuschel: Aspekt und Tempus in der Sprache des Korans. 1996.

Band 7 Hans-Georg Ebert: Das Personalstatut arabischer Länder. Problemfelder, Methoden, Perspektiven. Ein Beitrag zum Diskurs über Theorie und Praxis des Islamischen Rechts. 1996.

Band 8 Uwe Pfullmann: Politische Strategien Ibn Sa^{c}ūds beim Aufbau des dritten saudischen Staates. Eine historische Studie unter besonderer Berücksichtigung deutschen Archivmaterials. 1996.

Band 9 Hans-Georg Ebert (Hrsg.): Beiträge zum Islamischen Recht. 2000.

Band 10 Anja Wünsch: Innenansichten ökonomischer Restrukturierung. Wirkungen und Wirksamkeit der Strukturanpassung in Jordanien, 1989-1999. 2001.

Band 11 Thoralf Hanstein: Islamisches Recht und Nationales Recht. Teil 1 und 2. Eine Untersuchung zum Einfluß des Islamischen Rechts auf die Entwicklung des modernen Familienrechts am Beispiel Indonesiens. 2002.

Band 12 Hans-Georg Ebert / Thoralf Hanstein (Hrsg.): Beiträge zum Islamischen Recht II. 2003.

Band 13 Hans-Georg Ebert / Thoralf Hanstein (Hrsg.): Beiträge zum Islamischen Recht III. 2003.